에듀테크 활용한 블렌디드 영어 수업 가이드

참여형 초등 영어 수업 노하우

에듀테크 활용한 블렌디드 영어 수업 가이드

참여형 초등 영어 수업 노하우

제1판 제1쇄 인쇄 2024년 08월 16일
제1판 제1쇄 발행 2024년 09월 03일

지은이 박선영
펴낸이 조헌성 **펴낸곳** (주)미래와경영
ISBN 978-89-6287-233-0 03370 값 22,000원
출판등록 2000년 03월 24일 제25100-2006-000040호
주소 (08590) 서울특별시 금천구 가산디지털1로 84, 에이스하이엔드타워 8차 1106호
전화번호 02) 837-1107 **팩스번호** 02) 837-1108
홈페이지 www.fmbook.com **이메일** fmbook@naver.com

■ 좋은 책은 독자와 함께합니다.
책을 펴내고 싶은 소중한 경험이나 지식, 아이디어를 이메일 fmbook@naver.com로 보내주세요.
(주)미래와경영은 언제나 여러분께 열려 있습니다.

에듀테크 활용한 블렌디드 영어 수업 가이드

참여형
초등 영어
수업 노하우

박선영 지음

미래와경영

Prologue

교사가 된 지 17년이 지났지만, 수업은 여전히 어렵습니다.

'내일 어떤 수업을 하지?'

'수업이 의도대로 흘러가지 않으면 어쩌지?'

'학생들이 내 수업을 좋아할까?'

매일 하는 수업인데도 무엇을 가르쳐야 할지, 어떤 활동을 하면 학생들이 좋아할지 늘 고민합니다. 열심히 수업을 준비해 가도 딴짓을 하는 학생을 보면, '수업이 재미가 없나?'라고 생각하며 마음을 졸이기도 합니다. 이런 고민은 초임 교사 시절이나 지금이나 그대로인 것 같습니다.

영어를 가르쳤던 첫 해, 조기 영어 교육을 받아 이미 다 안다는 듯 지겨운 표정으로 앉아 있는 학생, 영어가 어렵다 못해 아예 무기력하게 앉아 낙서만 하는 학생, 그리고 사춘기에 접어든 반항적인 학생 때문에 40분이라는 시간이 너무나 길게 느껴지고 수업을 하는 것이 부담스럽고 두렵기까지 했었지요.

그때 우연히 한 선생님의 소개로 '초등영어실행연구회'에 참여하게 되었습니다. 그곳에서 수업에 대한 고민을 털어놓을 수 있는 동료 교사들을 만났고, 여러 선생님들과 함께 문제를 해결하기 위해 계획을 세우고, 실행하고, 성찰하는 가운데 교사로서 많은 것을 배우고, 성장할 수 있었습니다. 순간순간 만나는 어려움을 함께 나눌 수 있는 동료 선생님들이 있다는 것이 제게 정말 큰 힘이 되었습니다.

또 교사로서 늘 부족한 것 같아 괴로워했던 저에게 '수업코칭연구소'에서 만난 선생님들은 수업 나눔을 통해 따뜻한 격려와 지지를 보내 주었습니다. 그렇

게 수업의 방법뿐만 아니라 나라는 존재를 소중히 여기고, 내 수업의 신념과 교사로서의 정체성을 찾아가는 것이 중요함을 깨달았고, 나만의 수업 철학과 색깔을 더 적극적으로 고민하고 실천해 오고 있습니다.

수업 나눔과 연구 실천을 통해 제 수업에 변화가 생기자 학생들의 배움에도 변화가 있었습니다. 영어를 어려워하던 학생이 영어 발표를 성공적으로 마무리하고 난 후의 자신감 가득한 표정과 그 빛나던 눈빛은 아직도 생생합니다. 저 역시 이 일이 학생들의 성장을 돕는 가치 있고 소중한 일임을 깨닫는 뜻깊은 시간이었습니다.

이 책은 영어 교과전담 혹은 담임 교사로서 영어를 가르친 동안, 선배 선생님께 배우고 동료 선생님들과 함께 고민하고 실천해 온 내용을 정리한 것입니다. 막막한 학교 현장에서 동료 선생님들이 제게 소중한 길동무가 되어 주었듯이, 또 다른 누군가에게 길동무가 될 수 있기를 바라는 마음입니다. 더 나아가 책을 읽은 경험을 동료 선생님과 함께 나누면서 서로의 경험과 다양한 아이디어를 통해 새로운 실천적 지식을 만들어 가기를 바랍니다. 나만의 고민이 아니라 우리의 고민이 될 때, 고민은 더 이상 '문제'가 아니라 든든한 동료들의 격려와 지지 속에서 함께 '성장하는 기회'가 될 것입니다.

영어를 처음 가르치는 선생님, 영어 수업에서 부딪치는 문제를 어떻게 해결할지 고민하는 선생님, 당신은 혼자가 아닙니다. 수업 이야기를 나누고, 함께 실천하며 성장하기를 갈망하는 동료 교사들이 가까이에 계실 것입니다. 저도 이 책을 통해 선생님의 고민에 다가가고, 고단하지만 보람 있는 가르침의 길을 함께 걸어가는 길동무가 되겠습니다.

이 길을 함께 걷는 소중한 선생님을 응원하며

박선영 씀

CONTENTS

즐거운 영어 수업을 위한
기반 다지기

학생들 맞을 준비하기_Get Ready

두근두근, 첫 만남은 언제나 떨립니다. 교사 3년 차 때, 처음으로 영어교과 전담을 맡게 되었습니다. 첫 수업을 앞두고 어찌나 막막하던지요. 잘할 자신도 없고 두려웠습니다.

지푸라기라도 잡는 심정으로 교실 영어에 관한 여러 자료를 찾고 유용한 표현을 외웠습니다. 원어민 선생님과 1년 동안 학생들을 어떻게 가르치면 좋을지 이야기를 나눴습니다. 학급관리 방법도 고민하며 전략을 세웠습니다.

학교에 영어체험실이 있었기에 여러 자료를 준비했습니다. 영어 수업 규칙, 영어 사전, 영어 그림책, 학생들이 자기주도적으로 해결할 수 있는 수준별 학습지, 모둠별 학생 기록지 등으로 영어 친화적인 환경을 꾸몄습니다.

○ 자료 예시

학생 배부 자료	영어 수업 규칙

첫 만남은 중요하기에 요즘도 첫 시간 오리엔테이션 자료는 좀 더 심혈을 기울여 준비합니다. 그 외에도 교실영어 연습을 위한 표현들, 공책에 붙일 자료 등을 마련해 둡니다. 또한 수업 일지를 준비하여 수업 준비 및 수업 성찰에 활

용합니다.

　이렇게 수업을 준비했더니, 왠지 모를 자신감이 생깁니다. 학생들이 어떻게 반응할지 궁금하기도 합니다. 두려움이 설렘으로 바뀌는 순간, 용기 내어 첫 수업의 한 발자국을 내딛습니다.

◎ 학생들을 맞이할 준비

- 1년의 교육과정을 계획합니다. 교사의 철학 및 신념에 맞게 교육과정을 재구성할 수 있습니다.
- 수업 일지를 만들고 아이디어 및 계획을 기록합니다.
- 영어 수업에 필요한 약속을 미리 고민하고 수업의 루틴을 계획합니다.
- 주의집중 신호(Attention Grabber)를 계획합니다.
- 상호작용을 위한 학생용 교실영어 학습지를 준비하여 공책 맨 앞에 붙이고 연습할 수 있도록 안내합니다.
- 칭찬을 위한 다양한 교실영어(예 - Good job! Excellent! Fantastic! Way to go!, etc.)를 함께 익힐 수 있도록 학습지를 준비합니다.
- 첫 만남을 위한 오리엔테이션 자료를 준비합니다.

◎ 수업 일지 예시

| · 인쇄용 수업 일지 | · 블로그에 수업 계획 기록 |

▶ 수업 설계

[1차 계획]

1. 사전 설문
2. ChatGPT 안내
3. Task

[Mission 1] Do you know anything about (내가 관심 있는 대상)?

-> Chat GPT가 제공한 결과 더블클릭-> 전체 선택 -> 복사 -> google classroom에 올리기

[Mission 2] ChatGPT가 알려준 내용을 바탕으로 영어 편지 쓰기

예)

Dear, my penpal.

Hello, I'm (name.)

How's it going? I'm good.

I'm sixth grade students.

My favorite subject is science. What is your favorite subject?

Classroom English

Grade :　　　Class :　　　Name :

♥ Attention Grabber

Teacher	Students	Teacher	Students
Class, (Class, class!)	Yes! (Yes, yes!)	Hocus, pocus, everybody,	Focus!
1! 2! Eyes on me.	1! 2! Eyes on you.	Watch / Listen~	Carefully!
Mac and cheese, everybody,	Freeze!	Be, be, be,	Quiet!

♥ 선생님, 무슨 뜻이에요?

Open your books to page OO.	OO쪽을 펴세요.
Work in pairs.	짝과 활동하세요.
Repeat after me.	따라 말하세요.
Do you have any questions?	질문 있나요?

♥ 이렇게 말해요!

칭찬	Good job! Cool! Excellent! Great! Awesome!
곤란	Sorry, I don't know. I'm not sure.
질문	Could you say that again? What did you say?
게임	Go ahead. Your turn.
도움 요청	Can you help me?
활동 완료	I'm done.
화장실	May I go to the restroom?

◎ 영어 수업에 유용한 교사용 자료 및 준비물

수업 준비를 할 때, 교사용 자료가 있으면 훨씬 편리합니다. 유용한 자료 몇 가지를 소개합니다.

1. 타이머

학생들 활동 시간을 제시할 때, 타이머를 활용할 수 있습니다. 디지털 교과서에서 타이머 기능을 제공해주기도 하지만, 컴퓨터를 조작하기가 불편할 때가 있습니다. 그럴 경우, 실물 타이머를 활용하면 좀 더 편리하게 시간을 관리할 수 있습니다. 인터넷에 검색해 보고 마음에 드는 타이머를 구입하여 활용해 보세요.

2. 자석이 있는 영문 화이트보드

ABC Board.

교사 칠판용, 학생 개인용 영문 화이트보드를 준비해 두면 수업시간에 유용합니다. 특히 학생 개인용 영문 화이트보드는 학생들 알파벳 학습 확인, 단어 및 문장학습 활동에 활용하기 좋습니다.

3. A4 색지

팀을 나누어 놀이하는 경우, 색깔이 다른 학습지를 나눠주면 좋습니다. 학생들이 어떤 팀인지, 어떻게 친구를 만나 상호작용하는지 관찰하기에 용이합니다.
그 외에도 다양한 쓰기 활동 학습지에 유용하게 활용할 수 있습니다. A4 색지는 무게에 따라 두께도 다르므로, 얇은 종이부터 두꺼운 종이까지 준비해 두면 1년 내내 유용하게 활용할 수 있습니다.

4. 주사위

짝활동, 모둠활동을 할 때 주사위를 활용할 때가 많습니다. 교사가 활동 설명을 할 때에는 큰 주사위가 유용합니다. 학생들이 활동할 때에는 작은 크기의 주사위를 나누어줍니다. 여러 소재(아크릴, 스펀지, 헝겊 등)로 된 주사위 중 마음에 드는 주사위를 골라 사용하면 됩니다. 아크릴 주사위는 딱딱하고 소리가 크게 나지만, 저렴하고 오래 지속됩니다. 스펀지 주사위는 조용하게 활동할 수 있도록 도와주는 장점이 있습니다.

5. 포켓차트 및 Sentence Stripes

Sentence Stripes는 원하는 크기로 잘라 핵심 표현을 지도할 때 활용할 수 있습니다. 칠판에 자석으로 붙여 활용할 수 있고, 포켓차트에 넣어 교실에 게시할 수 있습니다.

6. 산다케이스 A4 파일

투명 아크릴판 뒤에 학습지를 끼워 사용할 수 있습니다. 보드마카로 쓰고 지울 수 있기 때문에 여러 번 사용할 수 있습니다.

TIP

영어체험실이 없는 경우는 어떻게 하죠?

학교에 영어교실이 없는 경우도 있습니다. 원하는 환경을 꾸미고 싶지만 담임교사가 아닌 경우, 영어 수업을 위한 환경을 꾸미는 데 어려움이 있을 수 있습니다. 영어 그림책이나 학습에 필요한 자료는 필요한 경우 교사가 챙겨서 수업에 활용해야 하기에 번거롭기도 하지요.

그럴 경우, 담임 선생님과 논의하여 교실 한 공간에 영어 수업을 위한 공간을 마련할 수 있습니다. 자료 상자를 하나 마련해서, 그곳에 영어 수업에 도움이 되는 자료를 보관하고 활용할 수 있어요. 더불어 학기 초에 영어 수업의 루틴을 정해서, 교실에서도 영어 수업을 해 나갈 수 있는 시스템을 갖춥니다. 그렇게, 꼭 영어체험실이 아니더라도 영어를 공부하는 공간을 가꾸어갈 수 있습니다.

수업 철학으로
영어 수업 디자인하기_Design

"교사는 수업 철학이 있어야 되네."

신규 시절, 선배 선생님들의 말에 약간은 어리둥절했습니다. 수업 철학이라는 말이 멀게만 느껴졌고, 하루하루 교실에서 살아남기에 급급했지요. 그러다가 조금씩 경험이 쌓이며, 동료 선생님들과 이야기를 나누면서 내가 원하는 수업이 무엇인지 깨닫기 시작했습니다. 수업 철학이 중요하다는 선배 선생님의 말이 조금씩 이해가 되었습니다. 수업 준비, 활동 계획, 내가 하는 사소한 한마디 등 수업 속에서 하는 행위가 나의 철학과 신념에 뿌리내리고 있음을 알게 되었습니다.

원하는 수업, 꿈꾸는 수업이 무엇인지 생각하는 것은 교육의 주체로서 중요한 일입니다. 타인이 규정한 대로 수동적으로 따라가는 것이 아니라, 꿈꾸는 수업을 실제 삶에서 실현해 나가는 과정이 교육이 되기 때문입니다. 제가 바라는 영어 수업은 무엇일까요? 영어 수업을 하다보면 위축된 학생을 만나게 됩니다. 그럴 때면 마음이 많이 아픕니다. 특히 영어 수업에서는 사교육으로 인한 격차가 심해, 영어에 어려움을 느끼는 학생들이 힘들어 하는 경우가 많습니다. 학생들의 어려움에 같이 아파하고 고민하다보니, 제가 바라는 수업이 무엇인지 조금씩 구체화하게 되었습니다.

먼저, 영어를 어려워하는 학생들이 즐겁게 참여할 수 있는 수업입니다. 학생들에게 자신감을 심어주고 싶고, 틀려도 되는 안전한 영어 수업을 하고 싶습니다. 배우는 기쁨, 서로 환대하는 따스함이 있는 영어 수업으로 말이죠.

둘째, 지식만을 전달하는 건조한 수업이 아니라, 학생들의 마음을 촉촉하게

하는 수업을 꿈꿉니다. 교과서 지식을 전달하는 것이 아닌 배움이 삶과 연결되고, 삶에서 살아 숨쉬길 바랍니다. 수업과 삶은 떼래야 뗄 수 없는 관계라고 생각합니다. 그래서 제 삶의 이야기를 수업에 가져오고, 학생들의 삶의 이야기를 귀 기울여 듣습니다. 또한 예술적 작품을 수업에 활용하여 감성이 흐르는 수업을 하고자 합니다.

마지막으로 학생들이 협력하는 수업을 추구합니다. 서로 경쟁하는 것이 아닌 잘하는 친구가 도움이 필요한 친구를 도와주며, 상호 존중하고 격려하며 배우는 수업을 추구합니다.

이러한 수업을 향한 신념은 저 혼자만 생각하면 한계가 있습니다. 학생들과 같이 이야기를 나누고 싶습니다. 수업은 교사 혼자 하는 것이 아니라, 학생들과 함께 만들어가는 것이기 때문입니다. 그래서 영어 수업 첫 오리엔테이션 시간에 제 수업 철학을 녹여내어 수업을 진행합니다.

○ **자료 예시**

- 교사 소개(교사를 상징하는 숫자, True or False 등)
- 환대의 마음을 담은 시(예 : 정현종의 『방문객』)
- 일부러 틀리기 활동(틀린 대답을 환영)
- 협동 관련 명언 소개(예 : If you want to walk fast, walk alone. If you want to walk far, walk together.)

일부러 틀려보기 활동	협동 관련 명언
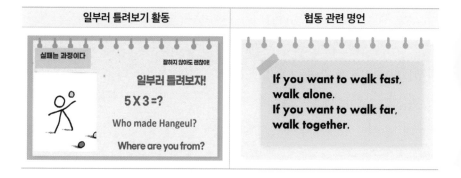	

● 활동 예시

<일부러 틀리기 활동>

① 실패는 과정임을 강조하며 일부러 틀려보는 활동을 합니다.

② 학생들이 틀린 답을 말해도 칭찬해 줍니다. 학생들의 답과 상관없이 발표 자체를 환대하는 것입니다.

[수학문제]	[사회문제]
T : What is five times three? S : One! T : Great! S : Three! T : Wow!	다양한 대답을 허용해 줍니다. T : Who made hanguel? S : Lee Soonshin! S : I made hanguel! S : Teacher!

③ 활동 후 소감을 나눕니다.

◆ 생각 쉼터

☑ 영어 수업 첫 시간, 학생들에게 들려주고 싶은 이야기는 무엇인가요?

공동 약속 세우기_Set Boundary

6학년을 처음 맡고 여러 학교 폭력으로 씨름하며 굉장히 힘든 시기를 보냈던 적이 있습니다. 처음에 피해자 학생의 입장만 생각했지 함께 얽힌 학생들의 마음을 헤아릴 만큼의 지혜가 부족했습니다. 그러던 중 박숙영 선생님 강의를 통해 회복적 생활교육을 접하게 되었습니다.

회복적 생활교육(박숙영(2014), 『회복적 생활교육을 만나다』라는 책에는 '회복적 정의'를 교육적으로 접근하는 것으로 존중과 책임, 공동체의 협력을 목적으로 합니다. 회복적 정의를 교육으로 확장하여 구성원의 관계 회복을 통해 평화로운 공동체를 만들고자 하는 것입니다. 지금까지의 '피해자-가해자'의 패러다임이 아니라, 피해를 회복하고 다시 좋은 관계를 맺을 수 있도록 한다는 데 깊은 인상을 받았습니다.

처음에는 회복적 생활교육에 호기심은 있었지만, 실천 방안을 몰라 학급에 적용하지 않았습니다. 그러던 중 회복적 생활교육 연수를 들으면서 구체적인 실천 방법을 배우게 되었고 교실에 적용해 봐도 좋겠다는 마음이 들었습니다. 회복적 생활교육을 교실에 도입하기 위해 제일 먼저 실천한 것이 바로 '공동의 약속 세우기'입니다.

먼저는 학생들과 둥글게 앉습니다. 회복적 생활교육에서는 이를 '서클'이라고 합니다. 먼저는 교실 놀이를 하면서 학생들이 긴장을 풀고 즐겁게 웃으며 마음을 여는 시간을 갖습니다. 그런 후 학생들과 함께 내가 바라는 영어 수업에 관해 이야기를 나눕니다. 그리고 학생들이 원하는 욕구(need)에 스티커를 붙이고 가장 많은 학생들이 선택한 욕구를 선정하여 '존중의 약속(Respect

Agreement)'을 만듭니다. 영어로 만든 약속은 학생들과 공유하며 실천합니다. 함께 만든 약속이기에 서로 잘 지키려고 노력하고, 공동체 의식을 키워줍니다. 구체적인 절차는 다음과 같습니다.

○ 공동의 약속 세우기 활동의 예

<공동의 약속 세우기 활동>

① 책상을 교실 한 쪽으로 치우고 의자를 가지고 와서 원으로 동그랗게 모여 앉습니다.

   T : Please sit in a circle.

② 과일 바구니(Fruit basket)과 같은 자리바꾸기 활동을 통해 학생들의 긴장을 풀어주고, 즐거운 분위기를 조성합니다. 과일 바구니 놀이의 예는 다음과 같습니다.

- 학생들에게 특정 과일(apples, bananas, grapes, oranges)을 각각 정해줍니다.
- 술래를 한 사람 뽑고, 의자 한 자리가 부족하게 원을 만듭니다.
- 학생들이 "What fruit do you like?"라 말하며, 술래에게 물으면 술래는 "I like (과일)."로 대답합니다.
- 자신이 맡은 과일일 경우, 학생들은 서로의 자리를 바꿉니다. 자리에 앉지 못한 사람이 술래가 되어 활동을 계속 합니다.

③ 원 가운데에는 센터피스로 인형, 꽃 등 아기자기한 물품을 준비할 수 있습니다. 또한 의미 부여를 할 수 있는 물품 하나를 토킹피스로 정합니다. 예를 들어, 인형, 열쇠고리 등 작은 물품을 준비하여 토킹피스를 활용할 수 있습니다. 토킹피스를 가진 사람에게 발언권이 있습니다. 다른 친구들은 토킹피스를 가지고 말하는 학생의 말을 경청하도록 합니다.

   T : This is a talking piece. It's my favorite doll. We're going to pass this talking piece. Only the person who holds this talking piece can talk. Other students should listen carefully.

④ 센터피스 주변으로는 욕구카드(한글+영어)를 둥글게 깔아 두어, 학생들이 볼 수 있도록 합니다. 학생들은 토킹피스를 돌리며, 자신이 원하는 영어 수업에 관해 이야기합니다. 영어 또는 한글 대답도 모두 허용해 줍니다.

T : Look at the card on the floor. Please think about the English lesson that you want to have.

(one or two minutes later) Now, let's talk about the English lesson you want.

S : I want to have a fun lesson.

S : I want to be confident.

S : I think it's important to respect each other.

⑤ 토킹피스를 돌리며 원하는 영어 수업에 관해 다 이야기 한 후 학생들에게 스티커를 3개씩 나누어 줍니다. 그리고, 자신이 원하는 영어 수업에 해당하는 단어에 스티커를 붙이게 합니다.

T : Please put the stickers on the words you want for your English class.

⑥ 가장 스티커를 많이 받은 단어 2~3개 정도를 골라 공동의 약속을 만듭니다. 예를 들어 '존중,' '재미,' '배려'가 가장 많이 나온 단어라면 이 단어로 공동의 약속을 만들 수 있습니다. '서로 존중하고 배려하며 재미있게 배우는 영어 수업'으로 만들었다면 이를 영어로도 만들어 봅니다. 'Fun English Class with respect and care.'

T : Let's make our respect agreement with the words you chose.

⑦ 함께 원하는 약속을 지키기 위한 세부 약속을 함께 만듭니다. 예를 들어 학생들은 '선생님 말씀 잘 듣기,' '재미있는 활동하기,' '친구의 의견을 존중하기' 등과 같은 발표를 할 수 있습니다. 그러한 내용을 정리하고 이를 쉬운 영어로 번역합니다.

T : Let's make a rule for our English class.

S : We should follow the teacher's direction well.

S : We can do fun activities.

S : We should repect others' opinions.

⑧ 공동의 약속을 모두가 잘 볼 수 있는 곳에 전시하고 함께 지키기 위해 노력합니다.

T : Here's our respect agreement. Let's make fun and meaningful English lessons together!

<Respect Agreement> "Enjoy & Collaborate"

1. Collaborate.
2. Help each other.
3. Follow the teacher's direction.
4. Follow Class 6-6 Respect Agreement.

● 자료 예시

욕구(need) 카드	내가 원하는 욕구(가치)에 투표하기	존중의 약속 정하기
		• 비폭력대화 욕구 카드에 해당하는 단어를 영어단어와 함께 제시하여, 학생들에게 필요한 규칙을 함께 만들어 보았습니다. <Class 6-6> "Enjoy & Collaborate." 1. Collaborate. 2. Help each other. 3. Follow teacher's direction. 4. Follow Class 6-6 Respect Agreement.

비폭력대화에서는 감정과 욕구의 단어를 제시하여 소통하도록 돕습니다. 영어 수업에도 비폭력대화를 적용해보고자 마셜 로젠버그(Marshall B. Rosenberg, 2015)가 제시한 단어를 찾아보았습니다. 그런 후, 교육과정에 기반하여 초등 수준에 적합한 어휘를 정리했습니다. 영어 수업에 활용해 보세요.

● 자료 예시

느낌을 나타내는 단어				욕구를 나타내는 단어			
욕구가 만족되었을 때		욕구가 만족되지 않았을 때					
English	Korean	English	Korean	English	Korean	English	Korean
calm	차분한	afraid	두려운	dream	꿈	love	사랑
curious	호기심있는	blue	우울한	air	공기	mean	의미
excited	신난	cold	냉담한	friend	친구	order	질서
free	자유로운	guilty	죄책감을 느끼는	harmony	조화	peace	평화
glad	반가운	heavy	마음이 무거운	safety	안전	protect	보호
grateful	감사하는	hot	더운	understand	이해하다	respect	존중
happy	행복한	hurt	마음이 다친	beauty	아름다움	rest	쉼
joy	기쁜	lazy	게으른	community	공동체	trust	신뢰
peaceful	평화로운	mad	매우 화가 난	exercise	운동	value	가치

proud	자랑스러운	sad	슬픈	food	음식	warm	따뜻함
quiet	조용한	sleepy	졸린	fun	즐거움	water	물
warm	따뜻한	sorry	미안한	goal	목표	worth	가치
thankful	감사하는	trouble	문제	laugh	웃음	closeness	친밀함
		upset	화가 난				

🔹 생각 쉼터

☑ **영어 수업에서 함께 지키고 싶은 규칙은 무엇인가요?**

TIP

학생의 감정과 필요를 고려해야 할까요?

인간은 이성적이기도 하지만 동시에 감성적입니다. 그렇기에 아무리 이성적으로 행동하려고 해도, 감정의 지배를 받기도 합니다. 학생들도 기분이 좋지 않으면 수업에 집중하기 어렵지요. 그렇기에 수업을 시작하기 전, 학생들의 감정과 필요가 무엇인지 살펴보길 추천합니다. 학생의 감정을 무조건 받아주라는 뜻은 결코 아닙니다. 자신의 감정의 책임은 자신에게 있기 때문입니다. 대신, 학생들이 잠시 자신의 감정을 돌볼 수 있는 시간을 마련함으로써, 좀 더 차분하고 평화롭게 수업하도록 돕는데 목적이 있습니다.

출발점 행동 진단하기
_Where Are You?

    학생들의 학습 수준을 파악하는 것은 정말 중요합니다. 학기 초에 학생들이 알파벳 26자는 대소문자를 구별하여 정확하게 쓰는지부터 확인합니다. 6학년 정도가 되면 알파벳을 모두 정확하게 알까요? 아닙니다. 생각보다 꽤 많은 학생들이 알파벳을 순서대로 쓰지 못하거나, 알파벳 중 철자를 몇 개를 빠뜨리기도 합니다. 모양을 다르게 쓰는 학생들도 있지요. 그렇기 때문에 아무리 고학년이라 할지라도 알파벳 정도는 그냥 넘어가는 것이 아니라 꼼꼼하게 학생들의 실력을 확인하고 학년을 시작할 필요가 있습니다.

    진단평가를 통해 그 전 학년에서 배운 내용을 얼마나 잘 기억하는지, 구두점은 잘 지켜서 영어를 쓰는지도 확인합니다. 진단평가를 하다보면 구두점을 빼먹거나 대소문자를 제대로 지키지 못하는 경우도 많습니다. 이렇게 공통적으로 학생들이 부주의하거나 잘 모르는 부분은 다 같이 학습할 때 짚어주고, 수업을 진행할 때 자주 강조합니다.

    또한 학생들의 인지적인 영역뿐만 아니라 정의적인 영역도 확인해 볼 필요가 있습니다. 학생들이 영어를 어떻게 생각하는지, 영어 수업을 어떻게 생각하는지 알아볼 필요가 있습니다. 특히 학생들은 영어에 대해 어떻게 느끼는지에 따라 학습동기나 참여도가 확연히 달라지지요. 혹시나 영어 학습을 하면서 실패 경험으로 자신감을 잃었거나 위축되지는 않았는지 살펴보는 것은 중요합니다. 설문조사를 하면 '영어가 힘들다, 너무 어렵다'는 의견이 종종 등장합니다. 그런 학생들을 눈여겨보았다가 영어 수업을 할 때 적절한 도움을 주고, 자신감을 가질 수 있도록 격려해야 합니다.

☑ 영어 수업시간, 교사의 도움을 특별히 필요로 하는 학생은 누구인가요?

☑ 그 학생을 어떻게 도와주고 싶으신가요?

학기 초, 꼭 점검해 주세요.

1. 알파벳 대소문자를 쓸 수 있나요?

2. 기본적인 문해력이 어느 정도 갖추어져 있나요?

3. 이전 학년에서 배운 내용을 어느 정도 습득했나요?

4. 정의적인 영역(흥미도, 자신감 등)은 어떠한가요?

5. 학생의 관심사는 무엇인가요?

○ 설문지 예시

영어 수업 설문지	Grade : _____ Class : _____ Name : _____

영어는 여러분에게 어떤 과목이인가요? 아래의 질문에 답하면서 영어에 관한 나의 생각을 정리해 봅시다.

1. 나에게 영어란? (나에게 영어는 ~이다. 왜냐하면 ….)

....

2. 영어 공부를 하다가 어려움을 겪은 적이 있나요? (해당하는 칸에 ○표 하세요.)

별로 없다   많이 있다

3. 영어 수업을 하다보면 즐거워서 시간이 금방 가나요? (해당하는 칸에 ○표 하세요.)

그렇지 않다   그렇다

4. 영어를 배우면서 즐거웠던 활동은 무엇인가요?

....

5. 내가 좋아하는 영어 공부 방법은 무엇인가요?

....

6. 함께 영어 수업을 하는 친구들에게 바라는 점은 무엇인가요?

....

7. 영어 선생님에게 하고 싶은 말을 써 주세요.

....

※ 알파벳을 Aa부터 Zz까지 대소문자를 써 보세요.

....
....
....
....
....
....

학급 관리하기_Organizing

개인·모둠·학급 보상을 활용한 학급 관리 시스템

'아, 나도 영어 수업 해 보고 싶다.'

교사 3년차에 처음으로 영어를 가르치게 되었습니다. 설레는 마음으로 원어민 선생님과 같이 1년 계획을 세우면서 학급 관리를 위한 전략을 세우기 위해 협의했습니다. 수업에는 질서가 있어야 한다고 생각하여 보상체제를 활용해 보기로 했습니다. 원어민 선생님과 함께 모둠·학급 보상을 위한 시스템을 만들었습니다.

- **모둠 보상** : 학생들의 발표, 태도, 숙제를 기록할 수 있는 학습지에 모둠장이 기록

Name	Attitude (태도)	Homework (숙제)	Volunteer (발표)	Notebook (공책정리)	Praise (친구를 칭찬하고 싶은 점)
OOO					
OOO					
OOO					
OOO					

• **학급 보상**: 각 모둠별 점수를 합산하여 학급 점수를 기록

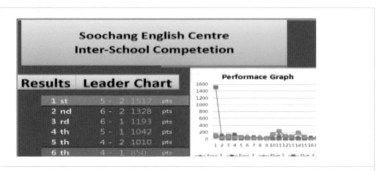

[학급 보상] 반별 모둠점수를 합산한 것이 반 점수가 됩니다. 매주 학급별 점수 누적 결과를 학생들에게 보여줌으로써 학급 내 협동을 이끌 수 있지요.

학급 점수에 대한 학생들의 관심도 높았습니다. 수업 후 혹은 쉬는 시간에 많은 학생이 "선생님, 우리 반은 지금 포인트가 몇 점이에요?" 하고 묻곤 했습니다. 보통은 그날 수업을 마친 학급이 1등을 하는 경우가 많았습니다. 그래서 각 반은 자기 반에 대한 자부심이 있었습니다. 영어 교실 게시판에는 'Hall of Fame' 코너를 마련하여 학급별로 우수한 모둠 사진을 게시하기도 했습니다.

시간이 지남에 따라, 개인 보상의 개념에 '운'의 요소를 가미해 보기도 했습니다. 그 무렵 디즈니 영화 '겨울왕국'이 유행이어서 칭찬스티커 대신 열심히 노력한 학생에게 다양한 영어 표현이 적힌 '올라프 카드'를 주었습니다. 학생들은 올라프 카드에 자기 이름을 쓰고 반별 주머니에 넣는데, 카드를 많이 모으면 상을 받을까요? 아닙니다. 행운의 주인공으로 뽑히면 상을 받을 수 있습니다. 일주일에 한 번씩 행운의 주인공을 뽑았습니다. 영어를 어려워하는 학생의 경우, 카드를 많이 모아야 하는 부담감이 줄고 자신도 뽑힐 수 있다는 기대감을 가질 수 있기에 학생들의 참여를 독려할 수 있습니다. 학기 말에는 학생들이 그동안 모은 보상으로 물건을 살 수 있는 마켓 데이(market day)를 열었습니다.

| 울라프 카드 모음 | 개인별 울라프 카드 합계 | Market Day 연계 |

개인 보상	· 학생들의 참여를 높이고 기대되는 올바른 행동을 강화하기 위해 학생들이 훌륭한 행동(친구를 돕거나, 수업에 열심히 참여하거나, 활동에서 우수한 성적을 보이거나, 태도가 우수한 경우 등의 칭찬받을만한 행동)을 할 경우에 울라프 카드를 주었습니다. · 울라프 카드의 수는 누가 기록하여 매월 말에 10개 이상을 모은 학생에게 소정의 상품을 줍니다. 또한 울라프 카드를 제비뽑기를 하여 행운의 주인공 2명에게 작은 상품을 줍니다. 매월 모은 울라프 카드의 수는 누적하여 학기 말에 마켓데이(Market Day)에 쓸 수 있는 돈으로 바꿔 주었습니다.
모둠 보상	· 수업시간 모둠별 발표, 태도, 게임 점수 등을 기록하여 팀별 점수를 줍니다. 팀별 점수가 5점 이상일 경우, 울라프 카드 1장을 받을 수 있으며, 모둠 점수가 높은 순으로 수업 후 영어교실을 나갈 수 있습니다.
학급 보상 (Do you want to build a snowman?)	· 학급별로 수업태도가 우수하거나 협동을 잘 할 때, 칭찬의 의미로 스노우볼을 주었습니다. 스노우볼을 10개를 가장 빨리 모으는 반에는 'Movie Day'로 학기 말 영어 애니메이션 영화를 볼 수 있는 시간 20분을 주었습니다.

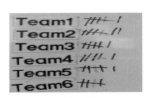

| 개인 보상 | 모둠 보상 | 학급 보상 |

그렇게 학급 경영을 하던 중, 회복적 생활교육과 학급 긍정 훈육을 접하게 됩니다. 학생들의 자율성을 중시하는 철학을 곰곰이 생각해보며, '나도 보상제도 없이 학급을 운영해보면 어떨까?'하는 생각이 들었습니다. 보상제도 없이 학생들의 자율성에 따라 학급을 운영해 보았고, 영어 수업에서

는 모둠별 발표 횟수와 숙제 여부를 기록했지만 따로 보상은 하지 않았습니다. 그런데 신기한 것이, 보상이 없어도 학생들이 스스로 활동을 하고 학습에 즐겁게 참여한다는 것이었습니다. '아, 꼭 외재적 동기가 학습에 필수적이지는 않구나.'란 것을 깨달았습니다.

어느 쪽이 옳고 그르다는 답이 없습니다. 각 교육 철학과 방법에는 장·단점이 있기 때문에 교사의 신념과 학생의 특성과 요구에 맞게 활용할 필요가 있다고 생각합니다. 보상제도가 학생들에게 도전 의식을 불러일으키기도 하고, 열심히 노력한 학생의 애씀을 격려할 수도 있습니다. 그렇지만, 꼭 보상제도가 없더라도 학습 자체를 즐길 수 있는 분위기가 된다면 굳이 보상제도를 실시하지 않아도 괜찮다고 생각합니다. 선생님의 철학과 학생들의 성향을 고려한 학급 관리 시스템을 고민해 보세요. 좀 더 체계적이고 즐거운 수업이 되지 않을까요?

◆ 생각 쉼터

☑ 영어 수업을 할 때, 나만의 학급 관리 노하우는 무엇인가요?

☑ 올해 영어 수업을 위한 학급 관리 계획을 어떻게 세우고 싶나요?

TIP

내재적 동기와 외재적 동기

보통 '동기(motivation)' 하면 외재적 동기, 내재적 동기를 많이 듣게 됩니다. 좋은 성적, 선물과 같이 눈에 보이는 보상으로 행동을 유발하는 것은 외재적 동기에요. 반면 내재적 동기는 특정한 활동을 하는 것이 즐겁거나, 호기심이 충족 되는 등 내적 보상으로 인해 동기가 유발되는 경우를 말합니다.

외재적 동기가 내재적 동기를 약화시킨다는 의견도 있지만 최근에는 외재적 보상이 내재적 동기와 합쳐져 내재적 동기로 이어질 수 있다는 주장도 있습니다. 학생들의 학습 동기를 높이는 방법, 함께 고민해봐요.

나만의 수업 루틴 만들기
_Class Routine

"선생님, 노래 언제 불러요? 오늘은 무슨 노래 해요?"

3학년 수업을 할 때였습니다. 저는 수업을 시작하기 전 늘 노래를 부릅니다. 학생들은 영어 수업은 노래로 시작하는 것을 알고 익숙하게 따라옵니다. 수업에 일정한 절차(루틴)이 있을 때, 학생들은 어떤 순서로 수업이 진행되는지 예상할 수 있어 안정된 분위기 속에서 수업을 할 수 있습니다.

교과서와 지도서를 살펴보면, 수업의 절차가 제시된 경우가 많습니다. 따라서 먼저 지도서와 교과서의 흐름을 익힌 후, 나만의 루틴을 개발하면 좋습니다. 3~4학년은 일주일에 영어가 2시간 배당되어 있어, 보통 한 단원이 4차시로 구성된 경우가 많습니다. 5~6학년은 일주일에 영어가 3시간 배당되어 있고, 한 단원이 6차시로 구성되어 있습니다. 차시별 특성을 살펴보면 보통 음성언어 중심 활동에서 시작하여 문자언어 학습 활동으로 나아갑니다. 그러나 이는 고정된 것은 아니며, 음성언어와 문자언어 활동, 이해와 표현 영역 활동을 통합하여 균형 있게 배치할 수 있습니다.

교과서 구성의 예를 살펴보면 다음과 같습니다(교과서에 따라 구성이 다를 수 있습니다).

◉ 3~4학년

1차시	2차시	3차시	4차시
듣기 중심 활동	의사소통 중심 활동 (듣기와 말하기 중심 활동)	문자 언어 학습 활동 (읽고 쓰기)	복습 및 정리 활동 (프로젝트, 역할놀이 등)

○ 5~6학년

1차시	2차시	3차시	4차시	5차시	6차시
듣기 중심 활동	의사소통 중심 활동 (듣기와 말하기 중심 활동)	어구, 문장 읽고 쓰는 활동	읽기 중심 활동	쓰기 중심 활동	복습 및 정리 활동 (프로젝트 등)

보통 매 차시는 '도입(Warm Up)-전개(Development)-정리(Wrap Up)'의 흐름으로 이루어진 경우가 많습니다. 도입 단계에서는 학생들을 맞이하는 인사, 전차시 내용 복습, 동기 유발 등의 순서로 진행합니다. 전개 단계에서는 차시별 특성에 맞는 활동을 진행합니다. 수업을 정리할 때에는 배운 내용을 복습하고 평가하며 차시를 예고하며 마무리합니다. 이런 지도서의 흐름이 익숙해지면 나만의 루틴을 개발할 수 있습니다.

예를 들어, 수업을 시작하기 전에 학생들이 교과서와 공책을 펴 놓고 수업을 준비하도록 하는 것도 하나의 루틴이 될 수 있습니다. 수업 시작 전에 인사하는 방법도 정합니다. 중학년은 "Hello."와 같은 인사, 고학년은 "Good morning."과 같은 아침 인사 등을 활용해서 어떻게 인사로 시작할지 약속을 합니다. 저는 단원의 핵심 표현을 익힐 수 있는 노래를 정해 학생들과 함께 부르며 수업을 시작합니다. 단원 관련 노래를 반복해서 부르다 보면, 학생들이 핵심 표현을 저절로 익힐 수 있으며 수업 분위기 형성에도 좋습니다.

서로의 기분을 묻고, 전 차시 배운 내용을 복습하는 루틴을 만들 수도 있습니다. 교사가 학생들에게 1:1로 기분을 묻고 답하기에는 시간이 부족하므로, 학생들끼리 만나서 기분을 묻고 답한 다음, 전차시에서 배운 내용을 활용해 대화하는 절차를 만들 수도 있습니다.

교과서의 절차대로 수업을 할 수도 있지만, 나만의 교육과정을 만들어 단원의 흐름, 차시의 흐름을 재구성하여 수업을 하기도 합니다. 교과서에 제시된 절차는 절대적인 것은 아니며, 학생들의 특성, 교사의 철학과 신념에 따라 재구

성하여 진행할 수 있습니다.

수업을 마무리할 때에도 학생들이 복습하도록 하는 나만의 방법을 개발할 수 있습니다. 예를 들어, 수업 성찰 일지를 쓰게 함으로써 학생들이 배운 표현을 스스로 써 보고, 자신의 수업을 돌아보는 루틴을 추가할 수 있습니다. 교실을 나갈 때에도 한 줄로 서서 교사와 하이파이브를 하며 배운 표현으로 대화하는 루틴을 정할 수도 있습니다.

◆ 생각 쉼터

☑ 선생님의 영어 수업 루틴을 써 보세요.

모둠원 역할분담하기
_Role Assignment

협동학습에서는 예를 들어 모둠원에게 '이끔이, 칭찬이, 기록이, 나눔이' 등으로 역할을 분담합니다. 영어 수업에서도 모둠원이 역할을 맡아 수업에 참여할 수 있습니다. 전체 활동에서는 영어를 쓰지만, 모둠활동을 할 때는 우리말을 쓰는 경우가 있기 때문에 모둠에서 쓸 수 있는 교실 영어를 훈련할 필요가 있습니다.

이끔이는 모둠에서 사회자 역할로, 여러 활동을 영어로 진행합니다예를 들어 선생님이 교과서 전자저작물의 대화문(dialogue)를 들려준 후, 학생들에게 "What did you hear? Talk in your groups."라고 말합니다. 그러면 이끔이는 모둠활동 사회를 보며 "What did you hear?"을 말하며 사회를 봅니다. 다른 학생들은 모둠에서 손을 들거나 발언권을 얻어 영어로 들은 내용을 발표합니다.

칭찬이는 모둠원들이 활동을 잘해낼 때 친구들을 격려하는 역할을 맡습니다. 보통 선생님이 학생들을 칭찬할 때 다양한 교실영어를 사용합니다. 그러나 선생님만 칭찬하는 것이 아니라 학생들도 같이 칭찬하면 훨씬 분위기가 화기애애해지지요.

기록이는 모둠 활동에 필요한 내용을 기록합니다. 토의 때 나눈 아이디어를 메모하기도 합니다. 교실에 태블릿 PC가 있을 경우, 구글 시트를 공유하여 모둠별로 활동 내용을 기록할 수 있는 방법도 있습니다.

나눔이는 유인물 및 준비물을 모둠원에게 나눠줍니다. 또한 타임키퍼(timekeeper) 역할을 하며 모둠 활동을 관리합니다. 활동이 마무리되면 활동 결과물을 제출합니다.

역할	하는 일	Classroom English
Leader (이끔이)	모둠 활동을 인도, Little Teacher 부진 학생의 멘토	What did you hear? Let's read together. Who's first? Who's the next? Raise your hand, please. Did you do your homework? Who can answer the question? Let's check the answer. What's the answer?
Praiser (칭찬이)	모둠원이 활동을 잘 해낼 때 칭찬	Super! That's great! That's better! Awesome! Good job! Excellent! Good! Good work! Well done! ⋯
Writer (기록이)	모둠 활동 시 필요한 내용 기록	Louder, please. What did you say?
Collector (나눔이)	유인물 및 준비물을 나누고 모아줌 타임 키퍼(Time keeper) 역할을 함	Here it is. Hurry up. Time's up.

학생들을 영어로 어떻게 칭찬하면 좋을까요?

3~4학년의 경우 박수나 리듬을 활용한 칭찬도 가능합니다. 예를 들어 칭찬이가 한 친구를 칭찬해 주고 싶은 경우, 박수 2번과 함께 칭찬을 하면, 다른 친구들이 따라서 칭찬 구호를 하게 해 주었습니다. (예 – SA: Clap, Clap, Great! → Ss: Clap, Clap, Great!) 친구들이 따라 하는 재미에 칭찬이가 더 즐겁게 칭찬하고 학급 분위기도 훈훈해집니다.

영어 공책 지도하기
_Notebook

영어 수업에서 영어 공책을 쓰는 것은 중요합니다. 공책에 정리할 수 있는 내용이 실제로 안다고 말할 수 있다고 봅니다. 머릿속으로 안다고 생각하지만 실제 쓸 수 없다면 완전히 아는 것이 아닙니다. 공책을 정리하면서 자신의 지식을 구조화하고 배운 내용을 오래 기억할 수 있습니다.

영어 공책은 3선 혹은 4선으로 되어 있는데, 교과서나 영어 공책은 주로 4선을 사용합니다. 보통은 기준선(빨간색 혹은 굵은 선)이 있고, 위로 2줄이 있습니다. 'g, j, p, q, y'와 같이 기준선 아래로 내려오는 알파벳이 있기에 기준선 아래 1줄이 있습니다. 학생들 중에는 기준선에 맞춰 알파벳을 쓰는 것을 어려워하는 학생들이 있습니다. 구두점을 빠뜨리거나 대·소문자를 정확하게 쓰지 못하는 경우도 있어 학기 초에 공책쓰기를 꼼꼼히 지도해야 합니다.

공책은 선생님과 학생들의 창의성을 발휘할 수 있는 공간입니다. 선생님들 중에는 공책의 공간을 분할하여 단어 사전이나 문장사전을 만들도록 학생들을 지도하는 분들이 있습니다. 저는 학생들이 그림이나 시각적인 힌트를 주면서 구조화하여 영어공책을 쓰도록 지도하는 것을 좋아합니다.

학생들이 단원평가를 보고 난 후에는, 틀린 내용을 영어 공책에 정리하도록 지도합니다. 문제를 풀면서 틀린 문제의 경우 원인을 분석하는 것이 중요한데, 영어 약자를 사용해서 학생들이 왜 문제를 틀렸는지 분석하도록 합니다. 학생들과 같이 브레인스토밍을 통해 약어를 만들기도 합니다. 예를 들어, 몇몇 학생이 질문이 있는 경우 Q(question)를 사용하자고 제안했고, 그 학급에서는 Q를 기호로 사용했습니다.

m	mistake (실수로 틀린 경우)	f	forget (잊어버린 경우)
d	detail (세부사항을 꼼꼼히 확인 못한 경우)	Q	question (궁금한 내용이 있는 경우)

보통은 시험 채점 후, 문제를 '맞고 틀리고'에만 관심있는 경우가 많습니다. 그런데 기호를 사용해서 틀린 이유를 분석하게 했더니, 학생들이 자신이 문제를 왜 틀렸는지 상위인지(meta cognition)를 활용해 생각하는 기회가 되어 좋았습니다. 100점을 맞은 학생들은 문제를 스스로 만들어 공책에 정리해 보도록 합니다. 그랬더니 학생들이 교과서의 핵심 표현을 고민하며 재미있는 문제를 만들기도 했습니다. 한 번 더 공부한 내용을 정리하면 학생들이 뿌듯해하기도 하고, 푼 문제를 다시 생각하며 성장합니다.

● 자료 예시

공책 정리 안내 영상 제작	공책 정리 체계화

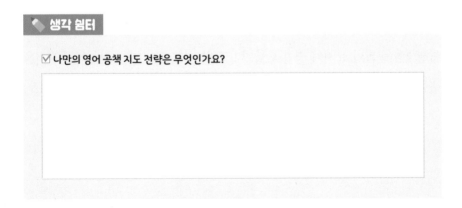

※ QR코드의 영어 노트 쓰는 방법을 참고해 보세요.

🏷 **생각 쉼터**

☑ 나만의 영어 공책 지도 전략은 무엇인가요?

영어 수업 마무리 루틴
_Closing Routine

"That's all for today. Good-bye, everyone."

수업이 끝났습니다. "야! 쉬는 시간이다."하며 학생들이 교실을 나가기 전에 하는 활동이 있습니다. 바로 학생들과 1:1로 만나는 시간입니다. 학생들이 교실을 나가기 전, 한 줄로 선생님 앞에 섭니다. 그런 후, 학생들은 영어 공책을 검사 맡고 그날 배운 표현을 하나씩 말해야 통과할 수 있습니다. 이렇게 미션처럼 학생들이 교실을 나가는 활동을 하면서 선생님은 학생들이 얼마나 오늘 배운 내용을 잘 익혔는지 확인할 수 있습니다.

또한 잠시라도 1:1로 만나는 시간이 있기에 공감대 형성에도 좋습니다. 열심히 공부한 학생과 하이파이브를 하며 "Wow, you did an awesome job!", "Excellent!"하면서 칭찬해 주면, 학생들은 기분 좋게 수업을 마무리할 수 있습니다.

학습을 점검하는데 시간이 많이 걸릴 것 같지만, 생각보다 오래 걸리지는 않습니다. 시간을 절약하기 위해 원어민 선생님과 같이 수업할 경우 각각 나누어 학생들의 학습을 점검하기도 합니다. 영어 공책을 수업시간에 다 검사한 경우, 학생 2명을 뽑아 문지기 역할을 맡기기도 합니다. 문지기가 오늘 배운 표현을 질문하고, 학생들은 대답하면서 미션을 완수하면 교실을 나갈 수 있습니다.

함께 사용하는 교실영어
_Classroom English

　신규 시절, 영어로 수업을 하는 것이 굉장한 부담이었습니다. 대학에서 외웠던 교실영어는 머릿속만 맴돌지, 실제 하고 싶은 말을 영어로 표현하기 쉽지 않았습니다. 그래서 교실영어 관련 책을 읽고 연수도 들었던 기억이 납니다. 처음에는 발문이 익숙지 않아 교실영어를 통으로 외웠습니다.

　영어를 계속 가르치다 보니, 교실영어에 대한 생각도 바뀌었습니다. 초임 때는 화려한 영어를 사용하는 것이 학생들 학습에 도움이 된다고 생각했으나, 시간이 흐르면서 교실영어가 간단하고 이해하기 쉬운 것이 더 중요함을 깨달았습니다. 그래서 어떻게 하면 쉽고 간단하면서도 도움 되는 영어를 사용할 수 있을까를 고민하게 되었습니다. 여러 시행착오를 거쳐 깨달은 방법을 소개하면 다음과 같습니다.

　첫째, 주의집중 신호(attention grabber)를 사용해 보세요.

집중신호	1	T : Look at me! Sn : One, two, three. (One : 손 머리, two : 손 어깨, three : 손 무릎)		
	2	T : Class, class! Sn : Yes, yes!	3	T : Are you ready? Sn : Yes, I am.
	4	T : Su! Sn : (모두 손을 모으고 엎드린다.)	5	T : Eyes on me! Sn : Eyes on you!
칭찬신호	개인 / 그룹	T : XX(clap, clap), awesome.(good job, perfect, wonderful, 등의 칭찬을 할 수 있음) S : XX, awesome. (good job, perfect, wonderful…)		
		T : You're the ~! Sn : Best! (엄지로 최고를 만들어 칭찬받는 학생을 가리키며) S : I'm the best/We're the best.(엄지로 최고를 만들어 자신/서로를 가리키며)		

둘째, 학생들도 교실영어를 사용하도록 지도해 보세요. 교사의 교실영어를 이해하는 수준에서 벗어나, 학생들이 사용할 수 있도록 학기 초에 꾸준히 익히는 시간을 마련해 주세요. 예를 들어, 발표를 하고 싶을 때 "I can do that!"과 같은 말을 하며 손을 듦으로써 **의사소통의지**(WTC, willing to communicate)를 높일 수 있습니다.

또한 학생들에게 **의사소통전략**을 가르쳐주세요. 학생이 발표를 지목받았을 때, 당황하지 않도록 전략을 가르쳐줍니다. 학생이 발표할 차례인데 긴장한 나머지 얼어붙은 상태라면 교사나 학생도 당황스러울 수 있습니다. 이를 예방하기 위해 학생이 모를 경우 "I'm sorry, I don't know."라고 당당하게 말할 수 있도록 알려줍니다. 발표에 대한 두려움을 줄일 수 있도록 말이지요.

학생들끼리도 서로 간에 영어를 사용할 수 있게 해 주세요. 예를 들어, '네 차례야.'라고 말하고 싶을 때, 우리말 대신 "It's your turn." 또는 "Your turn."라고 말하도록 합니다.

선생님께	May I go to the rest room? Could you help me, please? I have a question. I can do that! / Sorry, I don't know. How can I say 'OO' in English? I'm done. / I have finished. / Is this correct?
친구에게	It's your turn. / Who's next? What's the answer? Say it again, please. Are you okay? / Thank you!

셋째, 교과서에서 배운 표현을 교실영어로 사용해 보세요. 영어 수업에서 배운 표현이 그 단원에서 끝나는 것이 아니라, 지속적으로 반복하여 학습될 필요가 있습니다. 교실영어에 배운 표현을 포함한다면 학생들도 이해하기 쉽고, 복습도 되는 이중 효과가 있습니다.

☑ 선생님이 주로 사용하는 교실영어는 무엇인가요?

TIP

교실영어를 익힐 때, 그림책을 활용해 보세요.

제목 : David Goes to School

저자 : David Shannon

장난꾸러기 데이비드가 학교에서 한 행동을 재미있게 묘사한 내용입니다. 학교에서 실제로 해도 되는 행동과 그렇지 않은 행동도 은연중에 익힐 수 있고, 영어도 익힐 수 있습니다.

책 속의 "Raise your hand!", "Pay attention!" 등 선생님이 말하는 표현을 학생들과 같이 연습해 볼 수 있어요.

수업 디자인부터 성찰까지
_Design & Reflect

어떻게 수업을 디자인할까요?

"지도서대로 하면 되는 거 아닌가요?"

보통 영어 수업을 할 때, 지도서 혹은 교과서에 제시된 순서를 따르는 경우가 많습니다. 교과서대로 수업을 하다 보면 학생들에게 흥미로운 활동도 있고, '어, 이건 이렇게 조금 바꾸면 좋겠다.'는 생각이 드는 활동도 있습니다. 좀 더 학생들이 재미있게 수업하길 바라는 마음으로 동기유발 자료, 뒷부분에 게임 자료를 준비함으로써 수업을 재구성할 때도 있습니다.

교사 커뮤니티 사이트에는 여러 다양한 자료가 올라와 있어 수업에 활용하기에 유용합니다. 그러나 나의 수업 목표, 신념과 결이 맞는 활동도 있고, 그렇지 않은 활동도 있습니다. 내게 맞는 자료를 찾느라 시간을 많이 보내기도 합니다. 때로는 내가 직접 활동을 개발하거나 자료를 만드는 것이 나의 의도를 수업에서 잘 실현할 때도 있습니다.

활동을 구상할 때에는 내가 지도하는 학생들의 실생활과 관심사를 고려하여 수업을 재구성하길 추천합니다. 학생들은 자신이 관심 있는 분야의 내용일 경우 더 적극적으로 참여하기 때문입니다. 또한 디지털과 인공지능 교육 환경을 고려하여, 다양한 에듀테크를 수업에 활용할 수도 있습니다. 더 나아가 학생들이 자기주도적으로 영어를 학습할 수 있도록, 학습 전략을 익힐 수 있는 활동으로 수업을 구성할 수도 있습니다.

조금씩 경험이 쌓이면서, 이런 수업에는 이런 활동이 좋겠다는 나름의 기준이 생깁니다. 공책 정리에도 관심을 쏟게 되고, 학생들의 상호작용을 활성화하

는 의사소통 활동을 어떻게 구성할지 좀 더 고민하게 됩니다. 수업의 흐름, 기승전결도 고려하게 되지요. 교사 발문 및 칭찬, 피드백은 어떻게 할 것인지, 학생의 학습을 스캐폴딩(scaffolding)할 수 있는 전략도 찾아보고 적용하게 됩니다.

수업은 해도 해도 어렵습니다. 수업을 계획하는 것도 쉬운 일이 아니지요. 그럼에도 수업을 하면서 학생들과 즐겁게 몰입한 그 순간, 배움의 기쁨을 누리는 그 순간이 우리에게 동력이 되어 수업을 해 나갑니다. 내가 꿈꾸는 수업, 내가 학생들에게 주고 싶은 배움이 꽃피는 수업을 향한 나만의 노하우를 함께 찾아나가요.

🏷️ 생각 쉼터

☑ 영어 수업을 할 때 즐겨 사용하는 활동은 무엇인가요?

☑ 수업한 후 만족한 수업은 어떤 수업인가요? 그 이유는 무엇인가요?

어떻게 수업 자료를 준비하나요?
_Teaching Material

수업 자료를 만들 때 실생활 자료를 많이 활용하는 것이 좋습니다. 학생들의 생활에 밀접한 자료는 학생들의 동기유발에 유용합니다. 예를 들어 길찾기 표현을 배운다면 실제로 버스를 타고 목적지에 가는 데 필요한 표현을 활용합니다.

6학년 영어수업을 할 때였습니다. 길찾기 표현을 배우는 단원으로 "Take Bus Number 1." "Get off at the museum."과 같은 표현이 나옵니다. 교과서 표현과 학생들의 실제 삶을 연결하고자, 학교에서 놀이공원 가는 법, 야구 경기장 가는 법을 검색하여 수업 자료로 활용했습니다. 학생들이 좀 더 호기심을 가지고 핵심표현을 익힐 수 있어 좋았습니다.

○ 자료 예시

실생활 자료를 활용한 핵심 표현 소개 프리젠테이션 자료의 일부입니다.

Taebong Elementary School → **KIA Champion's Field**

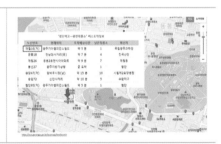

이 외에도 다양한 사이트 및 프로그램을 활용하여 수업 자료를 만들 수 있습니다.

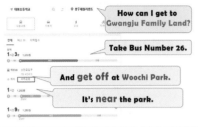

○ TIP (영어 수업 자료 제작)

1. 프리젠테이션 자료 제작

영어 수업을 할 때에는 핵심 표현을 제시하기 위해 프리젠테이션 자료를 만드는 경우가 많습니다. 프리젠테이션 자료를 좀 더 효율적이고 매력적으로 만들 수 있는 도구를 소개합니다.

● 미리캔버스와 캔바(Canva) 활용하기

영어 수업에서는 단어, 영어 표현을 제시할 때가 많습니다. 프리젠테이션 자료를 만들 때, 미리캔버스, 캔바(Canva)를 활용하면 손쉽고 예쁜 자료를 만들어 보세요. 미리캔버스, 캔바에서는 다양한 디자인의 프리젠테이션 자료를 제공하기 때문에 표현에 어울리는 디자인을 선택하여 자료를 만들 수 있습니다. 특히 캔바는 교사 계정으로 등록할 경우 여러 이미지를 무료로 사용할 수 있으며, 교사와 학생이 협력하여 자료를 만들 수 있는 장점이 있습니다.

● gif 이미지 활용하기

google에서 원하는 gif 이미지를 검색하면 재미있는 움직이는 영상을 찾기에 유용합니다. 예를 들어 'play soccer'에 해당하는 이미지를 찾는 경우, 검색창에 'play soccer gif'로 'gif'를 같이 검색해 주면 다양한 이미지를 찾을 수 있습니다. gif 이미지는 생동감을 주기 때문에 학생들의 관심을 끄는 데 좋습니다. 무료 이미지를 검색하고 싶은 경우, Pixabay를 활용할 수 있습니다.

● https://getyarn.io 사이트 활용하기

영화나 애니메이션 속 영어 표현을 소개하는데 유용한 사이트입니다. 교과서에 나오는 표현을 영화나 애니메이션을 통해 익힐 수 있기 때문에 동기유발이나 듣기, 말하기 연습에도 좋습니다. 교과서에서 정제된 입력자료(input)가 아니라, 실제적인 음성 자료로 활용할 수 있다는 장점이 있습니다.

2. 동영상 자료 제작

Vrew는 키워드를 입력하면 AI가 자동으로 영상을 만들어줍니다. 원하는 텍스트를 음성으로 변환할 수 있고, 영상의 자막도 만들 수 있습니다. 또한 여러 이미지 자료도 검색하여 영상에 넣을 수 있기 때문에, 영어수업 자료를 제작하는 데 많은 도움이 됩니다.

- **Vrew 활용 음성 녹음 및 자막 생성**

<음성 녹음>

1. https://vrew.com/ko/에 접속하여 vrew 프로그램을 다운로드합니다.
2. 회원가입 및 로그인 후, 'AI 목소리로 시작하기'를 선택합니다.
3. text를 입력하고 AI목소리를 고른 후(언어 선택 및 성별 선택) 녹음합니다.
4. text에 어울리는 이미지를 선택할 수 있습니다.
5. '내보내기'를 통해 동영상을 완성합니다.

<자막 생성>

1. 자막 생성을 원하는 영상을 업로드합니다.
2. 동영상 파일의 언어를 선택합니다.
3. 음성 분석을 받습니다. 음성분석 결과, 자막에서 수정할 내용이 있으면 수정합니다.
4. 영상에 자막을 넣어 편집을 완료합니다. [전체 자막 복사하기]로 자막 text를 얻을 수도 있습니다.

3. 음성 자료 제작

그 외에도 네이버 클로바, TTS 등 다양한 프로그램을 활용할 수 있습니다.

- **한국어 녹음**

네이버 클로바 더빙을 활용해 보세요. (다만, 영어는 한국식 발음으로 녹음되는 점을 유의하세요.)

1. clovadubbing.naver.com에 접속합니다.
2. 무료로 시작하기를 클릭합니다.
3. 정보를 입력하고 프로젝트를 시작합니다.
4. 원하는 텍스트를 입력하면 프로그램에서 더빙을 해 줍니다.
5. 더빙된 내용을 다운로드합니다.

● TTS(Text-to-Speech) 기능 활용 꿀팁

시험을 출제하거나 수업용 영상을 촬영할 때, 원어민의 도움을 받지 않고도 음성을 녹음할 수 있습니다. 또한 영국식, 호주식, 미국식 영어 등 여러 국가의 음성을 지원해 주기 때문에 학생들이 다양한 경험을 할 수 있습니다.

● **text-to-speech.imtranslator**

1. https://text-to-speech.imtranslator.net/ 에 접속합니다.

2. 언어와 성별을 선택합니다.

3. 네모 상자 안에 텍스트를 입력합니다.

4. 'Say It' 버튼을 누르면 원어민의 발음으로 텍스트를 들을 수 있습니다.

● **freetts**

1. https://freetts.com/에 접속합니다.

2. 언어와 성별을 선택합니다.

3. 네모 상자 안에 텍스트를 입력합니다.

4. Convert to Mp3 버튼을 누르면 소리를 들을 수 있고, Download Mp3 버튼을 누르면 소리를 다운로드받을 수 있습니다.

● **Forvo**

1. https://ko.forvo.com/에 접속합니다.

2. 영어 외에도 독일어, 러시아어, 스페인어, 프랑스어 등 다양한 국가의 단어 발음을 들을 수 있습니다.

4. 수업 아이디어 및 수업안 만들기

생성형 인공지능의 등장으로 많은 분야에서 생성형 인공지능에 주목하고 있습니다. 생성형 인공지능은 이미 정해진 경로로 대화하는 것이 아니라, 데이터와 패턴을 학습해 새로운 콘텐츠를 만들어 냅니다. 영어 수업에도 활용 가능성이 높습니다. 수업 아이디어를 얻거나 정보를 얻을 때, 유용한 도구로 사용할 수 있습니다.

● **ChatGPT**

1. https://chat.openai.com/에 접속합니다.
2. 내가 원하는 수업 계획을 얻기 위한 프롬프트 (prompt)를 대화창에 입력합니다.
3. ChatGPT가 생성한 아이디어를 참고하여 수업안을 작성합니다.

↑ ChatGPT가 만들어 준 수업활동 계획

● **Perplexity**

1. https://www.perplexity.ai/에 접속합니다.
2. 내가 원하는 수업 계획을 얻기 위한 프롬프트 (prompt)를 대화창에 입력합니다.
3. Perplexity가 생성한 아이디어를 참고하여 수업안을 작성합니다. (Perplexity는 정보의 출처를 제공해주는 장점이 있습니다.)

↑ Perplexity가 만들어 준 수업활동 계획

● **Bard**

1. https://bard.google.com/에 접속합니다.
2. 내가 원하는 수업 계획을 얻기 위한 프롬프트 (prompt)를 대화창에 입력합니다.
3. Bard가 생성한 아이디어를 참고하여 수업안을 작성합니다.

↑ Bard가 만들어 준 수업활동 계획

☑ 선생님이 수업 자료를 제작할 때, 중요하게 생각하는 것은 무엇인가요?

☑ 선생님이 즐겨 사용하는 자료 제작 방법은 무엇인가요?

생성형 AI로 수업 계획을 위한 아이디어를 얻을 수 있습니다. 수업의 학습 목표, 목표 표현, 수업 시간 등이 들어간 자세한 프롬프트(prompt, 입력하는 대화문)을 작성하면 원하는 답변을 얻을 확률이 높아집니다.

[프롬프트의 예]
초등학교 6학년 영어 수업을 하려고 해. 학생들은 특정 장소에 가는 방법을 묻고 답하며, 건물의 위치를 안내하는 표현을 익힐 거야. 학생들이 배우는 표현은 "How can I get to the museum? / Take Bus Number 4 and get off at the hospital. / It's near the bank."이야. 단어와 구절을 읽고 쓰는 활동을 중심으로 40분 수업을 할 거야. 재미있는 활동들로 구성된 수업안을 작성해 줘.

<Bard가 작성해 준 답변의 예>
수업 계획
▶ 학년 : 6학년
▶ 주제 : 특정 장소에 가는 방법을 묻고 답하며, 건물의 위치를 안내하는 표현
▶ 시간 : 40분
▶ 목표
- 학생들은 특정 장소에 가는 방법을 묻고 답하는 표현을 익힐 수 있다.
- 학생들은 건물의 위치를 안내하는 표현을 익힐 수 있다.
- 학생들은 단어와 구를 읽고 쓸 수 있다.
▶ 자료: 칠판, 분필, 프린트된 문장, 카드, 종이, 연필
▶ 활동

[Warm-up]
학생들에게 한국어로 특정 장소에 가는 방법을 묻고 답하는 활동을 시킨다.
예를 들어, "역으로 가는 방법을 알려주세요."라고 묻고, "역까지 걸어 가세요."라고 대답한다.
학생들이 한국어로 이 활동을 할 수 있게 되면, 영어로 이 활동을 시킨다.

[Presentation]
학생들에게 특정 장소에 가는 방법을 묻고 답하는 표현과 건물의 위치를 안내하는 표현을 프린트된 문장으로 보여준다.
학생들이 이 문장들을 읽고 이해할 수 있게 한다.
학생들이 이 문장들을 연습할 수 있게 한다.
…
…
…

내 수업을 돌아볼까요?
_Class Reflection

선생님들은 '좋은 수업'을 하고 싶습니다. 하지만 매일, 매순간 완벽한 수업이 가능한 것은 아니며, 오히려 수많은 시행착오를 거칩니다. 어떤 반은 이 활동을 했더니 학생들의 반응이 폭발적이었는데, 다른 반에서는 뜨뜻미지근합니다. 때로는 '아, 여기서는 이렇게 했어야 했는데…'하는 아쉬움이 남기도 하지만 시간이 지나면 안개 속 장면처럼 흐려집니다.

사라져가는 기억의 순간을 포착하고, 그 가운데 깨달음을 얻는 방법은 무엇일까요? 바로 '수업을 했을 때의 경험과 나의 마음을 기록'하는 것입니다. 저는 학생들의 활동 내용을 사진으로 찍어두고 수업을 하면서 생각하고 느낀 점을 개인 블로그에 기록합니다. 때로는 글을 쓰면서 나의 부족함에 마음이 아프기도 하고, 가끔은 뿌듯하기도 합니다. 그런 기록이 시간이 지나면 나의 수업의 역사가 되고, 자산이 됩니다.

● 기록 예시

블로그 기록	수업 계획	수업 성찰
	멘티미터 영어수업 활용 계획	

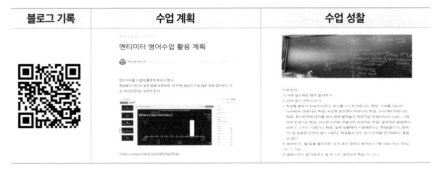

또 다른 방법은 '내 수업을 촬영'하는 것입니다. 운동선수들은 자신의 경기 과정을 기록하고 이를 철저하게 분석하는 것처럼 수업 장면을 촬영해 분석하는 것은 성장의 큰 밑거름이 될 수 있습니다. 내 발문과 학생들의 응답도 구체적으로 분석할 수 있을 뿐만 아니라 수업할 때 발견하지 못했던 여러 가지 측면을 볼 수 있습니다. 도움이 필요한 학생들이 보이기도 하고 습관적으로 하는 말이나 행동을 알아차리기도 합니다. 내 수업을 촬영해서 보는 것은 손발이 오그라드는 부끄러움을 느끼게 합니다. '아, 내 목소리가 저렇구나. 이런, 왜 저런 표정을 짓지?'하며 쥐구멍이 있으면 숨고 싶은 마음이 들기도 합니다. 그러나 수업할 때의 내 마음을 마주하게 되고, 때로는 내가 놓친 학생의 마음도 들여다보게 됩니다. 그렇기에 수업을 촬영해서 보는 것은 번거롭고 쑥스럽기는 하지만 성장의 좋은 밑거름이 될 수 있습니다.

만약 마음을 터놓을 수 있는 친한 선생님이 있다면 선생님과 수업친구가 되어 서로의 수업을 보고 이야기 나누는 것(수업 나눔)도 큰 도움이 됩니다. '나만 수업에서 이런 고민이 있을 거야.'라고 생각할 수 있지만, 동료 선생님도 똑같은 고민을 하고 있을 수 있습니다. 또한 동료 선생님의 수업을 보다 보면, 내 수업도 성찰되는 지점이 있습니다. 학교 내에서든, 학교 밖에서든 마음 맞는 선생님과 같이 수업을 보며 이야기하는 것은 수업 성찰을 돕는 좋은 방법입니다. 특히 영어 수업의 경우, 원어민 선생님이 학교에 근무하고 있어 같이 협력수업을 한다면 원어민 선생님은 좋은 수업 친구가 될 수 있어요. 수업 후에 서로 즉각적으로 피드백을 줄 수 있고, 같이 수업을 발전시켜나갈 수 있습니다.

◆ 생각 쉼터

☑ 오늘 수업을 생각하며 겪었던 일과 나의 마음을 기록해 보세요.

학생들과 관계 가꾸며
문제 해결하기

학생 알아가기_Who Are You?

학기 초, 학생들을 만나면서 다양한 것을 알고자 합니다. 학생들과 관계를 맺는 첫 발걸음은 바로 이름을 불러주는 것입니다. 시인 김춘수 「꽃」에는 "내가 그의 이름을 불러 주기 전에는 그는 다만 하나의 몸짓에 지나지 않았다. 내가 그의 이름을 불러 주었을 때 그는 나에게로 와서 꽃이 되었다." 라는 구절이 나옵니다.

저는 처음 학생들을 만났을 때, 출석을 부르며 학생들의 이름을 외우려고 노력합니다. 학생들의 이름을 부를 때, 학생들은 "Here. / I'm here. / Present. / Yes." 중에서 편한 표현을 골라 대답하도록 지도합니다.

> T : I'll call your names.(Now let me call the roll.)
> S₁ : Yes / S₂ : I'm here. / S₃ : Here. / S₄ : Present.

오리엔테이션 시간에 저에 관한 퀴즈를 준비해 소개하며, 학생들이 저에 대해 알아갈 수 있도록 합니다. 그런 후, 학생들의 이야기를 듣기 위해 설문조사를 실시합니다. 영어에 대한 학생들의 생각은 어떤지, 어떤 부분에서 학습에 어려움을 겪는지 미리 파악하기 위함입니다. 그런 다음 학생들이 자신의 이름을 영어로 쓸 수 있도록 돕는 활동을 합니다. 대부분 학생이 자신의 이름을 영어로 쓰는 것을 어려워합니다.

외교부 여권 안내 홈페이지[추천 로마자 성명 검색]에서 영어 이름을 검색할 수 있습니다. 학생들에게 학기 초에 다음 방법을 알려준 후 자신의 이름을 변

환해 볼 수 있도록 합니다. 영문변환 결과, 몇 가지 표기가 제시됩니다. 그 중, 자신의 마음에 드는 이름을 선택해서 사용하면 된다고 말해줍니다.

영어 이름을 익힌 후, 자신의 이름 막대(name stick) 만들기 활동을 할 수 있습니다.

\<About Me\>

1. [앞면] 아이스크림 막대의 오른쪽 끝에 번호를 씁니다.
   Write your student number.

2. [뒷면] 영어 이름을 씁니다.
   Write your name.

3. [뒷면] 좋아하는 색깔을 영어로 씁니다.
   Write your favorite color.

4. [뒷면] 좋아하는 음식을 씁니다.

5. 나만의 스틱을 꾸밉니다.
   Decorate.

6. 완성한 아이스크림 막대를 모아 '누구인지 추측하기' 및 발표 뽑기에 사용할 수 있습니다.
   T : Please guess who she is. Her favorite color is red. Her favorite food is ramen….
   S : Is she OO?
   T : Yes, she is.

\<블로그에서 상세 내용 참고\>

학생들의 자존감을 키워주는 수업

한글을 배울 때, 관심 있게 읽고 쓰는 단어는 바로 이름입니다. 자기 이름을 먼저 배운 후, 엄마·아빠 이름을 어떻게 읽고 쓰는지 익힙니다. 그만큼 이름은 우리의 삶에서 떼래야 뗄 수 없는 단어입니다. 반복해서 사용하기 때문에 몇

번 쓰다 보면 자기 이름을 한글로 쓰는 것은 자연스럽게 익히게 됩니다.

마찬가지로 영어를 시작할 때, 학생들 이름을 어떻게 쓰는지 알아보길 추천합니다. 자신과 관련된 것이면 학생들은 관심을 가지기 때문입니다. 한글 이름으로 삼행시를 짓듯이, 학생 영어 이름의 첫 자(이니셜, initial)를 활용해 '장점 삼행시'를 만들 수도 있습니다. 이니셜을 알아두면 영어 이름을 외울 때 훨씬 도움이 됩니다. 학생 이름 이니셜을 활용한 명함을 만들어 보는 것은 어떨까요?(3학년은 영어 이름만 써 보는 것도 좋습니다. 4~6학년은 이니셜에 맞는 긍정형용사를 찾아 써 보세요.) 활동의 예는 다음 QR코드를 참고하세요.

○ 이름 삼행시 예시

Name : Son Heung Min	Name : Kim Yu Na
S : Smart	P : Kind
H : Hardworking	S : Young
Y : Memorable	Y : Nice

◆ 생각 쉼터

☑ 선생님의 영어 이름으로 삼행시를 만들어 보세요.
(다음 페이지의 형용사 목록을 참고하거나 'O로 시작하는 형용사'를 인터넷에 검색해도 좋습니다)

○ 〈나를 가장 잘 설명하는 단어는[1]?〉

A
Adventurous 모험적인
Ambitious 야심 있는
Affectionate 따뜻한, 애정 깊은
Assertive 적극적인
Attractive 매력적인
Amazing 놀라운
Awesome 훌륭한

B
Brilliant 똑똑한
Bright 명석한
Brave 용감한
Broad-minded 마음이 넓은
Beautiful 아름다운
Bubbly 활달한
Busy 바쁜
Best 최고의

C
Confident 자신감 있는
Courageous 용기 있는
Calm 침착한
Creative 창의적인
Cheerful 유쾌한
Considerate 생각이 깊은
Capable 유능한
Caring 배려심이 있는
Conscientious 양심적인
Charitable 인정이 많은
Cool 멋진
Cordial 성심성의의
Charismatic 카리스마 있는
Cute 귀여운
Charming 매력적인
Carefree 근심 없는, 태평한
Cultured 교양 있는, 고상한
Curious 호기심이 있는
Cold 냉정한

D
Diligent 근면한
Dependable 믿음직한
Discreet 분별력 있는
Down to earth 현실적인
Determined 단호한, 결연한

E
Excellent 훌륭한
Energetic 에너지가 넘치는, 활기찬
Easy going 느긋한
Ethical 도덕적인

F
Friendly 다정한
Faithful 믿을 수 있는
Funny 재미있는
Feminine 여성스러운
Firm 확고한, 한결같은
Famous 유명한
Fantastic 멋진
Earnest 진지한, 열심인

G
Generous 관대한
Genial 싹싹한
Giving 헌신적인
Good 착한
Genuine 진실한
Good looking 잘생긴
Great 대단한
Glad 기쁜
Gorgeous 아주 멋진

H
Humorous 유머감각이 있는
Humble 겸손한
Honest 정직한
Hardworking 열심인
Handsome 잘생긴
Happy 행복한

I
Intelligent 지적인, 똑똑한
Industrious 부지런한
Introvert 내성적인
Innocent 순수한

J
Jolly 유쾌한
Joyful 아주 기뻐하는

K
kind 친절한
Knowledgeable 아는 것이 많은

L
Laid-back 느긋한
Liberal 마음이 넓은
Likable 호감이 가는
Loving 애정 깊은, 다정한

M
Modest 겸손한
Merciful 인정이 많은
Meek 온순한
Meticulous 꼼꼼한
Mature 어른스러운

N
Nice 멋진

O
Open-minded 마음이 넓은
Optimistic 낙천적인
Outgoing 활발한, 외향적인

---

1) 이 학습지는 학생들이 자신의 특성을 표현하는 데 초점을 맞추어, 교육과정에서 제시하지 않은 단어들도 포함하여 제시하였습니다.

P

Positive 긍정적인
Patient 참을성 있는
Poised 침착한
Prudent 신중한
Picky 까다로운
Pretty 예쁜
Punctual 시간을 잘 지키는
Playful 쾌활한
Persistent 끈질긴, 고집 있는
Peaceful 평화를 사랑하는
Pleased 기쁜
Popular 인기 있는

Q

Quiet 조용한
Qualified 자격이 있는

R

Reliable 믿음직한
Responsible 책임감 있는
Rational 합리적인
Respectful 예의 바른
Resourceful 전략이 뛰어난

S

Sweat 다정한
Sagacious 현명한
Sincere 진실한
Strict 엄격한
Soft-hearted 부드러운 마음의
Simple 단순한
Sensible 분별력 있는
Slim 늘씬한
Shrewd 빈틈없는, 통찰력 있는
Smart 똑똑한

T

Thoughtful 생각이 깊은
Trustworthy 믿을만한
Tolerant 마음이 넓은
Talkative 수다스런
Tenacious 끈질긴
Tall 키가 큰

U

Understanding 이해심이 깊은
Unstrained 거리낌 없는

V

Victory 승리
Valiant 용감한, 씩씩한
Valuable 소중한

W

Wise 현명한
Warm-hearted 인정이 많은
Well-spoken 말을 잘 하는
Well-read 책을 많이 있는
Witty 재치가 있는
Well-traveled 여행을 많이 한
Wonderful 놀라운

Y

Young 어린
Young-eyed 열정적인

Z

Zealous 열심의, 열광적인
Zestful 흥미 있는

영어 공부 동기부여하기_Motivation

번역기가 있는데 영어 공부를 왜 하나요?

"영어 왜 배우는지 모르겠어요.", "영어 배워서 뭐 해요?"

사춘기에 들어서면서 학생들이 종종 하는 말입니다. 3~4학년 때에는 즐겁게 활동에 참여하다가도 성장하면서 달라집니다. 행동의 '목적'과 '당위성'을 생각하기 시작합니다. 때로는 "영어, 왜 배우는 거예요?", "영어 번역기만 있으면 되는데 왜 영어를 공부해요?"라며 다소 반항적, 냉소적으로 말하기도 합니다.

학생들에게 목적의식이 중요하기에, 저는 수업을 시작하기 전에 영어를 왜 공부하는지 이야기를 나눕니다. 학생들이 영어 공부를 하길 바라는 이유는 무엇인가요? 학생들과 이야기를 나눠 보세요. 영어 공부의 의미를 함께 찾아가는 것은 첫 단추를 잘 꿰는 것과 같습니다.

● 자료 예시

※ 영어 공부를 하면 좋은 점을 생각 그물(mind map)로 표현하기
생각 그물은 사고를 확장하는 데 유용한 도구입니다. 영어 공부의 필요성을 생각 그물로 표현해 보세요.
1) 영어 공부를 하면 좋은 점을 이야기하며 생각 그물로 나타냅니다.
   (한글, 영어 모두 좋습니다.)
2) 생각 그물을 보며 학생들과 이야기 나눕니다.
   T : What are the benefits of learning English?
   S : I think English helps me to … .
   (예 : I think English helps me to make foreign friends.)

※ 생각 그물을 온라인으로 만들어 보세요.

마인드 마이스터 www.mindmeister.com

 온라인 실시간 협업도구로 생각그물을 함께 만들 수 있습니다. 영상 링크나 메모를 링크할 수 있는 기능이 있습니다. 앱(App)을 활용하여 마인드맵 제작도 가능합니다.

파플렛 www.popplet.com

 직관적으로 생각 그물을 만들 수 있으며, 시각적 효과가 우수합니다.

◉ 자료 예시

영어는 왜 공부하나요?

※ 학생들이 말한 영어 공부의 이유의 예는 다음과 같습니다.

1) 외국인 친구를 사귈 수 있어요.

2) 외국 문화를 더 잘 이해할 수 있어요.

3) 시험에 보거나 직장을 얻을 때 필요해요.

4) 더 많은 정보를 얻을 수 있어요.

5) 가수의 노래를 따라 부를 수 있어요.

6) 여행에 필요해요.

7) 꿈을 이루는 데 필요해요

이 외에도 영어 공부하는 여러 이유를 학생들과 함께 생각해 볼 수 있습니다.

☑ 오늘 수업을 생각하며 겪었던 일과 나의 마음을 기록해 보세요.

영어 공부의 모델을 찾아볼까요?

공부의 모델을 찾는 것은 영어에서도 큰 동력이 됩니다. 학생들과 영어 공부를 위한 모델을 찾아보는 것은 어떨까요?

※ 영어 공부 모델 찾기

1) 유튜브 영상에서 공부 모델이 될 수 있는 인물을 찾습니다. 특히 학생들이 관심 있는 분야와 관련된 인물이면 더욱 좋습니다. (예 : 김연아, 손흥민, 조수미 등)

2) 인터뷰를 보고 느낀 점을 한국어 또는 영어로 이야기합니다.

• T : Who is your role model? Why?
• S : My role model is …, because ….

(예 : My role model is Kim Yuna, because she is one of the best figure skaters in the world. She can also speak English very well.)

※ 영어 공부 모델을 패들릿에 올려요.

www.padlet.com

패들렛에 올리면 친구들의 영어 공부 모델을 한 눈에 볼 수 있습니다. 동영상 링크도 올릴 수 있기 때문에 풍성한 정보도 나눌 수 있고 동기부여도 됩니다. 패들렛 종류 중 '캔버스'를 선택할 경우 같은 직종별로 분류작업이 가능합니다.

☑ **선생님의 영어공부 모델은 누구인가요?**

학생들의 자율성을 존중하며 허용 범위 안에서 선택권 주기

저는 학생들에게 활동을 제시할 때 선택권을 주는 편입니다. 예를 들어 "Write the words five times!"라고 말하는 대신 "Let's write the words in the board. How many times do you want to write?"라고 물으며 교사가 허용할 수 있는 범위 안에서 학생들이 선택할 수 있도록 합니다. 아예 단어를 안 쓰면 문제지만, 한 번이라도 쓴다면 공부가 됩니다. 알파벳 쓰기에 익숙하지 않은 학생들은 단어 쓰는데 시간이 더 걸립니다. 그래서 스스로의 속도에 맞게 선택하도록 합니다. 학생들이 단어를 쓰며 학습하는 것이 목표이지만, 그 과정이 강요된 노동이 되지 않도록 학생들이 자기가 선택하고 책임지게 하는 것입니다.

작은 성공의 경험을 쌓아가기

목표는 구체적이면서 조금은 도전적이지만, '할 수 있겠다!'는 생각이 드는 것이 좋습니다. 처음부터 학생들에게 단원평가를 100점 맞으라고 하는 것은 너무 부담스러운 목표가 될 수 있습니다. 까다로운 문제가 많기 때문에 실수를 하거나 몰라서 틀리는 경우 고득점이 어려운 경우도 있습니다. 그래서 저는 쪽지 시험을 자주 봅니다.

예를 들어 수업 전 받아쓰기를 할 때, 간단한 단어나 주요 핵심 표현을 3~4개 정도 냅니다. 외울 시간을 줄 때도 있고, 영어를 어려워하는 학생들을 위해 시각적인 힌트도 줍니다(예 : 알파벳의 모양대로 네모 칸을 그려줍니다.). 그러면 대부분 학생들이 좋은 점수를 얻습니다. 이처럼 작은 성공의 경험이 쌓이면 자신감이 생기고, 영어 학습에 대한 좋은 동기부여가 될 수 있습니다. '나는 영어를 잘 할 수 있다.'는 자신감과 '나는 영어를 잘 할 수 있는 사람이다.'는 정체성은 강력한 동기부여입니다.

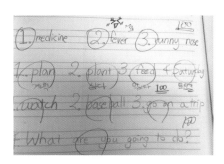 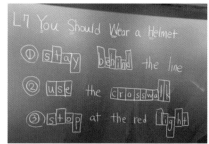

🔖 생각 쉼터

☑ 학생들에게 자신감을 심어주는 선생님의 노하우를 나눠주세요.

영어 놀이로 워밍업하기!_Let's Play

영어가 낯설어? 나처럼 해봐. Move like me!

▶ 지도대상 : 3~4학년
▶ 목표 : 영어를 듣고 표현에 맞게 움직여요.
▶ 준비물 : 없음

교육연극에서 '미러링(mirroring)' 활동이 참 재미있습니다. 미러링 활동에서는 앞 사람의 동작을 그대로 따라합니다. 교실에서 학생들과 했더니 선생님이나 친구의 동작을 그대로 따라하는 놀이를 참 좋아합니다. 영어 수업에서도 '따라하기' 활동을 적용할 수 있습니다. 초등학교까지는 아이들이 움직이고자 하는 욕구가 강한 시기입니다. 그래서 무언가를 공부할 때에도 움직임을 활용할 수 있습니다.

학생들이 영어를 처음 배우면서 영어로 말하라고 하면 얼마나 부담이 될까요? 학생들의 정서적 긴장(affective filter)을 낮추고 즐겁게 수업에 참여할 수 있도록 이끌어줍니다. 맨 처음에는 영어를 듣고 몸만 움직이게 합니다. 무슨 말인지 모를 수 있기 때문에 선생님이 모델링을 할 수 있습니다. 선생님의 행동을 학생이 따라하고, 선생님이 하는 말을 따라 하면서 영어를 익혀보는 건 어떨까요?

예를 들어, "Move like me!(나처럼 해봐)"라고 안내한 후, "Sit down!"이라 말하고 앉으면 아이도 같이 앉습니다. 언어와 행동이 연결이 되면, 나중에는 선생님의 시범 없이도 학생들이 스스로 소리를 듣고 할 수 있도록 해 줍니다.

● 학생들에게 들려줄 문장

1단계	2단계	3단계
Sit down! (앉아)	Sleep! (자!)	Turn around!
Stand up! (일어나)	Run! (뛰어!)	Raise your hands!
Jump! (뛰어)	Walk! (걸어)	Clap!
Dance! (춤 춰)	Sing! (노래해!)	

이렇게 활동하세요.

① 선생님이 학생들에게 동작을 따라하게 한다.

② 선생님은 영어로 말하며 동작하고, 학생들은 선생님의 동작을 따라한다.

③ 학생들이 선생님의 동작과 말을 같이 따라해 본다.

④ 선생님은 영어로 말만 하고, 학생들은 그 말에 맞게 동작한다.

이렇게 대화하세요.

T : Stand up! (일어서면서 말한다.)

Ss : (일어선다.)

T : Sit down! (앉으면서 말한다)

Ss : (앉는다.)

T : Jump! (점프하면서 말한다.)

Ss : (뛴다.)

T : Dance! (춤을 추면서 말한다.)

Ss : (춤을 춘다.)

※ 학생들이 영어 표현에 익숙해지면 역할을 바꿔서 직접 영어로 말하는 기회를 줍니다.

TIP

Affective Filter Hypothesis

스티븐 크라센(Stephen Krashen, 언어학자)은 학습자의 불안이 높거나 자존감이나 동기부여가 낮을 경우 영어와 같은 제2언어의 습득을 방해한다고 주장한 이론입니다. 실제 저의 경험도 영어 울렁증이 있을 때 영어가더 안 들렸습니다. 학생들도 불안감이 높으면 영어를 배울 때 어려워하는 경우가 많습니다. 그래서 영어 수업을 할 때 허용적인 분위기를 만들어 학생들이 심리적으로 안정감을 느끼고 공부할 수 있도록 노력한답니다. 학생들이 안정된 정서로 영어를 접할 수 있도록 처음부터 어려운 것을 요구하지 말고 쉬운 것부터 차근차근 함께하면 좋습니다.

서로가 시키는 대로! Teacher says!

▶ 지도대상 : 전 학년
▶ 목표 : 영어를 듣고 표현에 맞게 움직여요. (심화목표 : 학생이 스스로 표현을 말해요.)
▶ 준비물 : 없음

초등 2학년 교실에서 '가라사대' 게임을 한 적이 있었습니다. 교실은 열광의 도가니로 "선생님, 또 해요!", "한 번만 더 하면 안돼요?" 등 학생들의 열기를 차분하게 만드느라 애쓰던 기억이 있습니다. 저학년만 좋아할까요? 아닙니다. 고학년도 은근히 가라사대 놀이를 좋아합니다.

고학년은 '가라사대'의 영어식 버전인 'Simon says' 게임을 합니다. 'Simon'이란 이름이 낯설 수 있기 때문에 'Teacher says'로 바꿔서 말합니다. 수업시간에 배웠던 표현을 넣어 게임을 하는데, 고학년은 호락호락하게 넘어오지 않습니다. 그럴 때 "Wow, you did a great job! Winners, please come to the front! (어머, 너무 잘한다. 이긴 사람들 다 앞으로 나오세요.)"라 말하면 학생들이 신나서 앞으로 나옵니다. "Oh, I did not say, 'teacher says.'" "Rest of you, you win! Shall we do it again?" 하면서 게임을 진행하면 학생들이 초집중하여 수업에 참여합니다.

● 학생들에게 들려줄 문장

기초	심화
Teacher says, Sit down! (앉아) Stand up! (일어나) Jump! (뛰어) Dance! (춤 춰) Sleep! (잠자) Run! (뛰어) Walk! (걸어) Sing! (노래해) Stop! (멈춰) Cry! (울어) Laugh! (웃어)	Raise your 'right / left' hand! (오른손 / 왼손을 들어) Put your hands down! (손을 내려) Clap your hands! (박수를 쳐) Shake your hands! (손을 흔들어) Point your nose! (코를 가리켜) Touch your knees! (무릎을 짚어) Go straight! (앞으로 가) Turn right! (오른쪽으로 돌아) Turn left! (왼쪽으로 돌아) Turn around 'once / twice / three' times….(1/2/3…바퀴 돌아) ※ 학생이 표현에 익숙해지면 명령어 뒤에 please를 붙입니다.

이렇게 활동하세요.

① "Teacher says"를 붙여 명령합니다.

② 한번씩 'Teacher says'를 빼고 명령합니다. (특히, 움직이고 있을 때 "stop!"을 말하면 학생들은 무의식적으로 멈춥니다.)

③ 실수했을 때 "Oh, man(이런!)"을 외치며 웃으면서 놀이를 계속 합니다.

④ 놀이가 익숙해지면 역할을 바꿔 학생이 영어로 말할 수 있도록 합니다. 학생은 "I say" 문장을 넣어 게임을 합니다.

이렇게 대화하세요.

T : Teacher says, dance!

Ss : (춤을 춘다.)

T : Teacher says, stop!

Ss : (춤을 멈춘다.)

T : Teacher says, dance like a monkey!

Ss : (원숭이 흉내를 내며 춤을 춘다.)

T : Teacher says, walk like a duck, please!

Ss : (걷는다.)

T : Stop!

Ss : (멈춘다.)

T : Uh-uh, I didn't say "Teacher says."

Ss : Oh, man!

T : Let's do it again. / Okay! Now, let's switch the role.

'무궁화 꽃이 피었습니다.'를 영어로! Freeze!

▶ 지도대상 : 3~4학년
▶ 목표 : 영어를 듣고 표현에 맞게 움직여요. (심화목표 : 학생이 스스로 표현을 말해요)
▶ 준비물 : 없음

학생들이 좋아하는 놀이 중 하나는 <무궁화 꽃이 피었습니다>입니다. 저학년들은 말할 것 없고 고학년들도 즐겁게 하는 놀이입니다. 하루는 '연극놀이' 수업에서 <무궁화 꽃이 피었습니다>를 단순히 멈추는 게 아니라 동작을 하도록 했더니 반응이 뜨거웠습니다. 예를 들어 "무궁화 꽃이 춤을 춥니다."하면 아이들이 춤을 춥니다. 그러다가 술래가 "멈춰!"라고 말하면 움직이면 안 됩니다. 이 활동을 영어 놀이로 하면 어떻게 될까요?

술래는 "무궁화 꽃이 피었습니다."란 말 대신 "무궁화 꽃, (영어 표현)"를 말합니다. 어떻게 활동하는지 살펴봅시다.

○ 학생들에게 들려줄 문장

1단계	2단계	3단계
Sit down! (앉아) Stand up! (일어나) Jump! (뛰어) Dance! (춤 춰)	Sleep! (자!) Run! (뛰어!) Walk! (걸어) Sing! (노래해!)	Turn around! Raise your hands! Clap!

이렇게 활동하세요.

① 선생님이 술래(tagger)를 하고 아이들은 놀이를 합니다.
② 술래와 술래 아닌 사람은 간격을 두고 섭니다.
③ 술래가 "무궁화꽃, Sit down."을 말하면 모두 앉습니다. (술래가 "무궁화꽃, Dance."를 말하면 모두 춤을 춥니다.)
④ 술래가 "Freeze!"를 외치면 얼음이 되어 움직이면 안 됩니다.
⑤ 술래에게 가까이 다가가면 술래가 아닌 사람이 술래를 치고(touch) 도망칩니다. 술래는 술래가 아닌 사람을 잡습니다.

이렇게 대화하세요.

T : 무궁화꽃, Dance!

S : (춤을 춘다.)

T : Freeze!

S : (얼음이 된다.)

T : 무궁화꽃, Jump!

S : (뛴다.)

T : 무궁화꽃, Sit down!

S : (앉는다. 몰래 술래에게 가서 술래를 치고 도망친다.)

T : (선생님이 한 아이를 잡으면 그 아이가 술래가 되어 놀이를 계속 한다.)

활용 Tip

① 아이들이 명령어에 익숙해지면 명령어 뒤에 'please.'를 붙여 연습합니다.

② 좀 더 익숙해지면 "Can you~(예 : Can you sit down, please?)"로 단어 단위에서 문장 단위로 확장해서 놀이를 할 수 있습니다.

Go noodle로 몸을 움직이며 영어 배우기

Go noodle(https://www.gonoodle.com)은 학생들이 움직이며 노래에 맞춰 재미있게 영어를 배울 수 있는 다양한 자료를 제공합니다. 즐거운 영어 노래와 율동을 활용해 보세요.

눈 감고 이동해 볼까? Turn right! Turn left!

초등 5학년 교재에 길을 물으며 빠지지 않는 표현이 바로 "Go straight.", "Turn right / left.", "It's on your left / right."입니다. 이 표현을 재미있게 익힐 수 있도록 활용한 놀이입니다. 먼저 물건을 교실에 숨긴 후, 한 명의 학생이 안대를 하고 다른 한 명은 그 뒤에서 앞 학생에게 어떻게 길을 가야하는 지 알려주면서 물건을 찾는 놀이입니다. 학생은 안대를 쓰고 있기에 뒤 친구가 하는 말에 더 귀를 기울이게 되고, 뒤에서 안내하는 친구는 안대를 쓴 친구가 안전하게 물건을 찾도록 도와줍니다.

놀이에 사용하는 문장

Go straight! (앞으로 가.)   Turn right! (오른쪽으로 돌아.)

Turn left! (왼쪽으로 돌아.)   It's on your right / left.(네 오른쪽 / 왼쪽에 있어.)

이렇게 활동하세요.

① 먼저 도착지를 알려줍니다.

② 한 학생은 안대를 쓰고, 짝꿍은 안내자가 됩니다.

③ 안내자 학생은 친구의 등에 손을 대고 영어 문장을 말하며 목적지로 안내합니다.

   "Go straight." , "Turn right / left.", "It's on your left / fight."

갈등 관리 꿀팁
_Nonviolent Conversation

　마셜 B. 로젠버그(Marshall B. Rosenberg)의 비폭력대화는 <관찰-느낌-욕구-부탁>의 단계로 다양한 갈등과 분쟁을 해결하는데 사용되고 있습니다. 솔직하게 말하고 공감하며 상대방의 말을 들음으로써 평화로운 관계를 회복하고자 하는 것입니다.

비폭력대화의 네 가지 원리

단계	의미
관찰(observation)	사물이나 상황에 대해 판단, 선입견 없이 그대로 묘사하는 것
느낌(feeling)	자신의 욕구 충족 여부에 관한 몸과 마음의 반응을 표현하는 것
욕구(need)	삶의 에너지가 한 개체를 통해 표현되는 것, 욕구가 충족되지 못할 때 갈등과 분쟁이 발생
부탁(request)	서로 간의 욕구가 모두 존중되는 상태에서 이루어지도록 전달

(Marshall B. Rosenberg, 2015)

　비폭력대화를 영어 수업에 활용할 수 없을까 고민하던 중 프로그램을 개발하게 되었습니다. 학생들이 자신의 느낌과 욕구를 알아차린 후, 서로 소통할 수 있도록 돕고 싶었습니다. 다음의 그림은 <관찰-느낌-욕구-부탁>에 필요한 표현을 학생들에게 지도할 수 있는 수업 모형입니다.

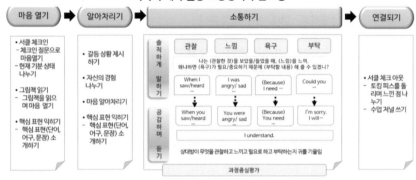

비폭력 대화 활용 초등영어 수업모형

(박선영, 이을순, 2022, p. 1131)

<관찰-느낌-욕구-부탁>의 4단계를 학생들에게 안내한 후, 학생들이 자신의 느낌과 욕구가 무엇인지 알아차리는 활동을 진행했습니다. 그리고서 친구에게 부탁하는 표현을 영어로 하는 시간을 가졌는데, 학생들이 놀이할 때 즐거워했고 활동할 때에는 꽤 진지했습니다.

마음 열기 놀이	감정 알아보기	내게 필요한 욕구 알아보기	닫는 서클

사용하는 문장

STEP	Student A	Student B
관찰 (Observation)	When **I** saw / heard …,	When **you** saw / heard …,
느낌 (Feeling)	**I was** sad / upset / angry ….	**You were** sad / upset / angry ….
욕구 (Need)	Because I need your respect ….	You need ….
부탁 (Request)	Could you … ?	I'm sorry. I will ….

그림책을 활용해보세요.

단계	영어 그림책		단계	영어 그림책	
관찰		Brown Bear, Brown Bear, What Do You See?	욕구		The Pigeon Wants a Puppy
느낌		The Way I Feel	부탁		I Need a Hug

○ 활동 예시

<같은 상황, 다른 느낌>

① 느낌 카드를 센터피스 주변에 놓습니다.

② 선생님은 다양한 상황을 표현한 영어 문장을 준비합니다.

  • When my mother gives me a pocket money, I feel ….

  • When I have many homework, I feel ….

  • When I play computer games, I feel ….

  • When I eat delicious food, I feel ….

③ 학생들은 선생님이 불러주는 문장을 듣고, 자신의 기분에 해당하는 카드 뒤에 가서 한 줄로 섭니다.

  예) sad, happy, upset, afraid, grateful, etc.

④ 학생들이 왜 그런 느낌을 느꼈는지 인터뷰할 수 있습니다.

  T : Why are you happy?

  S : Because I like to play games.

⑤ 같은 상황이라도 사람마다 서로 다른 감정을 느낄 수 있음을 배우는 시간이 됩니다.

수준차 극복을 위한 전략 세우기
_Fill the Gap

영어 수업을 할 때 큰 고민 중 하나는 학습 격차입니다. 사교육을 통해 영어를 접한 학생들은 수업이 너무 쉬울까 봐, 학교에서 처음 영어를 배우는 학생들은 너무 어려울까 봐 둘 사이에서 갈팡질팡합니다.

영어를 어려워하는 학생들을 위한 전략

저는 수업을 계획할 때, 영어를 어려워하는 학생들을 위해 다양한 도움 전략(스캐폴딩)을 사용합니다.

도움 전략 01 - 시각적 단서 제공하기

[예] I play**ed** soccer. ← noticing I watch**ed** TV.	[예] 빈칸에 들어갈 낱말은 무엇일까요? at the birds!(새를 봐!) 정답:

대부분 선생님이 이미 사용하는 전략일 수 있으나, 문법적 요소를 설명할 때 시각적으로 알아차릴 수 있도록(noticing) 색깔을 달리하여 제시합니다(입력 강화, input enhancement[2]). 문제를 낼 때에도 시각적인 단서를 더 제공하여 영어 학습이 어려운 학생들이 포기하지 않고 도전할 수 있도록 돕습니다.

---

2) Schmidt(1994)는 입력강화는 목표 표현을 다양한 방법으로 조작하는 것이라고 함.

　수업을 영어로 진행할 경우(TEE, Teaching English in English) 필요한 전략입니다. 학기 초 교실영어를 알려줘서 영어 표현에 익숙해졌다고 해도, 교사의 영어를 이해하는 데 어려움을 겪는 학생들이 있을 수 있습니다. 따라서 선생님의 몸짓, 표정 등을 활용하여 학생들이 영어를 이해할 수 있도록 돕습니다.

　영어는 의사소통을 목표로 하기 때문에 자신의 의사를 전달하는 데 꼭 언어적인 단서뿐만 아니라, 비언어적인 표현도 중요합니다. 예를 들어 원어민과 대화할 때 '물 좀 주세요.'를 말하고 싶은 경우, "Would you do me a favor? Could you bring me some water?"하고 복잡하게 말하지 않아도 간절한 표정, 목마른 표정으로 'water'만 말해도 의미가 통합니다. 이런 비언어적인 표현이 강력한 힘을 가지고 있기 때문에 수업에서도 유용하게 활용될 수 있습니다. 원어민 선생님의 수업을 관찰하면, 비언어적인 표현을 많이 사용합니다.

　교사뿐만 아니라, 학생들도 비언어적 표현을 사용할 수 있도록 격려하는 것도 좋은 방법입니다. <몸으로 말해요>와 같은 활동은 학생들의 긴장을 낮춰주고, 놀이처럼 즐겁게 비언어적 표현을 사용하게 하는 좋은 활동입니다.

○ 몸으로 말해요

1. 전체 활동
① 선생님이 학생 A 뒤로 갑니다.(학생은 선생님을 볼 수 없습니다.)
　Guess what!
② A 학생을 제외한 모든 학생은 선생님의 행동을 따라합니다.
③ A 학생은 친구들의 행동을 보고 영어 표현을 추측해서 말합니다.
　T : (A 학생 뒤에 서서 농구하는 몸짓을 한다.)
　S_A : Let's play basketball.

2. 모둠활동

① 4인 1모둠일 경우 한 학생(B 학생)이 선생님 역할을 합니다.

② 3명의 친구 중 한 친구(C 학생)의 뒤로 갑니다.

③ 다른 두 친구는 B 학생의 행동을 따라합니다.

④ C 학생은 친구들의 행동을 보고 영어 표현을 추측해서 말합니다.

S_B : (C 학생 뒤에 가서 춤을 춘다.)

S_C : Let's dance.

TPR(Total Physical Response)

미국 심리학자 제임스 아서(James. J. Asher)가 개발한 전신반응교수법으로 인간이 모국어를 배울 때, 바로 말을 하는 것이 아니라 주변 사람들의 말을 듣고 반응하면서 언어를 익히는 것을 관찰했습니다. 그래서 외국어를 배울 때에 먼저 언어를 듣고 몸으로 반응하도록 하는 방법을 고안했습니다. 신체적 동작과 함께 외국어를 배우면 학생들이 덜 긴장하고 즐거운 상태에서 편안하게 배울 수 있습니다. 특히 영어를 처음 접하는 학생일 경우 영어 거부감이나 불안감이 있으면 학습이 어렵기 때문에 편안하고 즐거운 정서와 영어를 연결해 줄 필요가 있습니다. 놀이나 게임을 통해 학생들이 영어를 즐겁게 접하도록 마음껏 실수할 수 있는 기회를 주세요.

도움 전략 03 - 멘토 활용하기

교사는 영어 학습에 어려움을 겪는 학생을 미리 파악합니다. 어떤 친구의 도움을 받고 싶은지 미리 물어본 후, '멘토(Mentor)-멘티(Mentee)'로 활동할 수 있도록 합니다(김동군, 2022). 짝으로 자리배치를 할 경우 학습의 효율을 높일 수 있습니다. 멘토와 멘티는 서로 팀이 되는데, 멘티 학생이 학습에 성공할 경우 두 사람의 노력을 크게 인정해줍니다. 성공 경험을 제공해줌으로써 영어를 포기하지 않도록 하는 것입니다.

도움 전략 04 - ICQ(Instruction checking question) **활용하기**

활동을 설명한 후 바로 "Are you ready? Let's start!"하고 외치기 전에 학생들이 얼마나 이해했는지 ICQ를 활용해 한 번 더 확인해 주세요. 예를 들어, 같은 카드를 가진 친구를 찾는 활동이라면 동일한 카드를 가진 친구를 몇 명 찾아야 하는지, 카드를 친구에게 보여줘도 되는지, 한국어를 써도 되는지 학생들의 이해도를 확인해 볼 필요가 있습니다. 이렇게 한 번 더 확인함으로써 혹시나 이해를 못한 학생들이 다시 한 번 활동에 대한 이해를 할 수 있도록 돕는 것입니다.

T : How many friends are you going to find?

Ss : Three!

T : Can you show your card to your friend?

　(카드를 친구에게 보여주는 시늉을 하며)

Ss : No!

T : Can you speak in Korean?

Ss : No!

문해력을 다지는
영어 수업

알파벳부터 차근차근_A to Z

알파벳은 학생들에게 처음에 낯선 꼬부랑글씨일 수 있습니다. 알파벳을 써야 하는데, 알파벳을 그리느라 시간이 많이 드는 경우도 있습니다. 알파벳을 익숙하게 쓰지 못하면 6학년이 되어서도 알파벳 쓰는데 시간이 많이 걸려 수업을 따라가기가 힘들 수 있습니다. 다른 친구들은 다 썼는데, 자신은 답을 찾기도 어렵고 알파벳도 내 마음처럼 빨리 안 써지면 얼마나 고통이겠어요? 알파벳부터 차근차근 익히는 방법을 알아봅시다.

모양에 익숙해져요 - 알파벳 몸으로 표현하기

알파벳을 처음부터 쓰라고 하면 부담스러울 수 있습니다. 아직 모양에 익숙하지 않기 때문입니다. 대신 알파벳을 몸으로 표현하는 활동은 놀이가 됩니다. 혼자서 할 수도 있고 짝, 모둠 친구들과 알파벳을 몸으로 표현해 보세요. 학생들이 즐겁게 활동합니다.

알파벳 O   알파벳 Y

한 예로, 알파벳을 몸으로 나타내고, 다른 학생들이 어떤 알파벳인지 알아맞히는 퀴즈놀이를 할 수도 있습니다.

수화로 익혀요 - 알파벳 손으로 표현하기

알파벳 C   알파벳 L

알파벳을 손으로 표현하면 모양에 익숙해질 수 있습니다. 수신호를 익혀 두면 알파벳을 활용한 다양한 퀴즈를 낼 수 있습니다.

Pine Cleaner(모루)로 알파벳 만들기

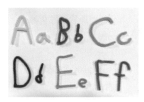

모루는 원하는 모양을 편하게 만들 수 있는 장점이 있습니다. 모루를 활용하여 알파벳을 만들면, 여러 번 모양을 바꿀 수 있기 때문에 실수에 대한 부담이 줄어듭니다. 또한 알파벳 모양을 유심히 관찰하는 기회를 제공해 줍니다.

My First Dictionary 만들기

알파벳을 처음 가르칠 때 종합장이나 스케치북을 활용하는 것도 좋은 방법이 될 수 있습니다. 작은 글씨로 써야 하는 부담감을 줄여주고, 여러 번 연습할 수 있기 때문입니다.

● My First Dictionary - 종합장 사전 만들기

① 스케치북 장별로 영어 대소문자로 Aa부터 Zz까지 씁니다.(사전의 색인 index 역할)
② 앞면에는 알파벳이 잘 써질 때까지 연습합니다.
③ 뒷면에는 교과서에서 배운 단어 중, 해당하는 알파벳으로 시작하는 단어를 정리합니다.
    (예 : Aa ⇨ apple)
④ 맨 마지막 장에는 Aa부터 Zz까지 순서대로 써서 알파벳 사전을 완성합니다.

알파벳, 그림책을 활용하기

그림책은 다양한 그림들로 학생들의 흥미와 호기심을 불러 일으킵니다. 알파벳을 그림책을 활용하여 배우는 것도 좋은 방법입니다. 이야기와 매력적인 그림 속에서 알파벳을 재미있게 익힐 수 있습니다.

[On Market Street]
학생들의 상상력을 자극하는 예쁜 알파벳 그림이 가득한 책입니다.

[Alpha Block]
알파벳 팝업 북입니다. 그림의 일부를 제시하여 무엇인지 추측하고, 알파벳과 단어를 함께 익힐 수 있습니다.

[Museum ABC]
다양한 명화들을 감상하며 알파벳을 익힐 수 있습니다.

[Tomorrow's Alphabet]
알파벳과 음가를 익힐 수 있으며, 이야기 진행이 흥미롭습니다.

알파벳 학습지 제작 사이트

플래시 카드, 포스터, 학습지 등 알파벳 학습을 위한 다양한 자료를 제공합니다.

알파벳 쓰기부터 알파벳으로 시작하는 단어 학습까지 할 수 있는 학습지를 제공합니다.

인터넷에 검색하면 다양한 알파벳 학습지를 찾아볼 수 있습니다. 그 중, 알파벳 따라 쓰기 및 컬러링하기에 유용한 사이트의 예를 소개합니다.

알파벳 노래 활용하기

알파벳을 외울 때, 알파벳이 바로 생각나지 않아 힘들어하는 학생들을 종종

봅니다. 그런데 알파벳 모양을 노래로 외우면 알파벳이 기억이 나지 않아도, 노래에서 힌트를 얻어 모양을 기억해낼 수 있습니다. 알파벳을 처음 접하는 초등학교 3학년 학생들에게 '꼬깔모자 A, 볼록볼록 B' 노래를 소개해 줬는데 학생들이 재미있게 불렀습니다. 또한 알파벳 받아쓰기를 할 때, 모양을 훨씬 더 잘 기억해냈습니다. 알파벳의 모양을 익힐 때 유익한 노래입니다.

  '고깔모자 A, 볼록볼록 B, 꼬부라진 C~' 등 알파벳 모양을 노래로 만들어 학생들이 알파벳 모양을 오랫동안 기억할 수 있도록 돕습니다.

Aa부터 Zz까지 몇 초 안에 쓸 수 있어?

▶ 목표 : 알파벳 대소문자를 영어 공책에 획순에 맞게 쓸 수 있습니다.
▶ 준비물 : 연필, 지우개, 영어 공책

알파벳을 쓰는 데 정확성과 유창성이 키워지면 실제 영어 수업에서 쓰기 활동을 할 때 훨씬 효율적이 됩니다. 영어를 어려워하는 학생들 대부분은 친구들이 교과서 문제를 해결할 때 쓰는 속도가 느리고 어떤 단어나 문장을 써야 할지도 몰라 힘들어 합니다. 그렇지만 알파벳을 쓰는데 능숙해지면 훨씬 덜 힘들어하고 수업에도 자신감을 가집니다.

영어를 쓸 때에는 정확성(accuracy)과 유창성(fluency)이 필요합니다. 정확성을 위해 영어 4선에 맞춰 알파벳 대소문자를 정확하게 쓰는 법을 훈련시키고, 유창성을 위해 목표시간을 정하는 것입니다. 이 활동은 학생들이 영어를 쓸 때 유창성과 정확성을 키워줄 수 있는데, 알파벳 쓰기가 익숙해지면 영어 공책 쓰는 법을 지도합니다.

 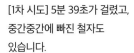		
[1차 시도] 5분 39초가 걸렸고, 중간중간에 빠진 철자도 있습니다.	잘 안 써지는 알파벳은 따로 연습합니다.	[3차 시도] 2분 57초가 걸렸고, 정확도도 올라갔습니다.

◦ 알파벳 쓰기 훈련

① 알파벳 송을 부릅니다.

② 헷갈리는 알파벳의 모양에 관해 이야기 나눕니다.

③ 4선지를 나눠줍니다.

④ 알파벳 26자를 대소문자를 지켜 쓰게 하고, 시간을 잽니다.

⑤ 학기 초에는 학생들이 익숙해 질 때까지 수업 시작 전이나 마칠 때 꾸준히 알파벳 쓰기 활동을 합니다.

⑥ 스스로 시간 목표를 정해 알파벳을 쓸 수도 있습니다. 다만, 글씨가 바르고 정확해야 함을 강조합니다.

파닉스, 이렇게 지도해요_Phonics

파닉스(phonics)는 단어가 가진 소리, 발음을 배우는 방법으로 문자와 소리가 어떻게 결합되는지를 알려줍니다. 문자와 음성 사이의 규칙을 알면 글자를 읽는 데 도움이 되기 때문에 파닉스 학습이 효과적일 때가 있습니다. 다만, 파닉스의 규칙이 모두 들어맞는 것이 아닌데서 문제가 있는데, 파닉스와 일견어휘(sight words)를 같이 지도합니다.

파닉스는 영어 학습 초기에 다루어지는데, 3~4학년 시기에 문자 언어를 소개하면서 학생들이 어떻게 문자가 소리 나는지를 배우고 철자와 소리의 결합을 익히기 시작합니다. 3~4학년 학생들의 특성을 고려하면 몸으로 움직이는 것을 좋아하고, 손으로 무언가를 조작하는 활동을 즐겨합니다. 그러한 학생들의 특성을 고려하여 다양한 파닉스 활동을 할 수 있습니다.

몸으로 익히는 파닉스

t의 음가를 익힐 때, /t/ 소리만 들려주는 것이 아니라 행동으로 표현합니다. 예를 들어, t소리가 있는 'tennis' 단어를 같이 익히며 테니스를 치는 동작을 할 수 있습니다. Jolly Phonics Song을 검색하면 여러 음가를 노래로 익힐 수 있습니다.

만들며 익히는 파닉스

구글(Google)에서 'phonics craft'(또는 CVC phonics craft)를 검색하면 다양한 자료에서 힌트를 얻을 수 있습니다. 특히 CVC(자음-모음-자음) 구조나 Word

Family를 활용해 파닉스를 익힐 경우 다양한 조작 자료를 활용할 수 있습니다. 특히 첫소리나 끝소리가 동일한지, 어떻게 변화되는지를 살펴보면 소리의 규칙을 이해하는 데 도움이 됩니다.

	c	a	n
	onset 음절초	**nuclear** 음절핵	**coda** 음절말
		rime 라임	

← 예를 들어 두음은 can, cat의 처음에 오는 /k/, 라임(rime)은 can, ran의 마지막 소리인 /æn/입니다. 첫소리나 마지막 소리에 따라 단어가 어떻게 변화되는지 살펴보세요.

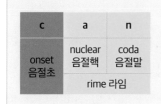

첫 음이 같은 단어 배열 (두운, alliteration)	음절핵 + 음절말 소리 동일	음절핵 + 음절말 소리 동일

동요(Nursery rhyme)에서 어떤 소리가 반복되는지 알아보는 것도 파닉스를 익히는데 아주 유용합니다.

Humpty Dumpty jumped on a wall
Humpty Dumpty had a great fall.

예를 들어 'Humpty Dumpty' 동요를 보면, 'wall,' 'fall'에서 '-all' 소리가 반복됩니다. 즉, 행의 끝 부분의 끝소리라 일정하게 반복되면서 운율을 느끼게 되는 것입니다. 이를 각운(rhyme)이라고 합니다. 각운이 있는 텍스트를 통해 파닉스를 자연스레 익힐 수 있습니다.

Q. rime과 rhyme은 무엇이 다른가요?

rime은 단어의 첫소리(onset)를 제외한 음절을 뜻한다면, rhyme은 단어의 끝소리에서 느껴지는 운율을 뜻합니다(Kirtley, Bryant, MacLean, & Bradley, 1989). 예를 들어 'cat'에서 rime은 '~at'라면, 'cat on the mat'의 어구에서 '~at'소리가 반복됨으로써 느껴지는 운율이 각운입니다.

파닉스 보충지도

도움이 필요한 학생들에게 따로 시간을 내어 파닉스 지도를 할 때가 있습니다. 학습지에 나오는 규칙을 익히고 같이 문제를 풀어볼 수도 있습니다. 파닉스를 지도할 때에 규칙을 명확하게 알려줄 수도 있지만, 그림책을 읽으며 규칙을 유추하게 할 수 있습니다(예 : Dr. Seuss의 『Fox in Socks』 등).

어떤 방법이 효과적인지는 학생의 특성과 익히는 파닉스 규칙에 따라 다르니, 여러 놀이나 조작활동, 받아쓰기, 파닉스 일지 등 다양한 방법으로 접근하면 좋습니다. 도움이 되었던 자료를 정리하면 다음과 같습니다. QR코드를 통해서도 확인해 보세요.

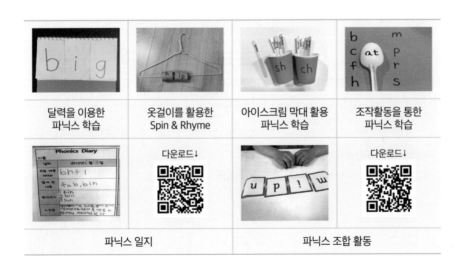

달력을 이용한 파닉스 학습	옷걸이를 활용한 Spin & Rhyme	아이스크림 막대 활용 파닉스 학습	조작활동을 통한 파닉스 학습
파닉스 일지	다운로드↓	파닉스 조합 활동	다운로드↓

파닉스 수업 자료 제작

교과서에서는 파닉스 학습을 위한 활동자료를 구체적으로 제시하지 않는 경우가 많습니다. 그래서 학생들 지도할 때, 따로 파닉스 학습 위해 학습지를 제작해야 할 때가 있습니다. 알파벳 학습 및 파닉스 수업에 도움을 주는 사이트는 많이 있습니다. 수업 자료를 제작할 때 유용하게 활용할 수 있습니다. 학부모들도 영어 교육에 관심이 많기 때문에, 가정과 연계해서 지도하기에도 좋습니다. 다음 사이트를 살펴보고 학교에서 영어를 지도할 때, 가정과 연계하여 지도할 때 활용해 보세요.

● 알파벳 및 파닉스 수업을 도와주는 사이트

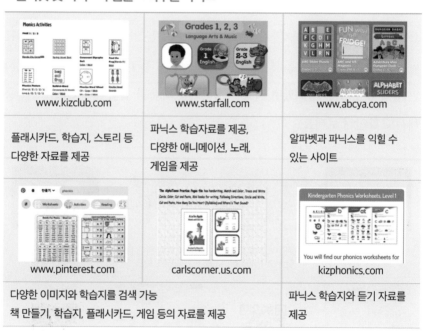

www.kizclub.com	www.starfall.com	www.abcya.com
플래시카드, 학습지, 스토리 등 다양한 자료를 제공	파닉스 학습자료를 제공, 다양한 애니메이션, 노래, 게임을 제공	알파벳과 파닉스를 익힐 수 있는 사이트

www.pinterest.com	carlscorner.us.com	kizphonics.com
다양한 이미지와 학습지를 검색 가능 책 만들기, 학습지, 플래시카드, 게임 등의 자료를 제공		파닉스 학습지와 듣기 자료를 제공

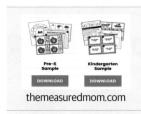		
themeasuredmom.com	www.mes-english.com	https://letters-and-sounds.com
다양한 파닉스 활동지 제공	플래시 카드, 학습지, 놀이, 파워포인트 자료 등을 제공	영국 사이트로 영어 철자와 소리의 관계를 이해할 수 있는 자료를 제공

TIP

추천 영상 채널

① 알파블락스 Alphablocks

영국 BBC에서 만든 채널로 소리와 철자의 관계를 이해하는 데 유용합니다. 26개의 알파벳 친구들이 등장하여 소리를 설명합니다. 소리의 조합을 스토리텔링을 통해 재미있게 표현해서, 파닉스 규칙을 자연적으로 익힐 수 있도록 돕습니다.

② Jolly Phonics

신나는 노래와 의성어가 등장합니다. 몸동작을 하며 파닉스를 익힐 수 있습니다.

③ Nursery Rhyme

Nursery Rhyme에는 반복되는 소리가 등장하기 때문에, 파닉스 익히기에 좋습니다.

일견어휘로 문해력 Up!
_Sight Words

블로그   유튜브

"선생님, 영어 읽기가 안 되는 학생들, 어떻게 지도하나요?"

영어 교과전담을 하면서 큰 고민은 잘 하는 학생들보다 영어를 어려워하는 학생들이었습니다. 그 학생들에게 열심히 파닉스를 가르쳐 줬지만 규칙을 쉽게 잊어버렸습니다. 마치 수학을 가르칠 때 어려워하는 학생들은 공식을 배우면 그 다음날 잊어먹는 것처럼과 같습니다.

그런데 의외로 영어를 어려워하는 학생들, 특히 영어 읽기가 안 되는 학생들에게 일견어휘(sight words, 사이트 워즈)를 지도하면 좋습니다. 따로 파닉스와 달리 복잡한 규칙을 외우지 않아도 되고, 빈번하게 등장하기 때문에(예 : is, he, she 등) 학습의 부담이 덜하고 기억에 오래갑니다.

● **일견어휘**(sight words)

> 일견어휘는 학생들이 발음과 뜻을 자동적으로 인식할 수 있는 단어를 뜻합니다. 눈으로 단어를 읽을 때, 그 단어가 빠르게 처리되어 기억 속 정보에 접근할 수 있습니다.(Vaughn & Linan-Thompson, 2004, p.344)

파닉스를 지도할 때, 소리와 철자가 일대일 대응이 되지 않는 경우가 있어 일견어휘와 병행해서 영어를 지도할 필요가 있습니다. 영어 교과서나 동화에 빈번하게 등장하는 것이 일견어휘이기 때문에, 이것만 익혀도 상당 부분 학생들이 자신감 있게 읽을 수 있습니다. 그래서 교실에서 다양한 활동을 통해 일

견어휘를 지도할 수 있습니다.

일견어휘는 미국 E. W. Dolch(1936) 박사가 여러 읽기 자료를 조사해 가장 빈번하게(frequently) 사용되는 단어를 목록화하는 데서 시작되었습니다.

All 220 Dolch words by grade in frequency order[3]

Pre-Primer		Primer		First Grade		Second Grade		Third Grade	
the	one	he	now	of	take	would	write	if	full
to	my	was	no	his	every	very	always	long	done
and	me	that	came	had	old	your	made	about	light
a	big	she	ride	him	by	its	gave	got	pick
I	come	on	into	her	after	around	us	six	hurt
you	blue	they	good	some	think	don't	buy	never	cut
it	red	but	want	as	let	right	those	seven	kind
in	where	at	too	then	going	green	use	eight	fall
said	jump	with	pretty	could	walk	their	fast	today	carry
for	away	all	four	when	again	call	pull	myself	small
up	here	there	saw	where	may	sleep	both	much	own
look	help	out	well	them	stop	five	sit	keep	show
is	make	be	ran	ask	fly	wash	which	try	hot
go	yellow	have	brown	an	round	or	read	start	far
we	two	am	eat	over	give	before	why	ten	draw
little	play	do	who	just	once	been	found	bring	clean
down	fun	did	new	from	open	off	because	drink	grow
can	find	what	must	any	has	cold	best	only	together
see	three	so	black	how	live	tell	upon	better	shall
not	funny	get	white	know	thank	work	there	hold	laugh
		like	soon	put		first	sing	warm	
		this	our			does	wish		
		win	ate			goes	many		
		yes	say						
		went	under						
		are	please						

---

3) 출처: dolchword.net

그러면 일견어휘는 어떻게 지도하는 것이 좋을까요? Johnson과 Pearson(1984)이 소개한 일견어휘 지도 단계를 참고로 살펴보면 다음과 같습니다.

1단계	교사가 칠판, 플래시 카드, 혹은 종이에 적힌 단어를 보여준다. 학생들이 단어를 보고 있는 동안 교사가 단어를 소리 내어 읽는다. 만약 단어와 관련된 그림이 있다면 그림을 제시한다.
2단계	학생들의 흥미나 경험과 관련하여 그 단어들에 대하여 서로 이야기한다. 이 때 교사는 새로운 단어를 학생들이 이미 알고 있는 것들과 연관시켜 주어야 한다.
3단계	학생들이 문장이나 구를 만들면서 그 단어들을 사용해 본다. 학생들이 말하는 문장과 구들은 교사가 칠판에 적어서 같이 토론한다.
4단계	가능한 학생들이 직접 단어의 개념을 정의 내리게 한다.
5단계	학생들은 단어 쓰기 연습을 한다. 단어 쓰기는 문맥을 고려하여 쓸 수도 있고, 혹은 독립적으로 단어만을 쓸 수도 있다. 또한 새로운 단어 확인을 위하여 사전이나 학생들 개인 단어장을 사용할 수 있다.

학교에서는 일견어휘만 따로 떼어 지도하기에는 시간이 부족할 때가 많아요. 그렇다고 학생들에게 단어를 외우라고 하면 싫어하니 학생들이 즐겁게 배울 수 있는 방법을 활용합니다. 여러 활동이나 놀이를 통해 일견어휘를 지도해 보세요.

○ 사이트 워드, 노래로 익히기

▶ 전체 활동
사이트 워드를 익힐 수 있도록 도와주는 유튜브 채널이 많이 있습니다.

- Jack Hartmann, Kids Music Channel
  재미있는 율동과 함께 사이트 워드를 제시

- Little Fox - Kids Songs and Stories
  사이트 워드 노래를 제시

- Cracie's Corner
  스토리와 함께 사이트 워드 노래를 제시

- ELF Kids Videos
  일견어휘를 플래시 카드 형태로 제시

- Epic Phonics
  파닉스 규칙에 따르지 않는 일견어휘를 노래로 제시

○ 일견어휘 빙고를 해 볼까요?

▶ 전체, 모둠, 짝 활동
① 사이트 워드 빙고는 손쉽게 할 수 있는 방법입니다. 3×3, 4×4, 5×5
  등의 표만 있으면 어디든지 가능합니다.
② 칠판에 적힌 사이트 워드를 소리 내어 함께 읽습니다.
③ 사이트 워드를 자신이 원하는 순서대로 표에 기록합니다.
④ 돌아가면서 사이트 워드를 말하고, 해당되는 단어를 칸에 표시합니다.
⑤ 대각선, 가로, 세로 빙고가 완성되면 승리합니다.

○ 일견어휘 뿅망치 게임

▶ 전체, 짝 활동
① 칠판에 사이트 워드를 적고, 소리 내어 함께 읽습니다. 뜻도 함께 학습합니다.
② 학급을 두 팀으로 나누고 대표가 앞으로 나옵니다.
③ 선생님이 단어를 말하면 뿅망치로 해당하는 단어를 먼저 때리면 승리합니다.
④ 다음 대표 학생들이 나와 놀이를 계속합니다.

◉ 누가 빨리 찾나?

▶ 전체, 짝 활동

① 흰색 종이를 준비합니다.

② 학생들과 같이 공부한 일견어휘를 백지에 씁니다.

③ 선생님과 함께 읽어봅니다.

④ 선생님이 일견어휘를 불러주면, 학생들은 짝과 일견어휘를 짚는지 경주합니다.

⑤ 이번엔 모둠에서 한 학생씩 돌아가면서 일견어휘를 읽습니다. 다른 친구들은 누가 빨리 일견어휘를 짚는지 경주합니다.

※이렇게 일견어휘 듣기, 읽기를 같이 놀이를 통해 연습하며 익힙니다.

일견어휘를 학습한 후에는 일견어휘가 나온 책을 같이 읽습니다. 같은 표현이 반복해서 나오기 때문에 학생들은 선생님과 함께 영어로 책 한권을 어렵지 않게 읽을 수 있습니다. 점차 익숙해지면 혼자서 읽게 합니다. 그러면 학생은 스스로 책 한권을 읽었다는 뿌듯함에 자신감을 가지게 됩니다. 그러면서 다른 책에도 도전해보고 싶어하죠! 영어 교과서나 동화에 빈번하게 등장하기 때문에 일견어휘만 익혀도 상당 부분 학생들이 자신감 있게 읽을 수 있습니다. 마치 책을 읽기 위한 전쟁터에 나가기 전 무기를 장착하는 것과도 같습니다.

교실 속에서 다양한 활동을 통해 학생들의 일견어휘 학습을 도울 수 있습니다. 인터넷에서 'sight words'를 검색하면 다양한 자료를 검색할 수 있습니다. 구체적인 사이트는 아래를 참고하여 수업 자료 제작 및 가정학습 연계자료로 활용하세요.

◉ 일견어휘 지도에 도움이 되는 사이트

https://sightwords.com/	http://www.quiz-tree.com/Sight-Words_main.html	https://janbrett.com/games/jan_brett_dolch_word_list_main.htm
Dolch, Fry의 일견어휘 목록 및 다양한 게임, 활동을 소개	일견어휘 리스트, 게임 등을 제공	일견어휘 목록과 플래시카드를 제공
pinterest.com	carlscorner.us.com	https://www.teachyourmonster.org/sightwords
검색어에 'sight words'를 넣으면 다양한 자료를 검색할 수 있음	일견어휘 지도를 위한 주간 계획부터 학습지, 플래시 카드 등 다양한 자료를 제공	학생들이 일견어휘 학습을 게임을 통해 즐겁게 익힐 수 있는 사이트

· 일견어휘 팝콘 게임

▶ **짝, 모둠 활동**

① 팝콘에 적인 일견어휘를 함께 읽어본 후 놀이를 시작합니다.

② 'rock-scissors-paper'를 해서 순서를 정합니다.

③ 순서대로 통 안에 팝콘을 꺼내 일견어휘를 읽습니다. 일견어휘 읽기에 성공하면 팝콘을 가집니다.

④ 'pop' 팝콘을 꺼낼 경우, 모았던 팝콘을 다 읽습니다.

⑤ 팝콘을 가장 많이 모은 친구가 승리합니다.

· 일견어휘 읽기책

▶ **짝, 모둠, 전체활동**

① 책에 나오는 일견어휘를 학습합니다.

② 선생님과 함께 책을 읽습니다.

③ 스스로 책을 읽습니다.

※ 텍스트에 일견어휘가 반복적으로 나와 읽기 쉽습니다. 읽기 성취감을 주는데 좋은 활동입니다.

◆ 생각 쉼터

☑ 학생들의 영어 문해력 지도를 위한 나만의 방법은 무엇인가요?

발음 지도는 어떻게?
_Pronunciation[4]

교과서에는 나오지 않는 비밀!

영어는 소리로 들어서만 정확하게 내기 힘들 때도 있습니다. 소리를 내는 것은 근육을 사용하는 것이기 때문에 어떤 근육을 사용해야 하는지 함께 설명해 줄 필요가 있습니다. 그래서 영어를 소리로만 지도하는 것이 아니라 소리가 어떻게 생성되는지 눈으로 보고 확인해 볼 수 있게 하는 것입니다. 직접 소리를 내며 소리가 나오는 원리를 생각해 보는 것이 좋습니다. 특히 한국어와 영어의 음운 체계가 달라 정확한 발음을 내기 힘든 경우 좀 더 자세히 설명해 줄 필요가 있습니다.

자음 지도

영어의 자음은 다음 세 가지로 결정이 됩니다. 유성음인지 무성음인지를 결정하는 유성성(voicing), 조음 위치(place of articulation), 조음 방식(manner of articulation)입니다.

1. 유성성(voicing)

유성성을 알아보기 위해 성대의 진동을 살펴보는 활동을 추천합니다. 성대에 손을 대 보면, 성대의 떨리는지 그렇지 않은지를 느낄 수 있습니다. 단순하지만, 큰 도움이 됩니다. 예를 들어 'f'와 'v'의 소리가 어떻게 다른지 알아볼까

---

4) 더 자세한 내용은 오미라(2018), 『영어 음운론』(신아사)를 참고하세요.

요? f는 무성음, v는 유성음입니다. f를 발음할 때에는 성대의 떨림을 느낄 수 없으나, v를 발음할 때에는 성대가 떨림을 확인할 수 있습니다.

◉ 유성성(무성음 vs 유성음), 성대가 울리나?

① 성대에 손을 올립니다.
② 's'와 'z'(p, b / t, d / k, g / f, v / θ, ð / ʃ, ʒ)를 발음해 봅니다. 차이가 나는지 확인해 봅니다.
③ 무성음(p, t, k, f, θ, ʃ)을 발음할 때에는 성대가 울리지 않고, 유성음(z, b, d, g, v, ð, ʒ)을 발음할 때에는 성대가 울리는 것을 확인합니다.
④ 모음은 모두 성대가 울립니다.

2. 조음 위치(place of articulation)

영어의 자음을 발음할 때 소리를 내는 위치는 각각 다릅니다. 혀, 입술, 치아, 입 안의 위치에 따라 소리가 달라집니다. 학자들은 조음 위치에 따라 소리를 분류하였습니다(오미라, 2018).

- 양순음(bilabial)
- 순치음(labio-dental)
- 치간음(interdental)
- 치경음(alveolar)
- 권설음(retroflex)

- 치경구개음(palato-alveolar)
- 구개음(palatal)
- 연구개음(velar)
- 성문음(glottal)
- 순연구개음(labio-velar)

◎ 조음 위치를 익히는 데 참고할 수 있는 사이트

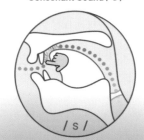

Consonant Sound / s /

• Sounds American 유튜브 채널
조음 위치를 그림과 함께 알려줍니다. 영어로 설명하고 전문적인 용어를 사용하기도 합니다. 학생들에게 보여주는 자료로 활용하기 보다는 교사가 소리의 원리를 익히는데 활용하면 좋습니다.

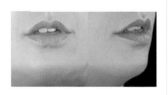

• Rachel's English 유튜브 채널
입술 모양을 보여주며 발음을 설명합니다. 난이도가 있는 문장이 등장하기 때문에 교사가 소리를 익히거나, 고학년에게 발음 지도를 할 때 활용 가능합니다.

• RRFTS 유튜브 채널
44개의 음소(phoneme) 발음을 내는 법을 설명해 줍니다. 입술 모양을 관찰하기에 좋습니다. (1:13부터 시청)

3. 조음 방식(manner of articulation)

조음 방식은 공기의 흐름에 따라 소리가 어떻게 나오는지 설명합니다. 학자들은 공기의 조음 방식에 따라 다음과 같이 소리를 분류합니다.

- 폐쇄음(stop)　　· 마찰음(fricative)　　· 파찰음(affricates)
- 접근음(approximants)　　· 비음(nasals)

공기가 완전히 막혔다 열리면서 나오는 소리인 폐쇄음(stop), 공기의 흐름을 방해하는 틈이 있어 그 틈 사이로 소리가 나오는 마찰음(fricative), 폐쇄음 단

계에서 개방되면서 소음이 만드는 소리인 파찰음(affiricates), 조음 기관이 가까이 접근하여 나는 소리인 접근음(approximants), 코로 공기가 통과해서 소리가 나는 비음(nasals)과 같이 다양하게 소리를 내는 방식이 있습니다. 이런 조음 방법에 유의하여 학생들의 발음을 지도할 필요가 있습니다

예를 들어 'p'를 지도할 때를 생각해보면 'p'는 한국어의 'ㅍ'과 같을까요? 완전히 같다고 볼 수 없습니다. 영어의 'p'는 음절 앞에 올 때, 훨씬 바람을 많이 내며 발음(기식, aspirated)합니다. 영어의 'p(음절 앞)'를 지도할 때 다음과 같이 할 수 있습니다.

○ 'P' 를 발음해 볼까요?

① 휴지나 종이를 준비합니다.
② 휴지나 종이를 입술 앞에 대로 'p'소리를 발음합니다.
③ 입술에 힘을 주고 호흡을 멈춘 다음, 멈추어진 호흡을 터뜨리듯 힘있게 발음하도록 합니다.
④ 종이나 휴지가 흔들리는지 확인합니다.
  ex) pie, pig, pin 등

'p'는 무조건 터지는 소리가 날까요? 아닙니다. 's' 다음에 올 경우 비기식음(unaspirated sound)으로 발음되는 경우가 많습니다. 우리나라의 된소리처럼 들리기도 하는데, spoon의 경우 '스푼' 보다는 '스뿐'처럼 들리는 것입니다.

○ sp는 어떻게 발음하지?

① spy, spoon 등을 발음해 봅니다.
② 원어민의 소리를 듣습니다.
③ 's' 다음에 오는 'p'는 비기식음(unaspirated sound)로 발음됨을 확인합니다.

모음 지도

모음은 공기가 방해를 받지 않으면서 만들어지는 소리입니다. 영어에는 단모음과 이중모음이 있습니다.

먼저 영어 단모음을 살펴봅시다. 단모음은 'cat, sit'과 같이 하나의 모음 소리가 납니다. 혀의 높이 (tongue height)나 앞·뒤 위치(tongue backness), 입술의 둥근 정도(lip rounding), 혀와 입 근육의 긴장도 (tenseness/laxness)에 따라 모음이 분류됩니다.

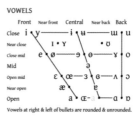

<그림 출처 : 국제음성기호(IPA, international phonetic alphabet) 모음사각도 >

따라서 모음을 지도할 때는 혀의 위치가 어떠한지, 입술 모양은 어떠한지 학생들이 생각하면서 소리를 낼 수 있도록 지도해 봅시다. 특히 턱 높이에 유의해 주세요.

◦ 어, 입이 점점 크게 벌어지네!

　　① bid, bed, bad, 발음해 봅니다.
　　② /i, e, æ/ 순서대로 입이 점점 크게 벌리는지를 확인해 봅니다.
　　③ bid, bed, bad 순으로 발음할 때, 턱이 더 내려가는지 손으로 확인해 봅니다.

영어의 이중모음은 발음할 때는 소리가 변합니다. 입술모양이나 혀의 위치가 처음과 나중이 달라집니다. 영어의 이중모음은 첫 시작을 강하게, 뒷 부분을 짧고 약하게 발음하는 경우가 많습니다. 학생들에게 발음을 지도할 때에, 두 개의 모음을 발음하는 것이 아니라, 한 음절로 발음할 수 있도록 지도해 주세요.

이 외에도 긴장도에 따라 긴장 모음, 이완 모음이 있고 모음의 길이도 다르며, 강세를 받는지 유무에 따라 모음의 음질이 변하기도 합니다. 따라서 학생들이 소리를 자세히 듣고 따라할 수 있도록 격려해 주세요.

초분절음 지도

초분절음은 운율적인 요소를 포함하는 발음입니다. 실제로 초분절음이 의사소통을 할 때 의미를 전달하는 중요한 역할을 할 때가 많습니다. 강세를 어디에 두느냐에 따라 단어의 뜻이 달라지기도 하여, 억양에 따라 평서문이 의문문이 되기도 합니다. 그렇다면 강세, 리듬, 억양 등과 같은 초분절음은 어떻게 지도하면 좋을까요?

1. 강세 지도

1-1 시각적인 기호를 활용해 보세요.

강세는 음의 크기와 높이, 길이로 구성됩니다. 강세 음절이 무강세 음절보다 더 크고 높거나 길게 발음됩니다.

강세를 표기할 때, 사전에서는 강세 음절 앞이나 위에 표시하는 경우가 많습니다. 예를 들어 'because'의 경우 사전에서는 [bɪ|kɔː z; bɪ|kʌz] 또는 [bikɔ́ː z, bikʌz]와 같이 표기합니다. 그 외에도 강세가 있는 음절 부분을 대문자로 표기하기도 하고(beCAUSE), 밑줄을 긋거나 진하게 표기할 수도 있습니다(because, **because**). 또는 물결기호를 활용[5]해 시각적으로 나타내기도 합니다.

2. 억양 지도

2-1 억양을 손으로 그리면서 발음해 보세요.

억양은 음의 높낮이를 뜻하며 의도와 감정을 전달하는데, 'Yes / No' 의문문일 경우 끝을 올려서 발음합니다. 평서문이나 명령문, 'wh'로 시작하는 의문문일 경우 억양이 상승하다 하강합니다. 이런 억양을 손으로 그리면서 발음할 수 있습니다.

---

5) 그림 출처 : 김명기. (2011). 네이티브처럼 말하는 영어 발음 훈련. 경기: 넥서스.

영화나 노래 등을 따라 말하면서 원어민의 억양 패턴을 익힐 수 있습니다.

 2Dub 애플리케이션	2Dub는 애니메이션이나 영화 속 장면을 보고 원어민의 억양을 따라 연습할 수 있습니다. 또한 내 목소리로 직접 더빙을 할 수 있을 뿐만 아니라, 인공지능이 단어와 억양을 분석해줍니다.	활용법 안내
 펭톡 애플리케이션	펭톡은 교과서에 나오는 표현 중심으로 연습할 수 있습니다. 인공지능이 원어민의 발음과 나의 발음을 분석해 줍니다.	활용법 안내

3. 리듬 지도

영어는 강세박자언어(stress timed language)입니다. 문장을 말할 때 걸리는 시간은 단어의 개수가 아닌, 강세 받는 음절의 수에 따라 정해집니다. 영어 문장 안에서는 중요한 정보가 있는 단어(내용어, content words)는 강세가 있고, 문법적 기능을 하는 단어(기능어, function words)는 약하게 발음되는 경우가 많습니다. 따라서 모든 단어를 강하게 읽는 것이 아니라, 강세를 받는 단어 중심으로 리듬감 있게 읽는 연습을 하면 좋습니다. 강세를 받는 부분에서 손뼉을 치거나 발을 구르면서 연습하는 것도 좋은 방법입니다.

		●		EAT		CAKE
All the	CHILDREN			EAT		CAKE
All the	CHILDREN		will	EAT	a piece of	CAKE
All the	CHILDREN		have been	EATEN	a piece of	CAKE
All the	CHILDREN		could have	EATEN	a piece of	CAKE

Tongue Twister 콘테스트!

Tongue Twister를 하며 문장에서 어떤 부분을 길게 읽고 짧게 읽는지 연습할 수 있습니다. 원어민의 소리를 따라 말해보면서, 학생들이 유창성을 키울 수 있도록 지도해 보세요.

> 교실에서 텅 트위스트 콘테스트를 해 보세요. 어려운 발음도 재미있게 하면서 발음도 익힐 수 있습니다. 5분이면 교실에 까르르 학생들의 웃음꽃이 핍니다.
>
> ■ 텅 트위스트의 예
> ▶ She sells seashells by the seashore.
> ▶ Peter Piper picked a peck of pickled peppers.
> ▶ How many pickled peppers did Peter Piper pick?

Praat을 활용해 보세요!

Praat는 음성을 전문적으로 분석해주는 프로그램입니다. 인터넷에서 'praat'을 검색하면, 해당 홈페이지에 접속해서 프로그램을 무료로 다운로드 받을 수 있습니다(https://www.fonhum.uva.nl/praat/). 영어와 한국어의 발음 차이라든지, 원어민과 한국인의 발음 차이를 분석할 수 있습니다. 소리를 시각적으로 나타내어 주기 때문에, 발음 교육에 많은 시사점을 얻을 수 있습니다.

원어민의 'gas' 발음	한국인 학생의 'gas' 발음
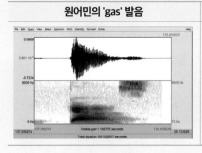	

낭독으로 이해력 높이기
_Read Aloud

"어떻게 하면 영어를 잘 할 수 있죠?"

학교에서 영어를 가르치다 보면 다양한 학생들을 만납니다. 그런데 영어를 잘 하는 학생들은 영어 책을 많이 접한 경우가 많았습니다. 문해력이 형성된 것입니다. 영어 책 읽는 학생들이 쓰기도 잘 할까요? 그럴 확률이 높은데, 책을 통해 흡수한 단어, 표현들을 사용할 확률이 높기 때문입니다.

그런데, 책만 많이 읽으면 저절로 영어 공부를 잘 하게 될까요? 문자 언어로 영어를 접하는 것에는 한계가 있습니다. 7080세대는 문자 언어에 익숙한 세대입니다. 독해 위주로 영어를 공부했으니 듣거나 말하기에 취약한 경우가 많습니다. 그래서 중요한 것이 낭독입니다. 낭독을 병행하면 음성 언어와 문자 언어를 함께 익힐 수 있는 큰 장점이 있습니다. 또한 학생의 읽기 정도를 확인할 수 있어요. 낭독을 함으로써 학생이 의미단위로 어떻게 끊어 읽는지, 읽기 속도는 어떠한지 관찰할 수도 있습니다.

⊙ 예시

> ▶ 느린 독자 : Tom, / what / grade / are / you / in?
> ▶ 중간 독자 : Tom, / what grade / are you / in?
> ▶ 빠른 독자 : Tom, / what grade / are you in?

리듬, 억양, 강세와 같은 초분절적(suprasegmental) 요소도 관찰할 수 있습니다. 원어민 낭독을 들으며 따라 읽으면서 이런 초분절적인 요소를 연습하면 영

어 발음도 훨씬 향상이 됩니다.

○ 낭독, 이렇게 해보세요.

① [시범] 선생님이 먼저 그림책을 읽어줍니다. 그림책 내용이 익숙한 경우 스토리텔링으로 이야기를 해 줄 수 있습니다. 읽어준 후 학생들과 함께 그림책에 관해 이야기 나눕니다.

② [참여읽기] 반복되는 부분이나 학생들이 친숙한 단어는 선생님과 같이 합창독을 하며 읽습니다. 예를 들어 동물 소리라든지 그림책에서 반복되는 구절(예 : Brown bear, brwon bear, what do you see?)은 학생과 같이 읽는 것이지요. (또는 학생들이 스스로 읽게 할 수 있습니다.)

③ 학생들이 아는 부분은 스스로 소리 내어 읽도록 도와주세요. 같이 연습하며 도와줍니다.

④ 학생들이 적극적으로 혼자서 소리 내어 읽을 수 있도록 격려해 주세요. 꼭 책 한권이 아니어도 좋고, 한 두 쪽만 읽더라도 학생 스스로 할 경우 성취감을 느낄 수 있습니다.

읽기 차시를 지도할 때는 읽기 텍스트를 한번 읽는 것으로 끝내지 않습니다. 짝과도 읽어보고 친한 친구에게 찾아가서도 읽어보게 합니다. 벽을 보고 읽거나 선생님에게 읽어줄 수도 있습니다. 또한 디지털 교과서 링크를 QR코드로 제시하여, 디지털 교과서 음원을 들으면서 스스로 따라 말하는 연습 시간도 줍니다. 10개의 칸을 주어 소리 내어 읽을 때마다 횟수를 체크합니다. 영어를 잘 하는 학생은 텍스트를 외울 수도 있습니다.

학생들이 낭독 연습을 마무리 한 후 패들렛(Padlet)의 자신의 음성 녹음 파일을 올릴 수 있습니다. 아래 학습지에는 영어 수업자료 패들렛 QR 코드를 제시였습니다. 패들렛에는 디지털 교과서로 입장할 수 있는데, 반별로 텍스트를 녹음해서 올릴 수 있도록 구성하였습니다.

○ 낭독 학습지의 예시

We Are Going To Go Camping[6]

Grade :　　　Class :　　　Name :

♥읽은 횟수 체크

	1	2	3	4	5	6	7	8	9	10

SCIENCE CAMP

Do you want to go to a science camp?
We <u>are going to</u> make a drone and fly it.
...

---

6) 대교 교과서(이재근 외, 2018) 6학년 6단원 4차시(p. 88) 의 텍스트를 바탕으로 학습지를 제작하였습니다.

그림책으로 문해력 꽃피우기
_Picture Book

한창 다른 사람들이 부러운 시절이 있었습니다. 다른 사람이 가진 것은 크게 보이고, 내게 주어진 것은 보잘 것 없어 보여 괴로웠습니다. 그 당시, Anthony Brown의 『Look What I've Got!』 그림책을 보며, 상대방의 자랑에 요동하지 않고 자신의 길을 가는 주인공의 모습이 참 인상적이었습니다. 어른인 저에게도 다가오는 굵직한 메시지가 있었습니다.

그림책은 짧지만 감동을 주거나 인생에 대한 메시지를 던지곤 합니다. 그래서 어린아이부터 어른까지 그림책의 매력에 빠져드는가 봅니다. 학교에서 학생들에게 그림책을 읽어주면 학생들이 쏘옥 빠져들어 이야기를 듣습니다. '고학년은 그림책을 덜 좋아할거야,' '그림책이 시시하다고 생각할지 몰라.' 라고 생각했는데 고학년들도 그림책을 좋아하는 것이 신기했습니다.

저는 수업시간에 그림책을 많이 활용하는 편입니다. 예를 들어 색깔을 배울 때에는 Eric Carle의 『Brown Bear, Brown Bear, What Do You See?』 책을 읽어줍니다. 노래도 같이 나와 있어, 색깔을 영어로 익히는 데 유용합니다. 책을 읽은 후에는, 주변 사물 색깔로 이야기를 재구성할 수도 있습니다. "What's wrong?", "I have a runny nose."와 같은 표현을 배우는 단원에서는 Dan Krall의 『Sick Simon』을 읽어줍니다. 실제로 감기에 걸려 본 사람이라면 누구나 공감할 만한 이야기가 재미있게 펼쳐집니다. 이렇게 그림책의 이야기는 수업을 더욱 풍성하게 해 주고, 맥락 속에서 언어를 익힐 수 있도록 도와줍니다.

그림책의 또 다른 큰 강점은 학생들의 문해력 향상에 도움이 된다는 점입니

다. 어휘나 언어 패턴이 이야기 속에서 반복되어 제시되기 때문에, 자연스럽고 실제적인 상황 속에서 언어를 배우게 됩니다. 반복되는 언어 패턴 속에서 문법적인 요소를 귀납적으로 익힐 수도 있고, 그림책 속에 등장하는 어휘는 문맥 속에서 익혔기 때문에 실제 상황에서 어떻게 사용하는지 알 수 있습니다.

저는 학생들과 그림책을 같이 소리내어 읽으면서, 점점 학생 스스로 읽을 수 있도록 연습시킵니다. 나중에는 학생이 스스로 영어 문장을 읽게 됩니다. "선생님, 저 이제 이 책 혼자서 읽을 수 있어요!" 이런 말을 들으면 너무나도 뿌듯합니다.

그럼 어떤 그림책을 선정하는 것이 좋을까요? 단원의 목표 어휘나 구문을 사용한 그림책으로, 그림과 이야기가 흥미롭고 재미있는 그림책이면 좋습니다. 선생님이 좋아하는 그림책이면 학생들의 반응도 긍정적일 확률이 높습니다. 학생들의 수준에 너무 어렵지 않으면서, 이야기가 주는 울림이 있다면 금상첨화입니다. 주제에 따라 활용할 수 있는 이야기책의 예는 다음과 같습니다.

TPR 스토리텔링을 해 보세요!

TPR 스토리텔링은 학생들이 이야기를 동작으로 표현하며 참여하는 활동입니다(Ray & Seely, 2008). 예를 들어 Michael Rosen의 『We're Going On a Bear Hunt』 책의 이야기를 들으며 동작으로 표현해 보는 것입니다. 'go over, go under, go through, catch, open, shut'과 같은 어휘를 익히고 이야기를 들려줄 때, 학생들은 몸으로 이야기를 표현합니다.

주제	핵심표현	이야기책
감정	● 감정이나 상태 묻기 How are you feeling?	 The way I feel
주인 찾기	● 질문하고 답하기 Whose notebook is this/that?	 Whose poop is that?
요일과 음식	● 습관과 일과 묘사하기 On Sundays I visit my grandmother.	 The very hungry caterpillar
인물 묘사	● 인물 묘사하기 Ann has blue eyes.	 Go away big green monster!
걱정 다루기	● 위로하기와 안심시키기 Don't worry.	 Silly Billy
건강	● 감정이나 상태 묻기 What's wrong?	 Sick Simon
색깔	● 사물 묘사하기 It's blue and it's made of plastic.	 Brown Bear, Brown Bear, What Do You See?
계획	● 의도 표현하기 I'm going to … .	 We're Going on a Bear Hunt

110

교과를 주제 중심으로 통합할 때에도 그림책을 활용할 수 있습니다. 예를 들어 실과와 영어를 통합해서 가르칠 때 활용할 수 있는 영어 동화책의 예입니다.

주제	등장표현	이야기책	주제	등장표현	이야기책
나의 성장과 가족	• 나의 성장과 발달 특성 이해하기 - I like me. - That best friend is me.	I like me	나의 영양과 식사	• 영양소에 맞게 식단 짜기 - Today is Monday. - Monday, string beans.	Today is Monday
	• 가족의 관계 파악하기 - My dad isn't afraid of anything.	My Dads	식물과 함께 하는 생활	• 식물의 성장과정 관찰하기 - Plant the tiny seed.	Plant the tiny seed
	• 가족의 뜻 생각하기 - There was a tree. - She loved a little boy.	The giving tree			

그림책은 어떻게 읽어주면 좋을까요? 그림책을 들려주는 방법 중 하나는 스토리텔링(storytelling)입니다. 예전에 미국 학교로 수업실습을 간 적이 있습니다. 그 때, 한국의 전래동화인 '빨간 부

참고수업영상

채, 파란 부채'를 3학년 학생들에게 스토리텔링으로 들려주었습니다. 주인공 그림, 빨간 부채, 파란 부채를 시각적 단서(visual cue)로 준비했습니다.

스토리텔링을 할 때, 필요한 장면에서 준비물을 활용하였고 동화구연을 하듯이 목소리에 변화를 주었습니다. 주인공의 코가 길어지는 장면에서 학생들이 모두 배꼽을 잡고 웃었습니다. 스토리텔링은 학생들이 이야기에 온전히 집중할 수 있는 것이 장점입니다.

또 다른 방법은 그림책을 소리내어 읽어주는 것(read aloud)입니다. 학생들에

게 책을 소개할 때, 그림책을 소리내어 읽어줍니다. 빅북(big book)이 있을 경우, 교실 가운데에 옹기 종기 모여 앉아서 책을 읽어주기도 하고, 그림책을 스캔하여 PPT로 제작해서 읽어주기도 합니다. 처음에는 제가 읽어주지만, 그 다음부터는 학생들을 소리내어 읽기에 참여시킵니다. 예를 들어 패턴이 있는 그림책의 경우, 반복되는 부분은 학생들이 노래의 후렴처럼 읽게 합니다. 다음으로는 교사가 어려운 부분을 읽고, 예측 가능한 부분은 학생들이 참여하게 하여 나누어 읽습니다(shared reading). 교사가 읽을 때 학생들이 따라 읽을 수도 있고(echo reading), 교사와 학생이 같이 읽을 수도 있으며(choral reading), 중간에 빠진 부분을 학생들이 읽는 방법(cloze reading)도 있습니다(Fisher, Frey, & Lapp, 2008). 학생들이 읽기에 익숙해 지면 읽기의 주도권을 점점 학생들에게 넘깁니다. 최종적인 목표는 학생들이 스스로 책을 읽는 것입니다.

패턴북(pattern book)을 활용해 보세요!

패턴북은 단어, 어구, 질문이 반복되어 예측이 가능하며, 리듬감이 있기 때문에 기억하기 쉽고, 문해력 발달에 도움이 됩니다. 패턴북의 예를 소개합니다.

『Brown Bear, Brown Bear, What Do You See?』, Eric Carle
『Polar Bear, Polar Bear, What Do You Hear?』, Eric Carle
『Who Stole the Cookies form the Cookie Jar?』, Jane Manning
『From Head to Toe』, Eric Carle
『It's My Birthday』, Hellen Oxenbury
『My Cat Likes to Hide in the Boxes』, Eve Sutton, Lynley Dodd
『Quick as a Cricket』, Audrey Wood, Don Wood

※ 더 자세한 내용은 김혜리, 임희정(2023)의 『미래형 초등영어 교육론』 209~210쪽과 노경희(2023)의 『초등영어교육의 이해』 194~194쪽을 참고하세요.

・ **그래픽 오거나이저(Graphic Organizer)를 활용해 보세요!**

그래픽 오거나이저는 시각적인 구조를 통해 지식을 표현할 수 있습니다. 비주얼 싱킹의 여러 맵(map)과도 유사합니다. 다양한 종류의 그래픽 오거나이저를 목적에 맞게 사용할 수 있습니다.

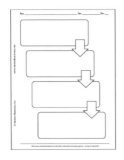 

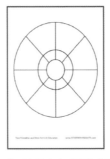 

Four-Box Flow Chart는 이야기의 흐름에 따라 책의 내용을 정리할 수 있습니다.

비주얼 싱킹의 써클맵과 유사합니다. 인물의 8가지 특징 등을 정리할 수 있습니다.

https://www.studenthandouts.com/graphic-organizers/
위의 사이트에 들어가면 다양한 종류의 그래픽 오거나이저를 프린트하여 사용할 수 있습니다.

그 외에도 간단하지만 유용한 활동 몇 가지를 소개합니다.

역할극 (role-play)	이야기를 읽고 난 후, 이를 역할극으로 체험해 볼 수 있습니다. 이야기 내용의 이해 및 감정이입을 도울 뿐만 아니라, 이야기 속 대사를 익히는 데 매우 유용합니다.
4컷 만화 만들기	이야기에서 인상깊은 장면을 활용하여 영어 4컷 만화를 만들 수 있습니다. 특히 그림 그리기를 좋아하는 학생들이 즐겁게 참여합니다.
골든벨 퀴즈	영어 이야기속에서 인상 깊은 장면을 퀴즈로 내고 알아맞힐 수 있습니다.
그 외	이 외에도, 책 내용으로 영상 만들기, 시 쓰기, 다시 이야기하기(retelling), 신문 만들기, 노래로 바꾸어 불러보기 등 다양한 후속 활동을 할 수 있습니다.

생각 쉼터

☑ 선생님이 즐겨 사용하는 영어책 읽기 후 활동은 무엇인가요?

PART
04

온라인 + 오프라인으로
수업에 날개달기

Blended Learning 시작!
_G-suite & Google Classroom

"얘들아, 태블릿에 펭톡 다운받아 볼까?"

"선생님, 로그인해야 된대요. 이메일이 없어요."

영어 수업 시간에 학습용 어플리케이션을 다운받으려고 했는데 문제가 있었습니다. 이메일 계정이 따로 없는 학생들이 많았고 학교 태블릿 PC에 어플리케이션을 한꺼번에 받는 사이트도 활용해 보았지만 빈번하게 오류가 발생했습니다. 여러 시행착오 끝에 교육용 구글 계정인 구글 워크스페이스(Google Workspace)가 있어야겠다는 생각이 들었습니다. 학교 정보 담당 선생님께 여쭈어보았더니 G-suite 발급받는 방법을 알려주었습니다. 그래서 6개 반 아이들의 계정을 생성해 영어 수업을 할 수 있었습니다. 만약 학교가 아직 관리자 계정이 없는 경우에는 Google for Education(http://edu.google.com)에서 관리자 계정을 신청하고 학교 인증을 받은 후 사용할 수 있습니다.

그리고 아이들 계정은 어떻게 생성할 수 있을까요? 직접 입력하는 방법과 엑셀 파일을 일괄 등록할 수 있습니다.

직접 등록하는 방법	엑셀 파일을 일괄 등록하는 방법
① admin.google.com에 접속합니다. ② 관리자 계정으로 로그인합니다. ③ [사용자 추가] 버튼을 누릅니다. ④ 학생 이름 및 이메일 주소를 생성합니다. ⑤ 추가 정보 및 조직 단위를 입력합니다. ⑥ 비밀번호를 생성합니다. ⑦ [사용자 추가]를 클릭합니다.	① admin.google.com에 접속합니다. ② 관리자 계정으로 로그인합니다. ③ [사용자 추가] 버튼을 누르고 [사용자 일괄 업로드/업데이트]를 누릅니다. ④ 빈 CSV 템플릿을 다운로드합니다. ⑤ 엑셀 파일에 해당하는 정보를 입력하고 저장합니다. ⑥ 완성된 CSV 파일을 업로드합니다.

이렇게 구글 워크스페이스 계정을 생성하면 다양한 교육용 어플리케이션을 다운받을 수 있습니다. 그 중, 아이들의 학습 관리에 용이한 프로그램이 바로 구글 클래스룸(Google Classroom)으로 학습 자료 및 과제를 제시하고, 아이들의 과제를 수합할 수 있습니다. 또한 학생들이 자신의 작품을 공유하여 서로의 작품을 감상할 수 있습니다.

◉ 구글 클래스룸 생성

① 크롬(Chrome)을 실행하여 구글 아이디로 로그인합니다. 오른쪽 상단의 + 아이콘을 클릭하여 수업을 개설한 후 반 과목명을 입력합니다.

② 수업코드를 생성한 뒤, 아이들에게 알려주고 학급에 가입할 수 있도록 안내합니다. 아이들은 발급받은 G-suite를 통해 가입합니다.

③ 학급에 아이들이 잘 들어왔는지 확인하고 도움이 필요한 친구가 있으면 개인적으로 도움을 줍니다.

G-Suite 발급하기	Google Classroom 개설	과제 제시	과제물 검토·채점

○ 구글 클래스룸 기능

구글 클래스룸은 학급 관리에 유용합니다. 안내 사항을 공지하는 것부터 수업자료 공유가 가능하고 과제를 제시, 관리할 수 있습니다.

stream	간단한 공지를 할 수 있습니다.	Reuse Post	자료를 다른 반에도 게시합니다.
classwork	과제를 제시합니다.	Topic	주제별로 자료를 분류하여 게시합니다.
Quiz Assignment	구글 폼을 활용한 과제 제시가 가능합니다.	Material	수업 자료를 공유합니다.

또한 구글 클래스룸을 활용한 협업이 가능합니다. 구글 드라이브에서 공유 문서를 만든 후, 구글 클래스룸에 공유할 수 있으며, 구글 문서로 함께 글을 쓸 수 있습니다. 댓글을 통해 소통할 수도 있으며, 링크나 이미지도 문서 속에 넣을 수 있습니다. 구글 슬라이드로 발표자료를 함께 만들 수 있으며, 구글 스프레드시트를 공유하여 단어장을 만들 수도 있습니다.

<학생 소감>
- 선생님이 올려주신 과제를 빨리 할 수 있어서 좋음
- 모두가 과제을 제출하고 보기가 편리함
- Lesson 8, Lesson 9, Lesson 10 등 단원이 주제별로 나누어져 정리되어 있어 좋음

협업의 힘_구글 슬라이드 & ALLO

구글 슬라이드(Google Slides)

파워포인트를 공동으로 만들 수 있을까요? 구글 슬라이드는 학생들이 직접 자료를 확인할 수 있고 함께 프리젠테이션 자료를 작성할 수 있습니다. 학생들이 구글 워크스페이스 계정이 있는 경우 별도로 회원가입을 할 필요가 없으며 바로 활용할 수 있습니다.

구글 슬라이드의 경우 프리젠테이션 자료에 동영상도 넣을 수 있고, 차트 및 그래프 작성도 가능합니다. 또한 하이퍼링크를 추가하여 외부의 자료를 발표 자료로 연결할 수 있습니다. 마우스 오른쪽 버튼을 활용해 댓글(comment)를 작성함으로써 소통도 가능합니다.

구글 슬라이드를 활용한 수업을 진행할 경우 활동 형태에 따라 여러 방법으로 활용이 가능합니다. 개별 활동일 경우, 학생이 스스로 템플렛을 선택하여 자신의 발표자료를 작성하여 학급에 공유할 수 있습니다. 모둠 활동일 경우, 각 슬라이드를 학생들이 맡아 책임지고 완성하도록 수업을 진행할 수도 있습니다. 전체활동일 경우 학생 개개인의 이름을 슬라이드에 입력하여, 학생들은 자신의 이름이 적힌 슬라이드에서 작업할 수 있습니다.

ALLO로 협업하기

ALLO는 캔버스 기반으로 협업이 자유롭습니다. 다양한 이미지 및 설계가 가능하며, 프리젠테이션 기능이 있어 협업한 내용을 발표하기에도 좋습니다. 별도의 회원가입을 하지 않더라도 게스트(guest)로 입장이 가능합니다. 휴대폰

이나 태블릿 PC를 활용할 경우 앱(App)을 다운받아 입장할 수 있습니다.

다양한 템플릿이 제공됩니다. 마인드맵, 타임라인 등 활동 목적에 맞게 템플릿을 선택하여 사용할 수 있습니다.

ALLO를 활용해 협업이 가능합니다. 슬라이드별로 아이들이 맡아 활동할 수 있고, 같은 슬라이드에서 활동도 할 수 있습니다.

TIP

ALLO를 태블릿PC로 들어갈 경우, 조작이 잘 안 되는 경우가 있습니다. ALLO는 태블릿 PC보다 컴퓨터로 작업할 때 더 편리합니다.

협업을 하기 때문에 주의할 사항이 있습니다. 학생들 중에는 다른 학생의 학습지에 장난으로 작업하기도 합니다. 그래서 활동을 시작하기 전에 ALLO에 학생 이름을 미리 써 두어, 자신이 작업해야 할 페이지를 명확히 알 수 있도록 안내합니다. 또한, 장난으로 다른 친구의 학습지에 작업을 하면 안 된다는 것을 미리 공지합니다.

펭수와 수다를!_AI 펭톡

"어라, 펭수네? 펭톡이라고? 이거 어떻게 사용하지?"

인터넷 자료를 검색하다가 펭톡(PENGTALK)을 알게 되었는데, 영어 공부에 유익해 보여 앱(App)을 다운받았습니다. 그런데 이게 뭡니까? 코드를 입력하라고 하는데 알 길이 없는 겁니다. 그러던 중 EBS에서 펭톡 사용 안내 공문이 왔는데, 자세히 살펴보니 학부모에게 개인정보동의서를 받도록 되어 있었습니다. 여러 과정이 번거롭게 느껴졌지만 '안내장 배부 - 개인정보동의서 수집 - 코드 발급'의 산을 넘으니, 새로운 세상이 펼쳐졌습니다. 잠깐의 수고로 학생들이 받는 혜택이 크다는 것을 알게 되었습니다. (최근에는 학교에서 코드를 꼭 발급받지 않아도, 가정에서 회원가입을 하고 코드를 직접 발급받을 수 있습니다.)

평소 영어 수업시간에 입을 거의 열지 않는 학생이 펭톡을 하면서 영어로 말하는 장면을 보고 AI 펭톡의 위력을 느꼈습니다. 학급에서 친구들 앞에서 영어로 말하는 것에 부담감을 느낄 수 있고, 불안을 느끼기도 합니다. 그러나 다른 친구들도 펭톡과 이야기하고 있기 때문에 영어로 말을 잘 해야 한다는 부담감이 훨씬 줄어들고, 자신의 속도에 맞게 공부할 수 있습니다. 그래서 영어를 어려워하는 학생들도 즐겁게 참여하는 것을 보게 됩니다. EBS 펭톡, 영어 수업 활용에 적극적으로 추천해드립니다.

◦ 펭톡 사용 준비하기

① [교사지원센터]에서 교사회원 인증을 받습니다.

② 관리자는 관리자로(일반교사는 일반교사로) 로그인을 합니다.

③ 학생들을 등록합니다(일괄 등록을 위해 엑셀 파일을 활용).

④ [관리자] 담당 교사와 매핑(mapping) 작업을 합니다.

⑤ 학생들에게 코드를 나눠줍니다.

⑥ 학생들은 선생님이 나눠준 코드로 로그인을 하고 비밀번호를 지정합니다.

⑦ 펭톡 코드와 비밀번호는 교과서나 공책 맨 앞장에 써 두도록 지도합니다("선생님, 코드가 뭐예요?", "비밀번호 잊어버렸어요."등의 요청이 많습니다.).

◦ 펭톡 꿀팁

① 수업 시작 전이나 마무리 시간에 활용해도 좋습니다.

② 학교에서 사용하는 출판사의 콘텐츠를 미리 찾아 아이들에게 안내합니다.

③ 학습지를 활용하면 펭톡 학습에 도움이 됩니다.

④ 워크북을 제작할 경우, 체계적으로 펭톡을 활용한 수업을 꾸준히 실행할 수 있습니다.

| 표지 | 보상 | 본문 내용 |

펭톡 활용법		학생 소감 예시
		● 단어 스펠링 외우기가 정말 재미있었다. 캔을 모으기 위해 잘한 게 인상 깊었다. ● 펭수와 함께 얘기한 것이다. 왜냐하면 나는 평소에 말하는 것을 좋아하기 때문이다. ● 단어 읽기가 많이 도움이 되었습니다. 단어가 정말 잘 외어지고 좋아집니다.
펭톡 학습지 		

○ 펭톡 워크북 제작 사례

일단 코드를 발급받아 학생들에게 나눠주었지만, 학생들은 펭톡 코드를 쉽게 잊어버리곤 합니다. 학생들에게 펭톡 코드와 비밀번호를 워크북에 기록하게 하면, "선생님, 제 코드가 뭐에요?", "선생님, 비밀번호를 잊어버렸어요."하고 도움을 요청하는 일이 줄어듭니다. 학교에 태블릿PC가 있을 경우, 라벨지로 펭톡 코드를 붙여두는 것도 좋은 전략이 됩니다.

워크북을 활용하면서 '보상'을 할 것인가에 관해 많이 고민이 되었습니다. 꾸준히 자신의 학습을 기록하는 것은 도움이 되리라 생각하여 보상판을 워크북에 포함했습니다. 처음에는 교사가 꼼꼼히 워크북 학습을 점검합니다. 그 후에는, 교사가 일일이 워크북을 검사하기는 힘들기 때문에 영어부장이나 각 모둠의 모둠장에게 워크북 검사를 맡겼습니다.

펭톡을 활용해 보니, 교과서에서 배운 내용과 관련된 펭톡 활동을 찾는 데 많은 시간이 걸렸습니다. 그러던 중 AI 펭톡 교사동아리 선생님께서 아이디어를 통해, 워크북 상단에 펭톡 활동에 접속하는 순서를 제시할 수 있었습니다.

(예 : Lesson 7. I Have a Pencil (테마-Theme 12-Topic 2) Do You Have a Pencil?)

교과서와 펭톡 내용을 바탕으로 학습을 점검할 수 있는 문제를 만들고, 펭톡 학습 후에 활용했습니다. 학생들은 문제를 풀면서 자신이 얼마나 알고 있는지 점검하는 활동에 진지하게 참여했습니다.

마지막으로는 학생들이 스스로 자신의 학습을 점검해 볼 수 있도록 자기평가표를 넣고, 기억에 남는 단어나 문장을 쓰게 했습니다. 또한 학습 후에 수업 소감을 쓰게 함으로써 스스로 학습을 성찰할 수 있도록 돕고자 했습니다.

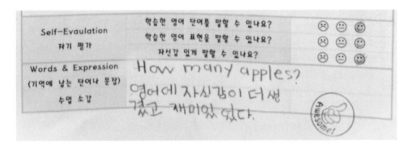

인공지능 친구와 채팅하기_KUKI

KUKI는 인공지능 대화형 챗봇입니다. KUKI에 접속한 후, 회원 가입을 하면 KUKI와 영어로 대화를 할 수 있습니다. 학생들의 경우 구글 워크스페이스 계정이 있으면 별도의 이메일 계정 생성 없이 가입을 바로 할 수 있습니다. 회원 가입을 하면 'Start chatting'창이 뜹니다. 채팅 시작을 누르면 KUKI가 먼저 말을 겁니다. KUKI의 질문에 따라 답을 하다보면 대화가 진행됩니다.

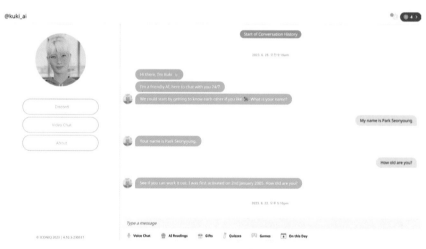

<출처 : https://www.kuki.ai/ 홈페이지 채팅 화면>

하단의 'Voice Chat'을 이용해 영어 말하기 연습도 할 수 있습니다. 'Game' 버튼을 활용해 Kuki와 게임을 할 수 있고, 'Quizes' 버튼으로 퀴즈를 풀 수도 있습니다.

학기말에 학생들 설문을 실시했을 때, 영어 수업 소감 중 하나로 "KUKI와

대화하는 것이 재미있었다."는 의견이 있었습니다. KUKI는 교과서에 제시되는 표현보다 어려운 표현도 사용하므로 번역기 등을 활용해 하고 싶은 말을 하거나, 모르는 표현을 검색하는 것도 좋은 전략이 됩니다.

◉ KUKI 사용 준비하기

① 학생들 G-suite가 있는지 확인합니다.
② KUKI(https://www.kuki.ai/)에 접속할 수 있도록 주소를 구글 클래스룸에 게시할 수도 있고, QR코드를 만들어 게시할 수도 있습니다.

◉ KUKI 꿀팁

① 학생들이 KUKI와 대화할 때 어려운 표현이 있으면 순회지도를 하면서 돕습니다.
② 교과서에서 배운 표현을 KUKI와 대화해 보도록 미션을 줄 수 있습니다.

포트폴리오 모으기_Padlet

과정중심평가는 아이들의 학습 결과뿐만 아니라 과정도 중요합니다. 더불어 학생들의 활동 과정을 누적, 기록하여 피드백하는 것이 필요합니다. 디지털 협업도구인 패들렛(Padlet)은 학생들의 학습을 평가하는데 유용한 도구가 될 수 있습니다.

패들렛은 하나의 보드에 여러 문서와 사진, 그림, 웹페이지를 게시할 수 있습니다. 교사는 회원 가입을 통해 패들렛을 생성하고 주소를 학생들과 공유합니다. 학생들은 태블릿이나 휴대폰으로 쉽게 접속할 수 있으며, 회원가입을 하지 않고도 글을 읽고 쓸 수 있습니다. 무료계정을 사용할 경우 패들렛을 세 개까지 만들 수 있습니다. 처음에는 여러 아이디로 패들렛을 만들다가 저 같은 경우는 유료 계정을 만들어 사용하고 있습니다. 학교 계정으로 가입을 희망할 경우 Padlet Backpack을 활용해 가입할 수도 있습니다. 저는 학급마다 패들렛을 만들고, 학교 방송부 등 업무에도 패들릿을 활용합니다.

패들렛은 다양한 유형을 제공합니다. 담벼락, 스트림, 그리드, 셸프, 지도, 캔버스, 타임라인이 있는데 게시 목적에 맞게 활용할 수 있습니다. 저는 패들렛 종류 중 셸프(Shelf, 선반)를 즐겨 사용합니다. 학생들 이름을 번호대로 배열한 후 학생들이 작업한 내용을 누적해서 올릴 수 있게 합니다. 1년을 돌아보면, 학생들이 어떤 활동을 했는지 살펴볼 수 있을 뿐만 아니라 평가의 근거가 되어 유용하게 활용할 수 있습니다.

<출처 : https://www.padlet.com/ 홈페이지 주요 화면>

　평가의 기능뿐만 아니라 소통의 장으로도 활용할 수 있습니다. 단원평가를 보기 전에 학생들 스스로 문제를 내서 패들렛에 올리게 합니다. 그러면 학생들은 친구가 낸 문제를 읽고 답글을 달기도 하며 스스로 공부할 수 있습니다. 학생들이 좋아하는 취미, 버킷리스트 등을 배운 표현을 활용해 올릴 수 있습니다. 좋아하는 가수의 노래를 유튜브 링크로 올릴 수도 있습니다. 이런 활동을 통해 학생들은 서로에 대해 더 알아가며 패들렛에서 소통할 수 있습니다. 학생들은 자신의 게시물뿐만 아니라 친구들의 게시물을 보며 영어도 공부하고 친구들과 더욱 가까워질 수 있습니다.

디자인 협업의 최고봉_Canva

캔바(Canva)는 이미지, 동영상, 애니메이션, 음악 등을 활용해 프레젠테이션이나 포스터 등 다양한 콘텐츠를 제공합니다. 교육용 교사 인증을 받으면 무료로 사용할 수 있으며, 모둠원을 묶어 협업을 하니 서로 의견을 모아 하나의 프레젠테이션 자료를 만들 수 있는 점이 좋습니다.

캔바는 학생들의 구글 워크스페이스 계정이 있으면, 회원 가입이 쉽습니다. 학기 초에 학생들 교육용 이메일인 구글 워크스페이스 학생 계정을 신청하시길 추천합니다. 협업할 때 모둠별로 템플릿을 생성하고서 주소는 QR코드로 프린트해서 나눠주세요. 따로 헤매는 시간 없이 빠른 시간 안에 접속해서 활동할 수 있습니다. 이메일 주소를 공유하여 팀으로 활동할 수도 있습니다.

캔바 앱(App) 내에서 프리젠테이션 기능을 제공하고, 애니메이션 효과도 좋기 때문에 발표자료를 만드는 데 용이합니다. 필요한 경우, 파워포인트로 다운받을 수도 있습니다. 저는 슬라이드 구성을 다음과 같이 하도록 지도했습니다.

Slide 1 (표지)	Slide 2 (목차)	Slide 3	Slide 4	Slide 5	Slide 6	Slide 7	Slide 8
제목 모둠원 이름	발표 순서	학생 1번 발표 자료	학생 2번 발표 자료	학생 3번 발표 자료	학생 4번 발표 자료	퀴즈	Thank you

표지	관광지 선택하여 영어로 소개하기	Quiz로 발표 내용 정리하기

<출처 : Canva 작업 이미지>

● Canva 사용 준비하기

① Canva 계정에 회원 가입을 하고 교사 인증을 받습니다(교사 인증은 선택).

② 모둠이 6개일 경우 템플릿 6개를 만들고 QR코드를 생성합니다.

③ QR코드를 모둠별로 나누어주고 Canva에 접속합니다.

④ 모둠별로 어떤 슬라이드를 맡을지 역할 분담을 한 후 발표자료를 만듭니다.

⑤ 선생님의 피드백을 거쳐 자료를 완성한 후, 전체 학생들 앞에서 발표합니다.

● Canva 활용 꿀팁

① 준비 시간이 충분할 경우 학습지를 활용해 먼저 손으로 쓰는 시간을 가지면 활동이 좀 더 용이합니다.

② 파워포인트로 다운로드가 가능합니다. 배경 음악 등을 설정할 수 있고, 템플릿에 따라 동영상 제작도 가능합니다.

③ 별도의 저장 없이 학생들의 작업 내역이 실시간 저장됩니다.

즐거운 퀴즈놀이_Kahoot

"안녕하세요? 저는 이번에 졸업하는 ○○○이에요. 일주일에 3번씩 있던 영어 시간이 이젠 다신 돌아올 수 없는 추억이란 게 너무 슬퍼요. 영어쌤은 뭐든지 칭찬해 주시니까 그냥 수업하면 기분이 엄~청 좋더라고요? 또 여러 가지 게임도 하고... 특히 카훗! 진짜 카훗 짱짱 재밌었어요! 내년 저희 후배들도 영어쌤이 얼마나 상냥하시고, 재밌으신지 알면 좋겠어요!"

졸업을 하루 앞두고 6학년 학생이 주고 간 편지입니다. 학생들이 카훗을 얼마나 좋아하는지 엿볼 수 있습니다. 카훗은 교육용 퀴즈 프로그램으로, 학생들이 단원에서 배운 내용을 복습하는데 유용합니다. 무료계정을 사용할 경우 'O× 퀴즈'와 '사지선다형 퀴즈'를 제작할 수 있습니다. 이미지를 제공해 주기 때문에, 문장 이해를 그림을 통해 돕거나 그림을 활용한 문제를 낼 수도 있습니다.

퀴즈를 만든 후 학생들과 공유하는 절차는 간단합니다. 따로 앱(App)을 설치할 필요가 없으며, 사이트가 즉석해서 만들어 준 QR코드를 통해 입장할 수 있습니다. 앱(App)을 설치한 경우 핀코드만으로 입장할 수 있으며, 학생들은 별도의 회원가입 없이 활동에 참여할 수 있습니다. 자신의 별명을 정할 수 있으므로 몇몇 학생들은 '별명'을 정하는 것이 재미있었다는 후기도 있었습니다. 한번 게임을 시작하면 중간 입장이 어려울 때가 있어, 모든 학생이 입장했는지 확인합니다.

게임이 시작되면, 학생들은 교실 TV 화면에 뜬 문제를 읽고 자신의 태블릿이나 핸드폰에 정답에 해당되는 버튼을 누릅니다. 학생들 화면에는 도형과 색

깔만 보이기 때문에 사전에 학생들에게 알릴 필요가 있습니다. 카훗을 할 때에는 정확성과 속도가 모두 중요합니다. 정답을 누르는 속도에 따라 점수가 부여되기 때문입니다. 활동 전에 학생들에게 속도도 중요함을 안내하는 것도 좋겠지요.

처음에 카훗을 활용할 때에 경쟁심을 유발하는 게임이 아닐까 하는 우려를 했습니다. 이기는 친구가 매번 이긴다면 영어를 어려워하는 학생들의 학습 동기가 꺾일지 걱정했던 것이지요. 카훗을 초반에 사용해 본 후 게임에서 **역전의 기회**가 있으면 학생들 동기 유발에 더 좋겠다는 생각이 들었습니다. 그래서 다음번에 다시 이 게임을 할 때에는 **중간 중간 넌센스 퀴즈**를 넣어 순위가 역전되도록 문제를 설계했습니다.

○ 카훗 사용 준비하기

① 카훗(https://kahoot.com)에 접속합니다.
② 카훗에 가입한 후, 로그인합니다.
③ New kahoot을 선택해서 문제를 출제합니다.
④ 학생들에게 QR코드 또는 핀번호(앱을 설치한 경우)를 배부합니다.
⑤ 교사는 PC화면을 통해 문제를 보여주고, 학생들은 태블릿 PC나 휴대폰을 활용하여 게임에 참여하여 정답에 해당하는 버튼을 누릅니다.

○ 카훗 꿀팁

① 게임 중간에 넌센스 퀴즈 등을 활용하여 순위가 역전될 수 있도록 합니다.
② 별명(nickname)을 정할 때에 다른 사람이 기분 나쁠 별명은 사용하지 않기로 약속합니다.
③ 게임을 시작하면 중간 입장이 어려울 때도 있고, 고득점 획득이 어렵습니다. 학생들이 집중해서 정해진 시간 안에 입장할 수 있도록 독려합니다.

Kahoot

<출처 : https://kahoot.com 활용 수업 장면>

◉ 수업 활용 그 외 게임들

명칭		주요 내용
소크라티브 www.socrative.com		학생들의 학습 이해를 확인할 수 있는 퀴즈앱입니다. 객관식, 단답형, 참/거짓의 질문을 제공합니다. 개개인의 성취 수준을 확인할 수 있다는 장점입니다.
블루켓 www.blooket.com		카훗은 정확도와 속도가 중요하다면, 블루켓은 운의 요소가 많이 작용합니다. 문제를 푼 후, 아이템을 고르고 자신이 고른 아이템에 따라 점수가 다르게 측정됩니다. 교사가 낸 문제 세트로 다양한 유형의 게임을 할 수 있다는 점이 장점입니다.
퀴즈앤(Quizn) www.quizn.show		카훗과 비슷한 형태로 실시간 퀴즈를 풀 수 있습니다. Show 만들기를 누른 후, 다양한 형식의 퀴즈를 만들어 아이들과 활동할 수 있습니다.
팅커벨 www.tkbell.co.kr		실시간으로 퀴즈를 풀 수 있고 토의, 토론도 할 수 있습니다. 과제 제시도 가능하며 골든벨 활동도 할 수 있습니다.
퀴지즈 quizizz.com		카훗은 무료로 이용할 경우 사용할 수 있는 템플릿이 제한되어있습니다. 그런데 퀴지즈는 카훗에 비해 다양한 템플릿을 무료로 제공합니다. 선다형, 설문조사, 빈칸 채우기, 라이브 퀴즈를 풀 수 있습니다.

게이미피케이션(gamification)

게이미피케이션은 점수, 운, 경쟁, 보상 등의 게임적 특성을 수업(또는 게임이 아닌 분야)에 적용하는 것이에요. 학생들의 흥미를 유발하고 몰입하게 하는 힘이 있습니다. Kahoot, Blooket과 같은 프로그램은 게이미피케이션 특징이 강합니다. 수업에 적절히 활용하면 학생들의 영어 학습에 많은 도움이 되지만, 경쟁이 과열되지 않도록 주의할 필요가 있습니다.

메타버스에서 방탈출 게임을!
_ZEP

메타버스(metaverse)는 상위, 초월을 뜻하는 메타(meta)와 우주를 뜻하는 유니버스(universe)의 합성어로 3차원 가상 세계를 뜻합니다. 줌(ZOOM)과 같은 쌍방향 수업 도구로 게더타운(Gather Town), ZEP과 같은 메타버스가 교육에도 활용되기 시작했습니다. 그 중 쉽게 배울 수 있던 젭(ZEP)은 모바일 게임사인 슈퍼캣과 네이버 제트가 협업하여 만든 플랫폼입니다. 현재까지 무료로 사용할 수 있으며, 최대 200명까지 접속할 수 있기 때문에 수업 활용에도 용이합니다.

메타버스 플랫폼 ZEP(zep.us)은 학교, 교실, 공원 등 가상 공간을 제공해주어 온라인으로 모임을 할 수 있도록 돕습니다. 학교 현장에서는 수업에 ZEP을 활용한 방탈출 게임을 많이 활용하고 있습니다. 영어 수업에서 ZEP을 어떻게 활용하면 좋을까요? ZEP에서는 문장을 읽고 쓰는 활동이 주로 이루어지므로, 문자 언어를 학습한 후 활용하기를 추천합니다.

◉ ZEP 사용 준비하기
ZEP을 활용한 방탈출게임을 만들어볼까요?

	다양한 템플릿	맵 에디터에서 문제 내기
1	ZEP 맵 구매한 맵 [템플릿 이미지]	수업에 활용하고 싶은 템플릿을 선택합니다. 템플릿을 선택한 후, 여러 오브젝트로 방을 꾸미고, 학습 공간으로 연출할 수 있습니다.

2	ⓓ 미니 게임 ✎ 맵 에디터	화면의 좌측에 보면, [맵 에디터]가 있습니다. [맵 에디터]로 들어갑니다.
3	바닥(1)　　벽(2)　　오브젝트(3)	화면 상단의 [오브젝트] 버튼을 누릅니다.
4	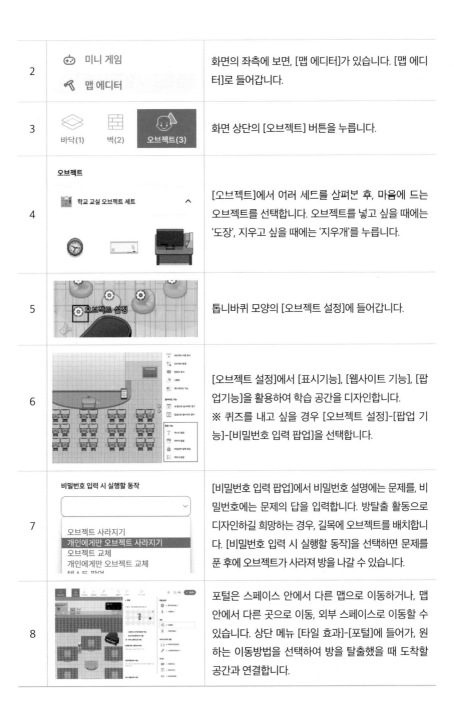오브젝트 🏫 학교 교실 오브젝트 세트 ︿	[오브젝트]에서 여러 세트를 살펴본 후, 마음에 드는 오브젝트를 선택합니다. 오브젝트를 넣고 싶을 때에는 '도장', 지우고 싶을 때에는 '지우개'를 누릅니다.
5	오브젝트 설정	톱니바퀴 모양의 [오브젝트 설정]에 들어갑니다.
6		[오브젝트 설정]에서 [표시기능], [웹사이트 기능], [팝업기능]을 활용하여 학습 공간을 디자인합니다. ※ 퀴즈를 내고 싶을 경우 [오브젝트 설정]-[팝업 기능]-[비밀번호 입력 팝업]을 선택합니다.
7	비밀번호 입력 시 실행할 동작 　　　　　　　∨ 오브젝트 사라지기 개인에게만 오브젝트 사라지기 오브젝트 교체 개인에게만 오브젝트 교체 텍스트 팝업	[비밀번호 입력 팝업]에서 비밀번호 설명에는 문제를, 비밀번호에는 문제의 답을 입력합니다. 방탈출 활동으로 디자인하길 희망하는 경우, 길목에 오브젝트를 배치합니다. [비밀번호 입력 시 실행할 동작]을 선택하면 문제를 푼 후에 오브젝트가 사라져 방을 나갈 수 있습니다.
8		포털은 스페이스 안에서 다른 맵으로 이동하거나, 맵 안에서 다른 곳으로 이동, 외부 스페이스로 이동할 수 있습니다. 상단 메뉴 [타일 효과]-[포털]에 들어가, 원하는 이동방법을 선택하여 방을 탈출했을 때 도착할 공간과 연결합니다.

4컷 만화를 재미있게 만들어봐요
_cookiecomiccreator

학생들은 자신들이 관심이 있는 분야를 학습할 때, 수업에 적극 참여합니다. 예를 들어 노래를 좋아하는 학생들은 팝송을 활용한 수업, 체육을 좋아하는 학생들은 움직임 활동이 있는 수업을 할 경우 학습 몰입도가 높습니다. 그림을 좋아하는 학생의 경우, 그림을 활용하여 언어를 표현하게 하는 것도 좋은 학습 전략이 될 수 있습니다.

1학기 수업을 마치고 설문조사를 실시했는데, 학생들 중 '4컷 만화 만들기'를 해 보고 싶다는 의견이 있었습니다. 그래서 찾아보니 쿠키런 게임 캐릭터로 만화 만들기 사이트(https://cookiecomiccreator.co)가 있었습니다. 쿠키 코믹 크리에이터(Cookie Comic Creator)는 캐릭터부터 배경, 말풍선을 활용한 스토리 제작까지 가능하도록 구성되어 있습니다. 쿠키런 사이트를 QR코드로 제공하여 아이들이 접속한 후, 해당 단원에서 배운 표현을 활용하여 만화를 만들도록 안내했습니다.

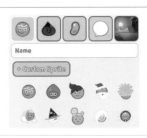

캐릭터, 소품, 배경 물품, 말풍선, 배경 등을 지정할 수 있습니다. 말풍선 기능을 활용하여 영어 수업에서 배운 표현을 활용하여 만화를 만들 수 있습니다.

· Undo : 실행취소 ·Redo : 다시 실행
· +Row : 열 추가 (-Row : 열 제거)
· +Colum : 행 추가 (-Colum : 열 제거)
· Save Image : 이미지 저장하기

cookiecomiccreator.co

<출처 : 쿠키런 주요 화면 및 작품 예시>

 생각 쉼터

☑ 그림 그리기를 좋아하는 학생들을 위한 영어 활동으로 무엇이 있을까요?

TIP

그 외에도 만화를 제작할 수 있는 사이트로 투닝(tooning.io)이 있습니다. 투닝은 교과별로 활용할 수 있는 이미지를 제공하며, 영어 수업에도 활용할 수 있습니다. 작품을 만들 수 있도록 다양한 감정을 지닌 캐릭터를 제공하며, 캐릭터의 동작도 다양합니다. 또한 AI기능을 활용해 글을 입력하여 웹툰을 완성할 수도 있고 사진을 업로드하여 캐릭터를 생성할 수도 있습니다. 원하는 스토리를 계획하여 흥미로운 웹툰을 완성할 수 있으니 수업에 활용해 보세요.

평가에서 피드백까지
_Google 설문지 & Mentimeter

Google 설문지

구글 설문지는 학생들의 학습 정도를 확인할 수 있을 뿐만 아니라, 답변 통계를 확인할 수 있기 때문에 어느 정도 학습에 도달했으며 어떤 문제를 어려워하는지 확인하는 데 유용합니다. 학생들이 어려워하는 문항의 경우 적절한 보충 지도가 필요합니다.

구글 검색창에서 검색하거나 구글 계정으로 로그인한 후, 아이콘을 눌러 시작할 수 있습니다. 구글 설문지 제목을 정한 후, 질문의 성격에 맞게 문항을 작성할 수 있습니다. 그리고 구글 설문지를 방탈출 게임 등의 형태로 제작할 경우, 게임적인 요소가 추가되기 때문에 학생들이 더 몰입하여 즐겁게 학습에 참여합니다.

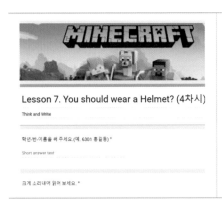

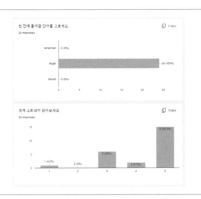

학기말에 학생들의 학습을 되돌아보고, 피드백을 받는데에도 구글 설문지를 활용했습니다. 한 학기를 돌아보며 얼마나 열심히 공부했는지 돌아보고, 앞

으로 어떤 점을 보완하면 좋을지도 피드백 받았습니다. 설문을 실시한 후, 학생들의 응답을 한 눈에 확인할 수 있고 결과를 분석하는 시간도 절약할 수 있으므로, 다음 학기 계획에 참조할 수 있습니다.

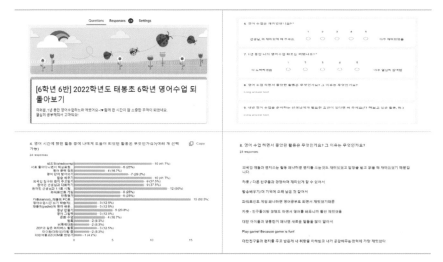

<출처 : 구글 설문지 활용 주요 화면>

멘티미터(Mentimeter)

널리 사용하는 수업 도구인 멘티미터는 설문조사를 통해 학생들의 의견을 모을 수 있으며, 수업 자료로 활용 가능합니다. 또한 수업을 시작할 때 동기유발 자료로도 활용하기 좋습니다.

멘티미터(https://www.mentimeter.com/)에 가입하면 다양한 질문들을 만들 수 있습니다.

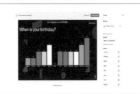

객관식, 워드 크라우드, 주관식, 등급, Q&A 등 다양한 문제를 낼 수 있습니다.	멘티미터 사이트에서 QR코드를 생성해 주기 때문에 완성한 프리젠테이션을 링크, 멘티미터 코드, QR코드로 공유할 수 있습니다.	수업의 예

<출처 : 멘티미터 사이트 주요 화면>

주로 많이 쓰는 콘텐츠를 좀 더 자세히 살펴볼까요?

슬라이드 타입	제작 방법	
Multiple Choice (객관식)	[Question] 문제를 내고, 보기를 작성합니다. 이미지를 추가할 수 있습니다. [Design] 응답 결과를 제시할 레이아웃(막대그래프, 원형그래프, 원그래프, 점그래프)을 선택합니다. 화면 구성 및 사이즈, 글씨 크기도 조정할 수 있습니다.	
Word Cloud (워드 클라우드)	[Question] 질문을 입력합니다. [Entries per participant] 답변의 개수를 선택합니다. [Image] 슬라이드 구성에 필요한 이미지를 선택합니다. 학생들의 응답이 실시간으로 워드클라우드로 나타납니다.	
Open Ended (주관식)	[Question] 주관식 질문을(open ended) 입력합니다. [Subheading] 부제를 입력합니다. [Image] 슬라이드 구성에 필요한 이미지를 선택합니다.	
Scales (등급)	[Question] 활동 제목을 입력합니다. [Statements] 찬반 의견으로 나뉠 수 있는 문장을 입력합니다. (예 :Kids can have smartphones.) [Image] 이미지를 선택합니다. [Dimensions] 동의 여부를 숫자로 표시합니다(예 :동의 5, 비동의 1).	
Ranking (순위)	[Question] 순위를 알고 싶은 대상을 고를 수 있도록 질문합니다.(예 :What's your favorite fruit?) [Items] 항목을 각각 입력합니다.(예 :apples, bananas, grapes, oranges) [Image] 슬라이드 구성에 필요한 이미지를 선택합니다.	

| **Q & A**
(질문과 대답) | [Question] 학생들이 질문할 수 있도록 안내하는 문구를 입력합니다.(예 :Do you have any questions?)
학생들이 질문이 올리면, 그 질문에 관하여 학급에서 함께 이야기해 볼 수 있습니다. | |

이 외에도 다양한 슬라이드 기능을 활용하여 수업을 진행할 수 있습니다. 무료 계정인 경우 슬라이드 수가 제한되어 있으므로, 꼭 필요한 슬라이드 타입을 선택해서 멘티미터 활동을 계획합니다. 저는 워드 클라우드와 주관식 질문을 주로 활용하는 편입니다.

특히 주관식 질문을 활용하면, 학생들의 생각을 들어볼 수 있어 좋습니다. 평소 발표를 부끄러워하는 학생도, 익명으로 자신의 의견을 제출할 수 있기에 편하게 활동에 참여합니다. 학생들의 답변을 함께 살펴보며 인상 깊은 내용을 골라 이야기 나눌 수도 있습니다.

영어 단어 정복!_클래스 카드, 퀴즐렛(Quizlet), 네이버 사전

쉬는 시간인데, 학생들이 문제집을 꺼내 영어 단어를 외우기 시작합니다.

"어머, ○○야, 영어 공부 열심히 하네."

"학원 숙제예요. 단어 외우기 힘들어요.

학생들은 단어와 씨름하는 것이 영어 공부인 줄 압니다. 그런데 단어 암기를 좀 더 재미있게 할 수 없을까요? 영단어 암기를 도와주는 다양한 앱(App)이 나와 있는데, 수업시간에 활용하고 가정학습과 연계하는 것은 학생들의 영어 학습을 돕는 좋은 전략이 될 수 있습니다.

클래스카드

클래스 카드(www.classcard.net)는 출판사와 교과서별로 단어를 학습할 수 있도록 단어 세트를 제공해 줍니다. 플래시 카드를 제공해 주어 소리를 들으면서 학습할 수 있습니다. 또한 '영어-우리말' 뜻 연결하기, 스펠링 외우기 등 단어 암기에 유용한 활동이 제공됩니다. 클래스 카드는 학급을 만들어 초대할 수 있어, 학생들의 학습을 관리할 수 있습니다. 학생들이 자기주도적으로 학습하기에 유용한 앱(App)입니다. 다만 2024년부터 학교인증 캠페인이 중단되어 교사 혹은 학교 단위로 구매하여야 다수의 학생들이 사용 가능합니다.

클래스카드 학생 등록 절차는 다음과 같습니다.

학급 개설		
클래스 만들기	[나의 클래스]탭에 들어가 반을 개설합니다.	
학생 등록	[생성한 학급]_[학생]탭에 들어가 '+학생등록' 버튼을 누릅니다. 학생 수가 많을 경우, 신규학생 계정을 선생님이 직접 만드는 것이 편리합니다.	
계정 일괄생성	학생 수가 적을 경우, 바로 입력이 가능합니다. 학생 수가 많을 경우에는, '일괄생성' 버튼을 누릅니다.	
계정목록 Ctrl+V	엑셀에서 형식에 맞게 학생정보를 입력한 후, 복사하여 창에 붙입니다. (형식) 학생이름 - 아이디 - 비밀번호	등록방법

학생 등록이 마무리되면, 학생들에게 아이디와 비밀번호를 안내합니다. 수업시간에 학생들의 단어학습에 유용하게 활용할 수 있으며, 가정학습과 연계할 수 있습니다.

<클래스 카드 학습 기능>

플래시 카드	영어 단어 뜻 학습	영어 단어 스펠링 학습	<안내 QR코드>

퀴즐렛

퀴즐렛(https://quizlet.com)은 단어를 쉽게 외울 수 있는 다양한 도구를 제공합니다. 학생들이 직접 이미지를 검색해 영어 단어 학습을 위한 플래시 카드를 만들 수 있습니다. 학생들이 스스로 자신이 공부한 단어로 단어장을 만들 수 있는 것입니다. 교사가 초안으로 만든 세트를 공유하면, 학생들과 공동으로 작업이 가능하기 때문에, 학생들이 단어를 더 추가하거나 수정도 할 수 있습니다.

오디오 기능이 제공되어 영어를 들으면서 학습할 수도 있고 뜻 매칭하기, 받아쓰기, 카드 맞추기, 게임 등을 통해 단어를 외울 수 있도록 돕습니다.

퀴즐렛은 학생뿐만 아니라 성인도 영어 단어 암기하는 데 유용합니다. 저는 퀴즐렛으로 토플 공부를 했는데, 이미 다른 사람들이 올려둔 영어 세트를 활용할 수도 있고, 제가 직접 단어 세트를 만들 수 있어, 영어를 공부하는 데 유용했습니다.

<퀴즐렛 학습 기능>

| 플래시 카드 | 테스트 | 영어 단어 맞추기 | <안내 QR코드> |

네이버 영어사전

네이버 영어사전은 아이디가 있을 경우 찾은 단어를 저장해 단어장을 만들 수 있습니다. 게다가 찾은 단어로 퀴즈를 풀 수 있는 기능을 제공해 줍니다. 따로 시간을 들여 단어장을 만들 필요 없이, 사전에서 검색한 단어로 학습할 수 있기 때문에 효율성 면에서 뛰어납니다.

<네이버 영어사전 학습 기능>

영어 단어 뜻 학습	영어 객관식 퀴즈	영어 주관식 퀴즈	<안내 QR코드>

생각 쉼터

☑ 학생들 단어 학습을 돕는 선생님의 노하우는 무엇인가요?

영상으로 글쓰기를 생동감 있게!
_영상 프로젝트

수업시간에 영상 만들기 프로젝트를 했는데, 학생들이 저보다 더 많은 영상 편집 도구를 알고 있어 깜짝 놀랐습니다. 모둠별로 한 학기동안 배운 표현을 활용해 영상을 만들었는데, 학생들이 만든 영상이 인상 깊었습니다. 학생들과 서로 만든 작품을 감상했는데, 자신이 만든 작품이라 더 흥미 있게 보고 같이 웃으며 즐거운 시간을 보냈습니다.

영상 만들기는 학생들에게 다중모드 글쓰기(Multimodal composition)를 가능하게 합니다. 디지털 시대, 우리가 살아가는 세상은 다중 모드 텍스트(여러 모드가 결합되어 텍스트를 이룸)를 쉽게 접할 수 있습니다. 그림책(그림과 문자), 포스터(그림과 문자), 자막과 함께 제공되는 영상(영상과 문자)도 다중 모드 텍스트입니다. 영상 만들기 활동은 문자에 약한 학생도 음성이나 동작, 시각적 효과를 활용하여 글을 창작할 수 있는 장점이 있습니다.

수업할 때 학생들이 사용하는 앱(App)으로는 캡컷(CapCut), 비타(Vita), 블로(VLLO), 키네마스터(KineMaster) 등이 있습니다. 학생들이 편하게 사용할 수 있는 앱(App)을 활용하여 영상을 만들도록 하면 됩니다.

모바일 편집 앱	특징
캡컷(CapCut)	- 무료로 사용 가능합니다. - 크로마키, 텍스트 및 오디오, 자막 작업, 필터, 속도그래프, PIP(picture in picture), 트랜지션 기능 등을 지원해줍니다.
비타(VITA)	- '스노우'와 '푸디'를 만든 회사에서 개발했습니다. - 다양한 효과, 음악, 필터 기능을 제공하며 무료입니다. - 재생 속도 조절이 가능합니다.
키네마스터 (KineMaster)	- 사진 및 영상 편집을 위해 텍스트 효과, 다양한 전환 효과 등을 사용할 수 있습니다. - 저작권 문제가 업는 배경 음악, 폰트, 효과를 제공합니다. - 사용법이 간단한 편입니다. - 무료 사용시 워터마크가 뜨는 단점이 있습니다.
블로(VLLO)	- 우리나라에서 제작한 동영상 편집 앱입니다. - PIP 기능을 제공하여 영상 위에 사진이나 동영상을 편집할 수 있습니다. - 유료이지만 한번 결재하면 평생 사용할 수 있습니다.

제작된 동영상은 패들렛, 구글 클래스룸 등에 공유할 수 있습니다. 이 외에도 동영상을 전시할 때 유용한 프로그램으로 Flip(https://info.flip.com)을 활용해 보세요. 동영상 제작부터 공유까지 가능합니다. 또 다른 공유 사이트로 CoSpaces가 있습니다. 학생들이 만든 영상을 3D 공간에 전시할 수 있습니다.

<학생 소감>

● 친구들과 영상 찍을 때, 다 영어로 찍어서 몰랐던 단어들도 영상을 찍으며 알게 되었고, 특히 친구들과 함께하
니 더욱더 재미있게 활동할 수 있어 좋았다.

● 나는 우리 모둠의 영상 중 모든 장면이 다 인상 같다. 왜냐하면 영상 효과도 하나하나 다 해석해서 정성들여
했고, 소리 효과는 다 우리가 녹음했기 때문이다.

● 학생들과 영상 만들기 프로젝트

① 학생들 팀을 정해주는데, 선생님이 정해줄 수 있고 기존 모둠을 활용할 수 있습니다. 희
망하는 아이들끼리 한 팀이 되어 영상 제작을 할 수도 있습니다.

② 어떤 상황(이야기의 배경)에서 누가(등장인물) 등장하여 어떤 말(배운 표현)을 할지 정합니다.

③ 대본을 작성하고 연습합니다.

④ 영상을 촬영하고 편집합니다.

⑤ 영상을 전시하고 감상합니다.

인공지능이랑 영어공부를!
_생성형 인공지능

    생성형 인공지능(AI, Artificial Intelligence)의 등장에 따라 외국어 학습에도 생성형 인공지능을 사용 가능성에 대해 논의되고 있습니다. 그 중, 우리에게 잘 알려진 챗봇은 OpenAI에서 개발한 인공지능 챗봇입니다. 이 외에도, Google의 Bard, Microsoft의 Bing, 정보 출처를 함께 보여주는 Perplexity가 있습니다. 이러한 챗봇은 대화형 챗봇이기 때문에, 원어민들과 대화하듯 챗봇과 대화를 연습하기에 유용합니다.

인공지능	특징
ChatGPT https://chat.openai.com/	- OpenAI에서 개발한 인공지능 언어모델입니다. - 대화 형식을 통해 정보를 주고 받습니다. - 정보를 검색하거나, 글쓰기를 위한 아이디어 생성 등에 활용할 수 있습니다. - 정확하지 않은 정보를 제공하기도 하므로, 이에 주의하여야 합니다.
Bard	- Google에서 개발한 대화형 인공지능입니다. - 구글 검색 엔진을 기반으로 최신 정보를 검색할 수 있습니다. - 만 18세 이상의 Google 계정이 있어야 구글 계정으로 로그인하여 사용할 수 있습니다.
Bing https://www.bing.com/	- Microsoft에서 개발한 대화형 인공지능입니다. - Microsoft Edge에서 실행 가능합니다. - Bing 이미지 생성기가 있어 인공지능 이미지를 생성할 수 있습니다.

	Perplexity	인공지능 기반 검색엔진입니다.
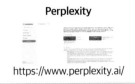		사용자가 정보를 검증할 수 있도록, 정보의 출처를 제공합니다.
	https://www.perplexity.ai/	

그런데 몇몇 생성형 인공지능은 사용연령을 제한하고 있습니다. ChatGPT
의 경우, 18세 이상(보호자의 승인을 받은 13세 이상)이 사용할 수 있습니다. Bard
도 만 18세 이상 사용으로, 연령 제한이 있습니다. Bing은 연령제한은 없으나,
Microsoft 계정은 13세부터 만들 수 있습니다. Perplexity도 연령제한이 없습
니다.

영어 수업에 어떻게 챗봇을 활용할지 고민하던 중, 수업시간에 제가 활용한
챗봇은 Kids ChatGPT, Furwee, Perplexity입니다.

◦ 어린이용 생성형 인공지능

	Kids ChatGPT	- 유료 계정이 있어야 사용 가능합니다.
		- 학생들이 궁금한 내용을 입력하고 답변을 얻을 수 있습니다.
	https://kidschatgpt.com/	- 몇 번의 대화 후에는 등록하라는 창이 떠서 길게 대화를 이어나가 기 힘듭니다.
	Furwee	- 이메일 계정으로 가입이 가능합니다.
		- 귀여운 캐릭터가 등장하여 대화를 나눕니다.
	https://furwee.ai/	- 음성이 지원되며, 다양한 국가의 언어로 대화가 가능합니다.

Kids ChatGPT(https://kidschatgpt.com)는 어린이에 적합한 챗봇이지만, 유료
입니다. 무료로 사용할 경우, 1~2번의 대화가 가능하고, 2초 정도 기다려야 답
변을 들을 수 있습니다. 따라서 무료계정으로 활용할 경우, 실제 수업에 깊이
있게 활용하기에는 한계가 있습니다.

다음으로는 Furwee(https://www.furwee.ai/)가 있습니다. Furwee는 귀여운 캐릭터가 나와 대화를 이어갑니다. 자연, 과학과 관련된 주제로 Furwee가 대화를 주도해 나가는 편입니다. G-suite 계정은 사용이 어려우며, 일반 이메일로 회원가입 후 유료로 활용해야 하는 단점이 있습니다.

Perplexity는 별도의 로그인을 할 필요가 없어, 수업에 활용하기 편리했습니다. 대화를 통해 정보를 얻을 수 있고, 정보의 출처도 제시하기 때문에 정보 검색에도 유용하게 활용할 수 있습니다.

단, 주의할 점이 있습니다. 생성형 인공지능이 제공해 주는 정보에는 오류가 있을 수 있으므로, 학생들이 무조건 그 정보를 맹신하지 않도록 지도할 필요가 있습니다. 또한 잘못된 정보에 대해서는 인공지능과 대화를 통해서 인공지능이 올바른 정보를 학습해갈 수 있도록 정보를 제공하는 역할도 학생들이 할 수 있습니다. (예 : 인공지능이 한국의 특정 장소에 대해서 잘못 말하면, 학생들이 정확한 정보를 제공해줍니다.)

<학생 소감>

▶ KidsChatGPT
● ChatGPT는 말하는 대로 대답해주어, 원어민과 대화하는 것 같다.
● OOO을 모른다니 좀 그렇다.

▶ Furwee
● 캐릭터가 귀여워서 재미있다.
● 캐릭터가 초등학생이 좋아할만한 캐릭터여서 실제 상황처럼(원어민, 영어선생님) 대화할 때 더 집중하면서 듣고 말할 수 있다.

예술적 감성이 녹아드는
영어 수업

예술적 감각으로 꾸미는 칠판 _Classroomscreen

교실 TV화면을 가상 칠판으로 사용할 수 있을까요? Classroomscreen (classroomscreen.com)을 활용해 보세요. 보물상자와 같이 다양한 기능이 있습니다. 총 19개의 기능 중 몇 가지를 간단히 소개하면 다음과 같습니다.

 background		바탕화면을 고를 수 있습니다.
 poll		학생들의 의견을 투표할 수 있습니다. 예) What's your favorite subject? – P.E. / Music / Math / English…
 randomizer		학생들 이름을 입력하고 임의로 이름 뽑기가 가능합니다.
 qr code		원하는 주소를 입력하면 QR 코드를 생성해 줍니다.

그 외에도 sound level(소리 측정기), image(이미지), text(텍스트), draw(그리기), work symbols(수업 태도 기호), traffic light(신호등), timer(타이머), clock(시계), calendar(달력), dice(주사위), embed(embed 기능), group maker(모둠 편성), stopwatch(스톱워치), webcam(웹캠), video(비디오)의 기능이 있습니다. 활동 목적에 맞게 기능을 활용할 수 있습니다.

◎ 수업 적용하기

타이포그래피(typography)
만들기 활동을 할 때, 선생님이 시범을 보여줄 필요할 때가 있지요? [draw] 기능을 활용하면, 화이트보드가 생성되어 자유롭게 글을 쓸 수 있습니다. 학생들에게 타이포그래피를 지도할 때, 유용하게 활용해 보세요.

생각 쉼터

☑ **가상칠판을 영어 수업에 활용할 수 있는 활동으로는 또 무엇이 있을까요?**

협업의 꽃_Explain Everything

"Talent wins games, but teamwork and intelligence win championships."
- Michael Jordan

마이클 조던의 말처럼 개인의 능력이 특출나도, 협업하는 팀의 성과를 따라오기 힘든 경우가 많습니다. 게다가 오늘날 학생들이 살아가는 사회에서 필요한 역량은 공동체 구성원으로 함께 살아가며 협력하고 소통하는 능력입니다. 이에 학생들과 수업시간에 함께 협업할 수 있는 활동을 진행할 필요가 있습니다.

Explain Everything은 학생들이 함께 프로젝트를 수행할 수 있으며, 이미지와 목소리 협업이 가능한 프로그램입니다. 다양한 콘텐츠를 넣을 수도 있고, 필기도 자유롭습니다. 판서 후, 이를 확대·축소함으로써 정보를 효과적으로 전달할 수 있습니다. 프로젝트를 3개까지 무료로 사용할 수 있지만, 프로젝트를 더 추가하거나 3명 이상의 사람이 협업을 하려면 유료 요금제에 가입해야 합니다.

교사가 수업 자료를 개발하는 데에도 매우 효과적입니다. 태블릿 PC에서 'explain everything' 앱(App)을 다운로드 받습니다. 프로그램을 실행하고, 태블릿에 필기를 하면서 설명을 하고 녹화를 할 수 있습니다. 녹화를 한 후에는 영상으로 추출하여 공유할 수도 있습니다.

학급 코드나 링크를 공유하여 학생들과 협업이 가능합니다. 교사가 프로젝트를 개설하여 학생들을 초대하고, 함께 협업하면서 수업을 만들어갈 수 있습니다. 자세한 절차를 살펴봅시다.

● For Teachers

 | Explain Everything(https://explaineverything.com/)에 접속합니다. |

빈 화면을 고르거나 수업 활동에 어울리는 템플릿을 선택합니다.

템블릿 중 'Class Activities'를 선택하면 다양한 교실 활동을 선택할 수 있습니다(예 : KWL Chart, How Do You Feel 등)

예를 들어 영어 읽기 수업일 경우, 'KWL Chart'를 활용할 수 있습니다. 내가 알고 있는 점, 더 알고 싶은 점, 배운 점 등을 함께 쓰며 수업을 진행할 수 있습니다.

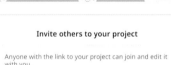

링크를 복사하거나 코드를 공유하여 학생들을 초대할 수 있습니다(단, 무료계정일 경우, 협업을 할 수 있는 인원수가 제한되어 있습니다.)

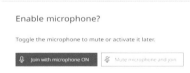

마이크를 활성화하여 녹음할 수 있습니다.

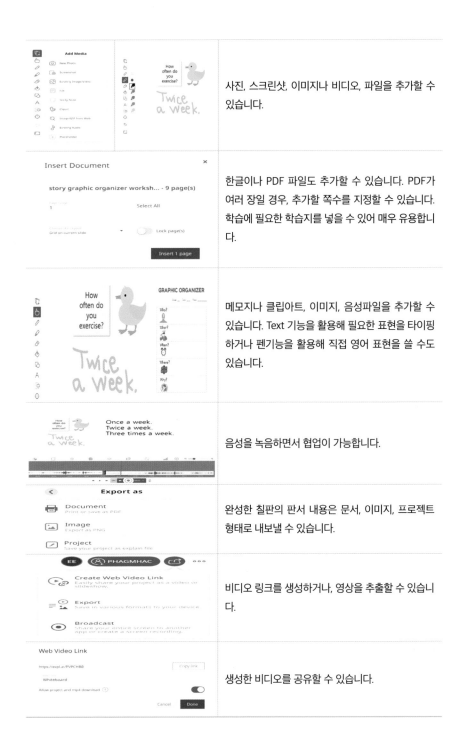

사진, 스크린샷, 이미지나 비디오, 파일을 추가할 수 있습니다.

한글이나 PDF 파일도 추가할 수 있습니다. PDF가 여러 장일 경우, 추가할 쪽수를 지정할 수 있습니다. 학습에 필요한 학습지를 넣을 수 있어 매우 유용합니다.

메모지나 클립아트, 이미지, 음성파일을 추가할 수 있습니다. Text 기능을 활용해 필요한 표현을 타이핑하거나 펜기능을 활용해 직접 영어 표현을 쓸 수도 있습니다.

음성을 녹음하면서 협업이 가능합니다.

완성한 칠판의 판서 내용은 문서, 이미지, 프로젝트 형태로 내보낼 수 있습니다.

비디오 링크를 생성하거나, 영상을 추출할 수 있습니다.

생성한 비디오를 공유할 수 있습니다.

◉ For Students

[1] 앱(APP)을 다운로드 받습니다.	[2] 학생(Student)을 선택하고 제출합니다.
[3] 별도로 회원가입을 하지 않고, 'Join Project'를 선택합니다.	[4] 선생님이 알려준 코드를 입력합니다.
[5] 마이크 기능을 활성화합니다.	[6] 수업에서 소리를 녹음할 경우, 마이크를 켭니다.
[7] 협업하는 사람들이 내 소리를 들을 수 있습니다.	[8] 좌측의 도구를 활용하여 칠판에 공부하는 내용을 함께 작성할 수 있습니다.

◉ 수업 활용하기

① 기분을 나타내는 표현을 익힙니다.
② Explain Everything에 접속합니다. 학생들에게 코드를 나눠줍니다.
③ 학생들은 태블릿 PC나 휴대폰에서 Explain Everything 앱(App)을 실행하고 코드를 입력합니다.
④ 자신의 기분을 표시하며, 배운 단어를 입력합니다.
⑤ 교사는 학생들의 기분 상태를 확인하고, 도움이 필요한 학생이 있는지 살핍니다.

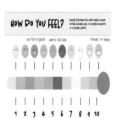

심미안이 자라는 영어 수업
_Google Art & Culture

　예술 작품을 영어 수업과 연결할 순 없을까요? 저는 수업의 소재로 종종 예술 작품을 활용하곤 합니다. 예를 들어, 색깔(color)을 배우는 단원에서 단순히 주변 색을 살펴보는 것에서 더 나아가, 유명한 예술작가의 작품을 학생들에게 소개하며 단원 내용을 함께 공부합니다. 학생들의 수업 동기를 유발하고, 심미적 감수성을 키워주기 위함입니다.

　구글 아트 앤 컬처를 활용하여 영어 수업에 예술적 감성을 더해 보세요. 구글 아트 앤 컬처(https://artsandculture.google.com/)는 다양한 예술 작품을 감상하며 여러 활동을 할 수 있는 사이트입니다. 학생들과 테블릿 PC에 구글 아트 앤 커쳐 앱(App)을 다운로드한 후, 관심 있는 예술 작품을 검색하고 감상할 수 있습니다. 예술 작품을 클릭하면, 그 작품을 설명하는 텍스트가 나옵니다. 번역기나 사전의 도움을 받아 그 뜻을 해석할 수도 있고, 직접 쉬운 단어와 문장으로 작품을 설명하는 활동을 할 수도 있습니다. 예를 들어 6학년에서 "Do you know anything about ~?", "What do you think?"와 같은 표현을 배울 때, 작품과 연계하여 설명하는 활동을 계획해 볼 수도 있습니다.

　그 외에도 구글 아트 앤 컬처 앱(App)에서 전시관 관람, 도자기 만들기, 시대별로 예술 작품 분류하기, 십자말 퍼즐 등 다양한 활동을 체험할 수 있습니다. 예술 작품으로 영어 수업을 더욱 풍성하게 만들어 보세요.

 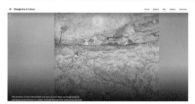

google art and culture를 방문해 관심 있는 화가나 작품을 검색할 수 있습니다.	관심 있는 화가의 일생과 작품을 설명하는 text를 읽고 번역기나 사전의 도움을 받아 뜻을 해석합니다.

 도자기 만들기 체험 등 재미있는 활동들을 제공합니다.  여러 게임을 하며 문화와 예술을 익힐 수 있습니다.

<출처 : 구글 아트 앤 컬처 활용 주요 장면>

○ 수업 활용하기

① 구글 아트 앤 컬처 앱을 실행합니다.

② 원하는 그림을 클릭해서 감상합니다.

③ 평소 궁금한 화가나 작품을 검색해서 체험합니다.

④ 다양한 놀이 활동(예 : 도자기 만들기, 십자말 퍼즐 등)을 체험합니다.

⑤ 영어 공책에 체험한 내용 중 인상 깊은 내용을 영어(또는 한글)로 정리합니다.

인공지능과 함께 창작활동을!
_DALL-E

DALL-E는 그림을 그려주는 인공지능 시스템입니다. 자신이 입력한 텍스트가 이미지를 만들어줍니다. 회원가입(https://openai.com/dall-e-2/) 후, 이미지를 만들 수 있습니다. 텍스트를 영어로 입력해야 하기 때문에, 실제적인 영어 표현을 사용할 수 있는 장점이 있습니다. (DALL·E 3는 ChatGPT Plus 계정이 있는 회원과 기업이용자가 활용할 수 있습니다. 이에 본 장에서는 DALL·E 2 사용법을 소개합니다.)

DALL-E 2 홈페이지	'students in the school oil painting'을 입력했을 때 검색된 그림들입니다.

<출처 : DALL-E 주요 화면>

◉ 수업 활용하기

① https://openai.com/dall-e-2/에 접속합니다.
② 회원가입을 한 후, 로그인을 합니다.
③ 검색창에 원하는 그림을 검색하기 위한 '검색어/검색 문구'를 입력합니다. 그림 종류를 지정하고 싶을 경우 검색어 뒤에 oil paining(유화), watercolor(수채화), pencil drawing(연필 소묘), 스케치(sketch), cartoon(만화) 등을 추가해서 검색할 수 있습니다.

예) beautiful night sky, beautiful mountain, students in the school …

※ 검색이 진행되는 동안 사이트에서는 검색어를 구체적으로 적을 수 있도록 tip을 제공합니다.

④ 4장의 그림 중 마음에 드는 그림을 클릭합니다.

⑤ 상단의 [variation] 버튼을 누르면 원본 그림과 조금씩 다른 버전의 그림이 제공됩니다.

→

⑥ 상단의 [edit]를 클릭하여 그림을 편집할 수 있습니다.

⑦ 작품이 완성되면 저장합니다.

TIP

DALL·E 2 외에도 뤼튼(wrtn), Microsoft의 Bing, Stable Diffusion, Playground AI 등의 이미지 생성 AI가 있습니다. 모두 회원가입 후 사용이 가능하며, G-suite 계정으로 회원가입이 되지 않는 사이트도 있습니다.(예: DALLE는 별도의 credit을 받아야 하고, 뤼튼은 14세 미만일 경우 보호자의 동의를 받아야 합니다.) 따라서 전체 활동에 선생님과 함께 활용하길 추천합니다.

Helen Keller

She,

In the dark,

Found light

Brighter than many ever see.

She,

Within herself,

Found loveliness,

Through the soul's own mastery.

And now the world receives

From her dower:

The message of the strength

Of inner power.

- Poem by Langston Hughes

　헬렌켈러를 생각하며 쓴 'Langston Hughes'의 시입니다. 헬렌켈러의 삶을 신중히 고른 단어로 잔잔하게 나타내고 있습니다. 시는 함축된 의미를 전달하기 때문에 여운과 감동을 줍니다. 또한 운율로 인해 시를 읽을 때에 아름다움을 느끼며 반복, 리듬, 강세를 더욱 잘 느낄 수 있습니다. 감수성을 일으키기 때

문에 기억에도 오래갑니다. 국어 수업에서 '시'를 공부하듯이, 영어 수업에서도 '영시'를 공부할 수 있습니다.

'영시'라 하면 어려운 영어로 쓰인 시를 떠올리게 되지만 영시를 넓게 본다면 동요, 동시도 포함됩니다. 내용도 재미있으면서 운율이 있는 시는 학생들의 영어학습을 위한 좋은 텍스트가 될 수 있습니다.

그럼 영시는 어떻게 공부하면 좋을까요? 활동의 예를 살펴봅시다.

두운(alliteration)시 창작하기	같은 자음으로 시작하는 단어로 시를 쓸 수 있습니다. 예) Lovely lady loves her mom.
각운(rhyme)시 창작하기	끝소리가 일정하게 되풀이되도록 시를 쓸 수 있습니다. 예) Itchy bitchy spider climed up the water spout.
시 패러디하기	시를 배우고 난 후, 다른 단어를 사용하여 시를 바꾸어 쓸 수 있습니다.
시화 만들기	시를 쓰고, 시에 어울리는 그림을 그릴 수 있습니다.
Shape Poem 만들기	영시를 다양한 모양으로 쓰면서 학습할 수 있습니다.
리듬과 박자를 살려 읽기	리듬과 박자에 유의하며 영시를 읽을 수 있습니다.
시낭송 동영상 만들기	시낭송을 녹음하여 동영상을 만들 수 있습니다.
시집 만들기	좋아하는 영시를 모든 시집을 만들 수 있습니다.

영시 읽기 지도의 예는 다음과 같습니다. 시를 읽기 전에는 시에 등장하는 단어의 뜻을 확인합니다. 어려운 단어가 등장하는 경우, 단어의 뜻을 함께 알아보고 익히면 시의 내용 파악에 훨씬 도움을 줍니다. 시의 일부분을 들려주고 전체 내용을 예측하거나, 시와 관련된 이미지를 제시하며 시의 내용을 상상해 볼 수도 있습니다. 시의 주제를 찾거나 제목을 맞추는 등의 활동을 통해 흥미를 유발하고 배경지식을 활성화하기도 합니다. 시를 지은 작가가 있으면 작가를 소개하여 학생들의 배경지식을 넓혀줍니다.

시를 읽을 때 활동으로는, 먼저 선생님의 낭독을 듣습니다. 다음으로, 학생

들은 한 행씩 선생님을 따라서 시를 낭독합니다. 마지막으로는 교사와 학생이 시를 함께 읽습니다. 운율이 있는지 찾아보거나, 반복되는 규칙을 찾아볼 수도 있습니다. 학생이 시를 스스로 읽어보거나, 짝에게 읽어줌으로써 소리 내어 읽기를 여러 번 연습합니다.

읽고 난 후에는 작품의 일부를 바꾸어 패러디시를 쓸 수도 있고 시의 내용에 관해 이야기를 나눌 수도 있습니다. 삽화를 그려서 시화를 만들거나 학급 시집을 만들기도 합니다. 완성된 시를 낭송하고, 이를 녹음하거나 녹화하여 학급에서 공유함으로써 자신의 작품에 대한 자부심을 높일 수 있습니다.

○ 수업 활용하기

① 학생들이 쉽게 따라 말할 수 있는 시 혹은 Nursery Rhyme을 준비합니다(예 : Row, row, row your boat. Gently down the stream. Merrily, merrily, merrily, merrily. Life is but a dream.).

② 선생님이 먼저 시를 읽어줍니다. 그런 후, 한 행씩 학생들이 따라 읽습니다. 나중에는 다 같이 소리 내어 시를 읽어봅니다.

③ [oʊ]소리가 나는 단어를 시에서 찾아봅니다(예 : row, boat).

④ [iː]소리가 나는 단어를 시에서 찾아봅니다(예 : stream, dream).

⑤ [e]소리가 나는 단어를 시에서 찾아봅니다(예 : gently, merrily)

⑥ 짝과 함께 돌아가며 시를 읽습니다. (시간이 될 경우, 짝과 함께 시를 읽습니다.)

⑦ 시의 내용 중 일부를 바꿉니다.

⑧ 어울리는 그림을 그리고, 시를 완성합니다.

⑨ 친구들 앞에서 발표하고 교실에 전시합니다.

북 크리에이터로
나만의 책 만들기_Book Creator

　초등학교 5학년 때, 담임선생님께서 학생들의 작품으로 문집을 만들어주셨습니다. 오랜 시간이 흘렀지만, 한 번씩 빛바랜 문집을 꺼내 보곤 합니다. 그곳에는 내 어릴 적 이야기, 친구들의 이야기, 선생님의 이야기가 가득합니다. 나는 이렇게 훌쩍 커 버렸는데 이야기 속 나는 12살 학생입니다. 문집으로 어린 시절 나를 만나며 추억에 잠기곤 합니다.

　교사가 되고 나서, 학생들 글로 문집을 만들어주고 싶었는데 마음처럼 쉽지 않았습니다. 숨 가쁘게 돌아가는 학교 일정과 여러 업무로 따로 시간을 내기 어려웠습니다. 신규 시절, 소규모 학교라 전교생의 글을 모아 문집을 내던 해에 학생들 글로 문집을 만든 적은 있습니다. 그러나 생각보다 글을 모으고 편집하는 작업이 쉽지는 않았습니다. '해야지' 하면서도 미뤄두었던 문집 만들기인데 온라인상에 좀 더 쉽게 책을 만들 수 있는 프로그램이 있었습니다. 바로 '북 크리에이터(https://bookcreator.com/)'입니다.

　어떻게 북 크리에이터를 활용해서 책을 만들 수 있을까요? 북 크리에이터 홈페이지에 들어가면 '학생, 교사, 학교' 계정으로 회원가입을 하도록 안내합니다. 학생들은 구글이나 마이크로소프트 계정으로 로그인해야 하므로, G-suite계정을 활용하는 것이 용이합니다. 교사는 로그인을 하면 도서관을 개설할 수 있고, 해당 코드를 학생들에게 공유합니다. 학생들은 선생님께 받은 코드로 도서관에 들어와 책을 만들고 공유할 수 있습니다. 자세한 절차는 다음과 같습니다.

	Book Creator (https://bookcreator.com/)에 들어갑니다.
	교사 계정으로 회원가입을 합니다. 지도하는 학년과 과목을 선택합니다.
	학급 도서관을 개설합니다. 도서관의 이름을 입력합니다.
	좌측 상단의 'Everyone's books' 옆의 'ㅇ'버튼을 누릅니다. AUTHORS에서 'invite others to join'을 누르면 공유 코드번호와 링크 주소가 뜹니다.
	코드를 학생들에게 공유합니다.
	학생들은 G-suite 계정으로 Book Creator에 회원가입을 합니다. 'JOIN A LIBRARY' 하단에 선생님께 받은 코드를 입력합니다.
	'+ New Book' 버튼을 누릅니다.

만들고 싶은 책의 종류를 선택합니다. 일반책과 만화책 중에서 만들 수도 있고, 템플릿(신문, 포토북, 요리책, 잡지, 교과서, 소설 등)을 활용할 수도 있습니다.

책 모양을 선택하면 책 표지가 나옵니다. 우측 '+'버튼을 눌러 이미지나 텍스트를 눌러 표지를 꾸밉니다.

책 제목에 필요한 이미지를 검색합니다. 검색된 이미지 중에 가장 어울리는 이미지를 선택합니다.

책 제목을 정하고, 텍스트를 추가합니다. 텍스트의 굵기, 기울기, 밑줄, 색깔 등을 조절할 수 있습니다.

배운 영어 표현을 활용해 책 내용을 작성합니다. 우측의 '+' 버튼을 눌러 페이지를 추가할 수 있습니다.

완성한 책은 다운로드받거나, 인쇄할 수 있습니다.

학급에 학생들이 완성한 책은 도서관 선반에 전시됩니다. 학생들은 친구들의 책을 클릭하여 감상할 수 있습니다.

책 내용을 생성할 때, 학습지를 활용할 수 있습니다. 자세한 안내가 없을 경우, 학생들이 어떤 영어 표현을 쓸지 모르거나, 한글을 섞어서 책을 만들 수도 있기 때문입니다. 지금까지 배운 영어 표현이나, 현재 학습하고 있는 단원의 영어 표현을 활용하도록 학습지에 책 내용을 미리 계획하여 쓸 수 있습니다.

이미지	행복한 그림	자전거 그림	축구 그림
문장	Why Are You Happy?	I'm happy because I got a new bike.	I'm happy because we won the soccer game.
쪽	책 표지	1쪽	2쪽

북 크리에이터는 캔바(Canva)와 연동이 됩니다. 'New Book'에서 책 사이즈를 선택한 후, '+'버튼을 누릅니다. 다음으로 'More' 버튼을 누르면 캔바를 선택할 수 있습니다. 'Canva' 버튼을 누르면 캔바 프로그램으로 접속이 됩니다. 캔바  에서 작업 한 후, 우측 상단의 'Add to Book'을 누르면 캔바에서 작업한 디자인이 책으로 만들어집니다. 또는 캔바에서 작업한 파일을 pdf로 다운로드 받은 후, 'Files'를 눌러 pdf를 가져오면 책으로 변환이 됩니다.

학생들이 태블릿으로 작업한 경우, 캔바에서 만든 작품을 직접 북 크리에이터에 올릴 수도 있습니다. 북 크리에이터에서 우측 상단의 계정 버튼을  누르면 'Student logins' 버튼이 있습니다. 이 버튼을 누르고 학생들 이름을 입력하여 링크 혹은 QR코드를 생성합니다. 생성된 QR코드를 학생들에게 나눠준 후, 캔바에서 작업한 디자인을 직접 올리도록 안내합니다.

💎 생각 쉼터

☑ 영어 그림책 작가가 되었다고 상상해 보고, 나만의 그림책 개요를 짜 보세요.

노래로 영어 수업에 생기를!
_Music

영어 노래로 수업에 날개를!

노래와 언어는 공통점이 많습니다. 노래처럼 언어에도 박자, 리듬, 고저, 장단 등이 있습니다. 노래는 가사를 통해 생각과 감정을 전달하기 때문에 의사소통의 형태를 띠고 있는 경우가 많습니다. 영어의 음성적 특성을 익히는 데 노래는 좋은 도구가 될 수 있습니다.

영어 수업에 노래를 활용할 경우, 학생들에게 영어로 말하는 부담을 줄여줍니다. 또한 외국어 학습에서 느끼는 불안과 두려움을 감소시켜 주고, 주의 집중 효과도 있습니다. 노래를 같이 부르다 보면 학생들이 정서적인 일치감을 맛보기 때문에, 학급에서 일체감과 소속감을 느끼게 하고 수업에 활기를 줍니다.

또한 음조 기억(tonal memory)(노경희, 2023)를 활용할 수 있어 핵심 표현을 외우는 데 유용합니다. 영어 공부는 어려운데, 영어 노래(팝송 포함)를 부르다 보니 가사가 저절로 외워져서 영어를 잘하게 되었다는 사례를 주위에서 종종 듣는 것도 이러한 이유입니다.

저는 3~4학년의 경우 노래를 활용한 영어 수업을 많이 합니다. 학생들이 쉽게 핵심 표현을 기억할 수 있도록 돕기 때문입니다. 수업 시작할 때, 'Small Talk'의 경우 영어 동요를 활용하면 좋습니다. 요일, 날씨, 기분 등에 관한 영어 동요를 활용하면 학생들이 자연스럽게 표현을 익혀 말할 수 있습니다. 예를 들어 수업을 시작할 때, 요일과 관련된 노래를 부른 후 오늘이 무슨 요일인지 확인합니다. 비가 오는 날은 학생들과 'Rain, Rain, Go Away'와 같은 널서리 라

임(nursery rhyme)을 같이 부르면서 실생활과 영어 표현을 연결합니다.

구분	원곡 가사	대화의 예
기분묻기	Where is Thumbkin? Where is Thumbkin? Here I am, here I am. How are you today, sir? Very well, I thank you. Run away, run away.	**<Where is OO?>** (OO에는 학생 이름) 교사, 학생들 : Where is OO, Where is OO? 학생 : Here I am, here I am. 교사, 학생들 : How are you, today, sir? 학생 : I'm happy/great/hungry … 교사, 학생들 : You're happy/great/hungry …
시선집중	Oh, do you know the muffin man? The muffin man, the muffin man? Oh, do you know the muffin man, who lives on Drury Lane?	**<The muffin man>** Do you know OOO(학생 이름)?, OOO, OOO. Do you know OOO, who lives in Gyerimdong.
요일묻기	Sunday, Monday, Tuesday, Wednesday, Thursday, Friday, Saturday. (도레미도 레미파레 미파솔미 파레도)	**<Days of the week>** 교사 : What day is it today? 학생들 : Sunday, Monday, Tuesday, Wednesday, Thursday, Friday, Saturday. It's Monday!
날씨묻기	Rain, rain go away. Come again another day. Little Betty wants to play. Rain rain go away.	**<Rain, rain, go away>** 비가 오는 날 - 교사 : How' the weather? / 학생 : It's rainy. 교사, 학생 : Rain, rain, go away, come again another day. OO(반 학생의 이름) wants to play, rain, rain, go away.

간단한 영어 노래 외에도 영어 노래를 들을 수 있는 다양한 유튜브 채널이 있습니다. 목표 표현이나 학년에 따라 적절한 영상을 활용합니다. 영어 수업 시간에 배우는 핵심 표현 뒤에 'song'을 붙여 검색합니다(예 : Hello song). 노래를 들어본 후 멜로디가 매력적인지, 쉽게 기억할 수 있는지, 핵심 표현을 익히기에 적절한지 살펴보고 노래를 선택합니다.

영여 노래는 영어 표현을 쉽게 외우는 데 도움을 주기 때문에 수업에 매우 유용합니다. 학생들이 쉬는 시간에 영어 노래를 흥얼거리며 돌아다니는 모습을 보면 흐뭇할 때가 많습니다.

◎ 3~4학년

 The Singing Walrus 	'The Singing Walrus' 채널은 전문적으로 음악을 하는 교사들이 운영합니다. 학생들이 재미있게 익힐 수 있는 노래를 작곡하여 영상으로 제작합니다. 캐릭터가 매력적이고 노래도 신나기 때문에, 3~4학년 학생들이 좋아합니다. 3학년 수업에서 'Hello Song'을 활용했는데 학생들의 반응이 아주 좋았습니다. 일어서서 병아리를 따라서 춤을 추는 학생도 있었습니다. "선생님, 언제 'Hello Song' 해요?" 라며 노래를 틀어달라는 등 반응이 뜨거웠습니다.
 Super Simple Songs 	'Super Simple Songs' 채널은 숫자, 색깔, 좋아하는 음식 등 다양한 주제의 노래를 제공합니다. 교과서에서 배운 표현과 연결하여 부를 수 있는 노래가 많습니다. 특히 학생들이 좋아하는 노래로 "Do You Like ~?" 노래가 있습니다. "Do you like broccoli?", "Do you like ice cream?"이라고 물은 뒤, "Do you like broccoli ice cream?"이라고 질문하며 학생들의 상상력을 자극합니다.
 Storybook Song 	'Today Is Monday'는 그림책 내용을 노래로 만든 곡입니다. 그림책에 등장하는 표현이 반복되기 때문에, 노래를 부르다 보면 저절로 노래를 외울 수 있습니다. 이 외에도 'Brown Bear, Brown Bear, What Do You See?', 'Go Away, Big Green Monster' 등 그림책을 활용한 노래가 많이 있습니다.

 Coco melon	Cocomelon은 다양한 동요와 Nursery Rhyme을 감상할 수 있습니다. 다양한 노래를 귀여운 애니메이션과 함께 제시하고 있습니다. 미국의 유치원생들을 대상으로 하는 영상이기에 학생들의 수준에 조금 쉽게 느껴질 수 있어, 필요한 영상만 활용하는 편입니다.
 리틀팍스- 재밌는 영어	리틀팍스는 다양한 영어 동요, 동화를 들을 수 있는 채널입니다. 귀여운 캐릭터가 등장하는 애니메이션을 보며 영어 노래를 부를 수 있습니다. 특히 'Colors' 노래는 캐릭터를 따라 몸을 움직이며 노래할 수 있어, 수업에 활용하기 유용합니다. 먼저 학생들의 옷 색깔을 영어로 확인합니다. 노래를 들으며, 노래에 등장하는 색깔이 자신의 옷에 있으면 자리에서 일어납니다. 노래 부르는 것이 익숙해지면 학생들이 그날 입은 옷에 따라 일어나며 즐겁게 율동을 하며 노래를 부릅니다.
 The Singing Walrus	3학년은 문해력의 기초를 닦는 중요한 시기입니다. 문해력의 시작인 알파벳 익히기는 3학년의 주요 과제입니다. 학생들은 알파벳을 배울 때, 알파벳 모양을 혼동하는 경우가 종종 있습니다. 이 노래는 알파벳 모양을 묘사하는 가사로 이루어져 있어(한글 + 영어), 알파벳 모양을 기억해 내는 데 도움을 줍니다. 학생들이 알파벳 모양을 기억하기 어려워할 때, 저는 이 노래 가사를 활용해서 힌트를 주곤 합니다.

Jack Hartmann
Kids Music
Channel

채널에 등장하는 선생님이 익살스러우면서도 재미있게 노래를 부릅니다. 열두 달과 같이 어려운 영어단어를 음절(syllable) 단위로 쪼개어 쉽게 노래로 부르게 합니다. 6학년 학생들도 박수를 치면서 재미있게 노래를 부릅니다. 이 외에도 일견 어휘(sight word), 숫자세기, 파닉스 노래 등 영어 학습에 유익한 노래를 제공합니다.

DisneyMusic
VEVO

디즈니에 나오는 노래를 시청할 수 있습니다. 학생들이 즐겨 시청한 애니메이션일 경우, 노래를 신나게 따라부릅니다. 자막이 안 나올 수 있으니, 수업 시간에 배우는 영어 표현을 포함한 가사로 학습지를 제작하여 학생들에게 나눠줍니다. 노래를 모르는 학생들도 있기 때문에, 노래를 들으며 차근 차근 익힙니다.

TIP

저는 영어 수업을 시작하기 전에 노래를 틀어줍니다. 영어 노래로 수업을 시작하면 수업에 활기가 더해집니다. 단원별로 핵심 표현과 관련된 노래를 한 곡씩 선정하여 반복해서 들려줍니다. 학생들이 한 번 듣고 노래를 익히기는 어렵기 때문입니다. 처음 들을 때에는 생소해하다가, 여러 번 반복하다 보면 익숙하게 따라 부르기 시작합니다. 새로운 단원이 시작하면, 새로운 노래를 선정하여 활용합니다. 노래로 수업을 시작하는 절차를 반복하면, 학생들도 수업 시간에 무엇을 할지 예상할 수 있어 안정된 분위기 속에서 수업을 시작합니다. 그 외에도 크리스마스가 다가오면 크리스마스 캐럴(carol)을 학생들과 부르며, 학기말 수업을 즐겁게 마무리합니다.

저는 음악의 가락과 셈여림을 활용해서 영어 표현을 지도하기도 합니다. 예를 들어 "Be careful, please!" 와 같은 표현은, 긴장감을 고조하기 위해 크레센도(crescendo)를 활용해 점점 크게 노래를 부르게 합니다. "Be quiet, please!" 표현은 말하면서 점점 더 조용해지도록 소리를 줄이도록 노래로 표현하기도 합니다. 가락 없이 리듬만 활용해서 핵심 표현을 연습하기도 합니다.

악보	표현 방법 (음악의 가락과 셈여림 요소 활용)
Be careful, please! Be careful, please! Be careful, please! Be careful, please!	'Be careful, please!'를 부를 때에는 음은 높아지고 소리는 점점 커지게 하여 긴장감을 고조시킨다.
Be quiet, please! Be quiet, please! Be quiet, please! Be quiet, please!	'Be quiet, please!'를 부를 때에는 음은 낮아지고 소리는 점점 작아지게 하여 고요한 분위기를 조성한다.
Watch out! Watch out! Watch out! (엎드림)	'Watch out!'은 가락 없이 리듬만 사용하여 긴박함을 담은 경고를 표현한다.

학생들 발표 내용으로 즉흥 영어 노래 만들기

수업영상

원어민 선생님 Evan Schaaf의 곡을 편곡해서 수업에 활용해 보았습니다. 특히 가사의 경우, 학생들의 발표 내용으로 즉흥적으로 구성될 수 있도록 편곡했습니다.

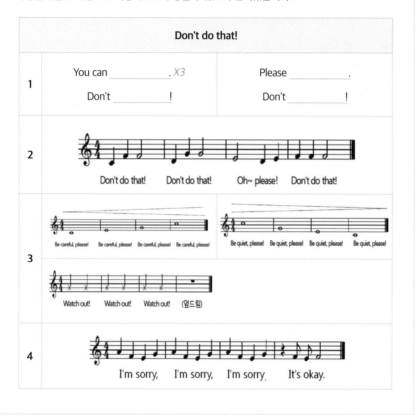

영어 노래로 가사 바꾸기

어린 시절, 'Sound of Music' 영화를 보며 마리아 선생님의 노래에 흠뻑 젖었던 기억이 있습니다. 시간이 많이 지났지만, 영화에 나왔던 노래들은 여전히 우리 마음을 촉촉하게 적셔줍니다. 그래서 이런 노래들을 영어 수업에 활용하면 수업이 감성적으로 더욱 풍성하게 진행됩니다.

영화 속 노래 중, 'My favorite things'는 영어 수업에 활용하기 좋습니다. "What's your favorite ~?" 표현을 배울 때, 학생들에게 노래 장면이 담긴 영상을 보여줍니다. 이국적인 장면과 아름다운 노랫소리에 학생들이 집중해서 영상을 봅니다.

노래를 들어본 후, 학생들에게 "What's your favorite food?"하고 질문을 합니다. 학생들의 대답을 마인드맵으로 판서를 한 후, 'My favorite things' 노래의 가락에 맞게 바꾼 노래를 부릅니다.

"Chicken, pizza, ice-cream, tteokbokki, …. These are a few of my favorite food."와 같이 가사가 완성되면 교사가 선창하고 학생들이 따라 노래합니다. 어느 정도 익숙해지면, 모두가 다 같이 완성된 노래를 부릅니다. 영화 속 장면이 교실에서 연출되는 듯한 묘한 감동이 느껴집니다.

○ **수업의 예**

노래 가사 바꾸기

수업안

학생들이 발표한 내용을 활용하여 노래 가사를 바꿔 활동할 수 있습니다. 예를 들어 'Today is Monday(by Eric Carle)' 동화책은 노래가 같이 소개되고 있습니다.

Today is Monday. Today is Monday.
Monday, string beans. All you hungry children come and eat it up!
Today is Tuesday. Today is Tuesday.
Tuesday, spaghetti. Monday, string beans. All you hungry children come and eat it up!
...

여기에 나오는 음식 대신, 학생들이 먹고 싶은 음식을 넣어 노래를 만들 수 있습니다.

T : On Monday, what do you want to eat?
S1 : I want to eat ice-cream.
T : On Tuesday, what do you want to eat?
S2 : I want to eat pizza.
...

이렇게 학생들과 대화를 나눈 후, 학급 노래를 만듭니다.

Today is Monday. Today is Monday. Monday, ice-cream. All you hungry children, come and eat it up.
Today is Tuesday. Today is Tuesday. Tuesday, pizza. All you hungry children, come and eat it up.

...

...

...

팝송으로 배우는 영어

저는 어린 시절부터 팝송을 좋아해서, 수업 시간에 종종 팝송을 활용하여 수업하곤 합니다. 학기 말 설문조사를 하면, 학생들이 좋아하는 활동에 팝송이 자주 등장합니다. 교실에서 사교육 등을 통해 이미 영어를 많이 접한 학생들의 경우, 교과서에서 배우는 내용이 쉽다고 느껴질 수 있어요. 그럴 때, 팝송을 통해 다양한 표현을 소개하여 영어학습에 흥미를 높일 수 있습니다.

다만, 팝송은 학생들의 정서에 적합한 내용인지 점검해야 합니다. 가사를 잘 확인해보아야 하고, 그 속에 숨은 의미도 파악해야 하는 노래들도 있습니다. 가사의 의미가 괜찮으면서 학생들이 좋아할 만한 팝송의 예는 다음과 같습니다.

Daily Life(일상)	My favorite things_Julie Andrews (Sound of Music) Do-Re-Mi_Julie Andrews (Sound of Music) Do what you wanna do_Mocca Try Everything_Shakira(주토피아 ost) Moon River_Jhonny Mercer I love coffee I love tea_Stan Kenton & His Orchestra You raise me up_Westlife
Love (사랑)	You are my sunshine_christina Perri I remember_Mocca I will_Beatles Top of the World_Carpenters
Friendship(우정)	Count on me_Bruno Mars
World(세계)	Heal the World_Michael Jackson
Christmas(크리스마스)	Winter wonderland_Felix Bernard & Richard Berhard Smith We wish you a merry Christmas_Kenny G Jingle Bell Rock_Bobby Helms

팝송 지도

팝송 가사로 그림을 그린 후, 뮤직비디오를 만들 수 있어요.

예를 들어 인물의 모습을 영어로 묘사하는 표현을 배울 때였습니다. Bruno Mars의 "Just the way you are" 1절 가사를 학생들에게 소개해 준 후, 같이 불러보았습니다.

각각의 가사를 문장 단위로 나누어 학생들 개개인에게 나누어주어 가사에 어울리는 그림을 그린 후, 학생들이 그린 그림을 모두 수합하여 뮤직 비디오로 만들었습니다. 가사의 뜻을 생각해서 그림을 그리는 것도 좋았고, 하나의 작품이 완성되니 협동심을 기를 수 있는 것도 좋았습니다.

〈교사 수업 일지 중에서〉

학생들에게 번호대로 문장을 나눠주고, 그림에는 자신만 알아볼 수 있게 사인을 해서 자신의 작품임을 표시하도록 하였다. 'hair, eyes, beautiful' 등 교과와 관련된 표현이 나와서 1절의 경우 학생들을 지도하기에 유익하기에 "Just the way you are"을 활용하여 뮤직 비디오를 만들었고, 학생들에게 "너희도 있는 모습 그대로 아름답고 놀랍다."고 말해 주었다. 학생들도, 나도 즐겁게 참여한 수업이었다.

생각 쉼터

☑ **선생님이 좋아하는 팝송은 무엇이 있나요? 학생들과 팝송 수업을 한다면 어떻게 수업을 구성하고 싶나요?**

PART
06

삶과 연결되는
영어 수업

영어 수업에서 자존감 키우기
_Self-esteem

긍정 확언으로 자존감 키우기

우리들의 생각은 가끔 불안과 염려에 빠지곤 합니다. 다른 사람과 나를 비교하고서 위축될 때도 있습니다. 그럴 때, 얼마나 소중한 사람인지 자신에게 말해줄 필요가 있습니다.

> "나는 소중해.
>
> 잘하고 있어.
>
> 하루하루 더 나은 삶이 될 거야."

이렇게 힘이 되는 말로 자신을 격려해 주는 것이 중요합니다.

긍정확언(positive affirmation)은 학생들의 마음에 긍정적인 생각을 심어줄 수 있습니다. 긍정 확언은 희망과 용기를 주는 메시지가 많아서 같이 낭독하기에 좋습니다. 학생들과 수업을 시작할 때, 한 문장씩 읽고 수업을 시작하는 것도 좋은 방법입니다. 나와 학생들을 위한 긍정 확언 목록을 만들어 보세요.

긍정 확언의 예[7]는 다음과 같습니다.

---

7) 참고출처: https://www.personalcreations.com/blog/positive-affirmations-for-moms

◉ 선생님을 위한 긍정 확언

▶ I am doing an excellent job. (나는 훌륭하게 해내고 있어.)

▶ I am learning to be a better teacher with each new day.

(나는 매일 더 나은 선생님이 되는 법을 배우는 중이야.)

▶ I will take care of myself in order to be a good teacher.

(나는 좋은 선생님이 되기 위해 나 자신부터 돌볼 거야.)

▶ I am doing the best that I can for my students and it is enough.

(나는 내 학생들을 위해 최선을 다하고 있으며 충분해.)

▶ I become a more confident teacher with each new day.

(나는 매일 더 자신감 있는 선생님이 되어가고 있어.)

▶ I will laugh with my students today.(오늘도 학생들과 함께 웃을 거야.)

◉ 학생들을 위한 긍정 확언

▶ I can do it! (난 할 수 있어.)

▶ I'm proud of myself.(난 내가 자랑스러워.)

▶ Making mistakes helps me grow.(실수는 날 성장하게 해.)

▶ I'm not afraid of a challenge.(난 도전이 두렵지 않아.)

▶ I am loved for who I am.(난 나이기 때문에 사랑받아.)

▶ I am enough.(난 충분해.)

▶ I'm special.(난 특별해)

▶ I can create positive change in the world.(난 세상을 긍정적으로 변화시킬 수 있어.)

▶ It's okay to ask for help.(도움을 요청하는 것은 괜찮아.)

▶ I am creative.(나는 창의적이야.)

▶ Differences make us special.(차이는 우리를 특별하게 해.)

▶ I have a big heart.(나는 마음이 넓어)

▶ I am safe and cared for.(나는 안전하고 돌봄을 받고 있어.)

▶ I believe in myself.(난 내 자신을 믿어.)

▶ I have so much to be grateful for.(나는 감사할 게 많아.)

▶ I am beautiful.(나는 아름다워.)

▶ I can release my worries and find a place of calm.

(나는 걱정을 내려놓고 차분해질 수 있는 장소를 찾을 수 있어.)

▶ I can respect other people's boundaries.(난 다른 사람들의 경계선을 존중해.)

▶ I use my imagination when I'm feeling bored.(나는 지루할 때, 내 상상력을 활용할 수 있어.)

▶ I'm a good listener.(난 다른 사람들의 말을 잘 들어줘.)

▶ My family loves me unconditionally.(나의 가족은 나를 무조건적으로 사랑해.)

▶ There's nothing I can't do.(내가 못할 일은 없어.)

▶ Today is a fresh start.(오늘은 새로운 시작이야.)

▶ I will do great things today.(난 오늘도 멋진 일을 할거야.)

▶ My opinions are valuable.(내 의견은 소중해.)

▶ I can respect other people's opinions, even if I don't agree.

(나는 다른 사람 의견에 동의하지 않더라고 그들의 의견을 존중해.)

▶ I'm a good person.(나는 좋은 사람이야.)

▶ My life is good.(내 인생은 좋아.)

◆ 생각 쉼터

☑ 나를 위한 긍정 확언을 영어로 적어 보세요.

186

주제를 통합해서 영어 수업하기
_Theme-based Class

초등학교는 주당 영어 수업시간이 2~3시간으로 학생들이 영어를 접하는 시간이 충분하지 않은 편입니다. 학생들이 영어교과 뿐만 아니라, 다른 교과에서도 영어를 활용하여 학습한다면 좀 더 영어를 익힐 수 있는 기회를 줄 수 있습니다. 학생들이 흥미를 느끼는 주제를 중심으로 과목을 통합하여 가르치는 것도 한 방법이 될 수 있습니다.

주제 중심 학습(Theme-based instruction)은 한 주제를 중심으로 교과의 특성, 학생의 흥미, 사회의 요구를 반영하여 재구성하는 것입니다. 이를 통해 학생 주도의 활동을 통한 학습을 유도함으로써 전인적 발달을 도모할 수 있습니다.

▶ **교과전담선생님으로서 교과 통합하여 수업하기**(영어 + 실과)
5학년 영어와 실과를 같이 가르친 적이 있습니다. 영어가 실생활과 밀접한 관련이 있으며 유용함을 느낄 수 있는데, 실과 과목의 주제를 활용하면 좋겠다는 생각이 들었기 때문입니다. 영어와 실과를 통합하여 가르쳐 보기로 마음먹고 계획을 세웠습니다. 실과는 '의식주'를 다루는 실용적인 교과이기에 주제별로 영어, 실과를 통합하기가 유용했습니다. 교육과정을 재구성한 내용은 다음과 같습니다.

영어교과	주제	실과교과
Lesson 1. I'm from Brazil		
Lesson 12. I want to Help Mom	나, 가족	1. 나의 성장과 가족
Lesson 11. What Did you Do Last Weekend?		
Lesson 2. Whose Umbrella is it?	의(衣)	3. 옷 입기와 관리하기
Lesson 10. She Has Long Straight Hair		

Lesson 13. I'm Looking for Jeans	식(食)	2. 나의 영양과 식사
Lesson 4. Do You Want Some More?		
Lesson 5. My Favorite Subject is Art	학교생활, 가정생활 사회생활	7. 정보기기와 사이버 공간
Lesson 7. I Come to School to Eight.		
Lesson 8. Hello? Is Minu There?		
Lesson 3. Where's the Ice Cream Store?	주(住)	4. 쾌적한 주거 환경 5. 생활 속의 목제품 6. 식물과 함께하는 생활
Lesson 6. May I Go to the Bathroom?		
Lesson 9. This is My House		

초등학교는 다양한 과목을 담임 선생님이 가르치기 때문에, 공통의 주제를 중심으로 여러 과목을 통합하여 지도할 수 있습니다. 특히 영어의 경우, 예체능과 통합하여 가르치기 용이합니다. 미술, 음악과 통합한 여러 활동으로 영어 지도가 가능하며, 창의적 체험활동 시간을 활용하여 생활지도도 할 수 있었습니다.

○ 담임으로 교과 통합하여 영어 수업하기

4학년 담임으로 '규칙'을 주제로 음악, 미술, 창의적 체험활동과 영어 수업을 통합하여 수업을 진행했습니다. 음악수업의 가락과 셈여림, 미술 수업의 시각 디자인의 요소를 활용하여 교과내용 중심 통합학습으로 구성하였지요. 통합 수업을 통해 아이들의 참여를 높이고, 실생활과도 좀 더 밀접한 영어 수업을 할 수 있었습니다.

음악	미술	창체		영어
5. 산봉우리에 높이 올라	2. 지각하고 소통하고	자치활동 (학급회의)	+	2. Be careful, Please!

☑ 요즘 학생들이 관심 있는 주제는 무엇인가요? 영어를 지도할 때, 과목을 통합하여 수업하고 싶은 주제가 있나요?

삶이 자라는 글쓰기_Diary

영어 일기 쓰기는 많은 이점이 있는데, 새롭게 배운 영어 단어나 표현을 사용할 수 있습니다. 일반적으로 막상 외운 단어는 금방 잊어버리기 쉽지만, 사용해 본 단어는 기억에 훨씬 오래간다고 합니다. 영어 일기를 쓰면 새로 배운 단어나 표현을 실제 나의 경험을 표현하는 데에도 사용할 수 있습니다. 또한 일기는 학생들의 실제 생활과 관련된 글이기 때문에, 영어는 아이들의 삶을 표현하는 도구가 됩니다.

감사일기 쓰기

여러 일기 중에 추천하고 싶은 일기 중 하나는 감사일기입니다. 행복해지고 싶다면 감사하라는 말이 있습니다. 감사한 것을 떠올려 쓰다 보면 나도 모르게 기분이 좋아집니다. 영어로 감사일기를 쓰는 것은 어떨까요? 감사한 사람이 누구인지 떠올리고, 오늘 감사한 일들을 세 가지를 써 보는 것입니다. 아래 학습지를 활용해서 학생들과 감사일기를 써 보세요.

영어 감사일기를 다 쓴 후, 친구들과 나누는 시간을 갖습니다. 교실에 고마운 친구가 있다면 고마웠던 이야기를 담은 문장을 읽어줄 수도 있지요. 개인적으로 친한 친구를 찾아가 서로 읽어줘도 좋고, 전체 아이들 앞에서 발표할 수도 있습니다.

학생들은 감사일기를 쓰면서 자신의 감정을 돌아보고, 고마운 사람, 감사한 일들을 떠올리게 됩니다. 궁금한 표현은 사전이나 번역기도 활용할 수 있습니다. 감사일기는 영어 학습과 더불어 긍정적인 삶의 태도를 기를 수 있어 좋습

니다. 아래 학습지를 수업에 활용해 보세요.

○ 감사일기 학습지

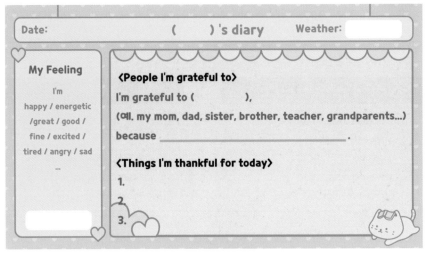

실생활 글쓰기, 삶과 연결되는 영어 수업

학생들이 직접 경험한 내용을 이야기 나눈 뒤, 일기를 쓸 수 있습니다. 학교에서 경험한 일이라면 공통, 집에서 경험한 일이라면 개인의 경험을 나눌 수 있습니다. 선생님은 질문을 통해 학생들이 자신의 경험을 떠올리게 합니다. 그런 후, 학생이 발표한 내용을 칠판에 씁니다.

예시 일기를 다 같이 읽고, 과거형 표현을 학습합니다. 그런 후, 학생들이 직접 일기를 쓸 수 있도록 지도합니다.

● 경험한 일을 나누며 일기 쓰기

　학생들이 학교에서 공통으로 경험한 일을 이야기하며 영어를 익힐 수 있습니다. 예를 들어, 현장체험 학습이나 음식 만들기에 관해 함께 이야기 나누고, 그 경험을 이야기로 만들어 읽기 및 쓰기 수업에 활용합니다.

발문의 예	칠판 판서

T : OO, what food did you make?
S : I made tteokbokki.
T : How was it?
S : It was delicious.
T　Do you like tteokbokki?
S : Yes, I like it.
T : Do you want to make it next time?
S : Yes, I do.

I made **Teokbokki** last week.
It was **delicious/spicy**….
I like **Teokbokki** very much.
I want to make it again next time.

＜활동 안내＞
1) 공통, 개인의 경험에 대해 이야기합니다(예 : 학급임원선거, 현장체험학습, 수학여행, 음식만들기, 과학실험 등)
2) 선생님의 질문에 대한 학생의 대답을 받아씁니다.
3) 예시 일기를 같이 읽습니다.
4) 필수 단어 및 표현을 학습합니다.
5) 개인의 경험에 맞게 일기를 고쳐 씁니다.

　과거에 일어난 일을 묻는 주요 질문으로는

"Where did you go? / What did you do? / What did you eat? / How was it?" 등이 있습니다.

　이 질문들을 잘 활용하면 영어 일기쓰기가 더 용이해집니다.

○ 질문과 일기의 예

질문	일기
When?	September 28th, Monday
Where did you go?	I went to school.
What did you do?	I made 'tteokbokki' with my friends.
What did you eat?	I ate tteokbokki.
How was it?	It was fun.

언어경험 접근법(LEA, the language experience approach)

학생들이 자신의 경험을 이야기하면, 이를 선생님이 받아쓰고 읽기 자료로 활용하는 방법입니다. 학생들의 삶이 담긴 이야기이기 때문에 아이들이 더 관심을 가지게 되고, 자신의 이야기는 어떻게 영어로 표현할 수 있을지 고민하는 좋은 기회가 됩니다.

또한 지도하고자 하는 핵심 표현도 사용할 수 있습니다. Dixon and Nessel(1983)은 다음과 같은 단계로 수업을 해 보길 제안했습니다. 영어 일기 쓰기 지도할 때 활용해 보세요.

1단계		2단계		3단계		4단계		5단계
토의하기 (Discussion)	→	구술하고 받아쓰기 (Dictation)	→	읽기 (Reading)	→	단어학습 (Word Learning)	→	다른 자료 읽기 (Reading Other Materials)

○ 여름방학동안 한 일 일기로 쓰기

여름방학을 보내고 2학기 개학이 되었습니다. 개학 활동으로 '~한 아이들 찾아라.'는 활동을 영어로 할 수 있습니다. 예를 들어 방학동안 한 일을 묻는 표현으로 <5×5 빙고판>을 만든 후 아이들에게 나눠줍니다. 아이들은 "Did you ~?" 문장을 활용하여 친구들이 방학동안 한 일을 묻고 답할 수 있지요. (예 : Did you swim?, Did you play soccer? 등)

놀이를 한 후, 방학동안 한 일을 주제로 영어일기를 씁니다. 학습지에는 예시 표현을 제시하여, 이를 참고로 일기를 쓸 수 있습니다. 지도안과 학습지는 다음과 같습니다.

◉ 지도안 및 활동지 예시

생각 쉼터

☑ 오늘 있었던 일을 간략하게 영어 일기로 써 보세요.

꿈이 자라는 영어 수업
_Vision Board

목표를 시각화하는 것은 성취할 수 있도록 도와주는 큰 힘입니다. 운동선수들은 경기를 하기 전 몇 번이나 경기를 시뮬레이션 합니다. 목표를 계속 되뇌지요. 미국의 수영선수 마이클 펠프스 선수 또한 시각화를 중시했습니다. 그는 침대 옆 탁자에 목표를 붙여놓고 매일 아침 시각적으로 확인했다고 하는데, 머릿속에 각인시키기 위해서입니다.

교과서에서 배운 영어 표현으로 비전 보드를 만들 수 있습니다. 꼭 복잡한 영어 표현을 쓸 필요는 없습니다.

예를 들어, 중학년(3~4학년)의 경우 "꿈은 dream이라고 해. '나는 가수가 되고 싶어'는 'I want to be a singer.'이라고 해. 따라 말해볼까? I want to be a singer." 정도만 소개해 주어도 영어에 충분히 노출이 될 수 있습니다.

비전보드 만드는 방법을 소개하겠습니다. 비전 보드는 직접 손으로 만들 수도 있고 컴퓨터를 활용할 수도 있습니다. 학생들은 A4나 8절지에 꿈과 관련된 이미지를 그리거나 사진을 출력해서 꾸밀 수 있습니다. 컴퓨터로 작성할 경우

캔바(www.canva.com)나 미리캔버스(www.miricanvas.com)를 활용하면 됩니다. 저작권을 걱정하지 않고 활용할 수 있는 예쁜 이미지가 많으므로, 학생들과 비전보드를 만들고 함께 이야기를 나눠 보세요.

<활동 안내>

1. 먼저 목표를 떠올립니다.
2. 내가 진정으로 원하는 것이 무엇인지 질문을 던지며 고민해 봅니다.

(질문의 예)

What is the good life? (무엇이 좋은 삶일까)?

What is my purpose/goal of my life(내 삶의 목적/목표는 무엇일까?)

What do I want to be? (나는 무엇이 되고 싶은가?)

What do I want to do? (나는 무엇을 하고 싶은가?)

Where do I want to go? (나는 어디에 가고 싶은가?)

What do I want to have? (나는 무엇을 갖고 싶은가?)

3. 관련된 사진을 찾아 붙이고 문장을 씁니다.

(대화의 예)

T : What are the three most important things in your life?

S : Family, love, and health.

T : What do you want to be?

S : I want to be a singer.

T : What do you want to learn this year?

S : I want to learn how to ride a bike.

T : Where do you want to go for winter vacation?

S : I want to go to Jeju island.

T : What do you want to have?

S : I want to have a bicycle.

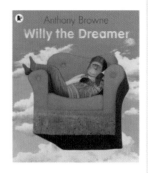

제목 : Willy the Dreamer

저자 : Anthony Browne

Willy가 되고 싶은 꿈을 그린 그림책입니다.
영화배우, 가수, 화가, 발레리노, 탐험가, 작가, 스쿠버다이버와 같
은 꿈도 등장하고요. 달릴 수 없거나 하늘을 나는 꿈, 거인이 되거
나 아주 작아지는 꿈, 영웅이 되는 꿈 등 잠잘 때 꾸는 꿈도 나옵니
다. 아이들이 공감할 수 있는 내용으로 구성되어 있습니다. 장래
희망 관련해서 직업 표현도 참고할 수 있고, 꿈에 대해 생각해 볼
수도 있지요. "Willy dreams."로 끝나는 여운을 남기는 책입니다.

그리고 학급에서 친구들과 장래희망을 묻고 답하는 활동으로 수
업을 구성할 수도 있습니다.

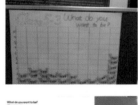

세계 속 시민으로 자라는 국제교류_ePals

중학교 시절, 처음으로 미국인 친구와 펜팔을 해 봤습니다. 그 친구가 써 준 글을 읽고 설렌 마음으로 한자 한자 꾹꾹 눌러가며 답장을 썼던 기억이 어제 같습니다. 저에게는 평생 잊지 못할 큰 추억 중 하나가 되었습니다. 얼굴은 모르지만 다른 나라 누군가와 친구가 된다는 것은 멋진 일이라고 생각했습니다. 선생님이 된 후에도, 학생들에게도 외국인 친구와 교류할 수 있는 기회가 있으면 좋겠다는 생각을 했습니다.

그러던 중 'epals.com'을 지인 선생님의 소개로 알게 되었습니다. <epals.com>은 세계 여러 나라 학급을 연결하는 온라인 플랫폼입니다. 무료로 가입할 수 있으며, 다양한 국적의 선생님과 펜팔 프로젝트를 할 수 있습니다. 따로 시·도 교육청의 지원 없이도, 개인적으로 외국 학교 선생님과 결연을 맺을 수 있는 장점이 있습니다.

<수업 일지> 펜팔 도전기

학생들에게 처음으로 ePals를 활용하여 펜팔을 시도해 보았습니다. 예전에 다른 선생님으로부터 ePals를 소개받고, '나도 할 수 있을까?' 하는 반신반의 했는데, 나의 학급을 올리고, 펜팔 학급을 찾고 그 학급의 학생들로부터 메일을 받고 환희를 느꼈습니다. 이런 기쁨을 담아, 미국에서 온 편지를 학생들에게 소개했더니, 학생들도 호기심이 가득한 눈으로 바라보았습니다. 편지를 읽어볼 사람을 물어보니, 평소에 단순한 문장을 읽을 때에는 반응하지 않던 학생들이 적극적으로 손을 들고 참여하였습니다. 메일 내용에는 '좋아하는 과목', '취미' 등이 담겨 있어 어떠한 정제된 내용의 교과서가 아닌 실제 text를 읽는 경험이 학생들에게도 실제적으로 다가오는 것이 느껴졌습니다.

어떻게 학생들이 자신의 이야기를 메일로 쓸 수 있을지 고민하던 중, 자기 자신에 대해 소개하는 글에 대해 마인

드맹한 자료를 바탕으로 일기 쓰는 방법을 모델링을 한 후, 학생들이 자신의 이야기를 쏠 수 있도록 안내하였습니다.

그리고 〈http://www.ePals.com〉에 로그인 후, 글을 쓰는 과정까지 지도하는 것이 처음이라 어색하고 어려웠지만 모두 다 메일을 보내는 데 성공하고 실제적인 글쓰기를 할 수 있어 의미 있는 시간이었습니다.

6학년 아이들을 지도할 때에는 덴마크, 대만, 러시아, 터키, 미국 총 5개의 국가와 펜팔을 했습니다. 여러 국가와 펜팔을 하는 것은 정말 흥미로웠고, 각 나라의 문화를 알 수 있는 좋은 기회였습니다.

펜팔을 처음 할 때에는 〈epals.com〉에서 학생들 계정을 다 만들어 1:1로 한국 학생과 외국 학생을 연결해 펜팔을 했습니다. 그런데 학생들 이메일을 일일이 등록하는 과정이 좀 까다롭고, 전자기기로 메일을 써야 하는 점이 번거롭게 느껴졌습니다. 종이에 편지를 쓰는 방법이 더 편하겠다는 생각이 들었습니다. 그래서 학생들에게 종이에 편지를 쓰게 하고, 스캔해서 보내는 방법을 택했습니다. 종이 편지가 주는 감성이 있고, 영어에 서툴러도 그림 등을 활용해 자신을 표현할 수 있습니다. 학생들이 다 편지를 쓰면 편지를 스캔해서 외국 선생님께 보내드립니다. 외국 선생님도 학생들의 답장을 스캔해서 한국으로 보내줍니다. 편지가 도착하면 학생들은 설렌 표정으로 편지를 읽습니다. 학생들이 좋아하는 모습을 보면 저도 절로 흐뭇해집니다. 이런 방법으로 서로의 편지를 주고 받을 수 있습니다.

〈epals.com〉에서 알게 되어 연락을 주고받는 선생님과 즉석해서 연락이 필요할 경우 따로 이메일을 교환하여 이메일을 통해 연락하기도 합니다. WhatsApp도 연락을 주고받기에 유용합니다. WhatsApp의 경우, 문자를 주고받듯이 즉석 메시지를 주고받을 수 있는 장점이 있지요.

◉ 편지 쓰기 지도 팁

국제교류를 위해서는 영어로 편지를 써야겠지요? 국제교류 활동을 위해 교과서 활동 중 5차시의 쓰기 활동을 재구성하여 단원에서 배운 표현을 활용하여 편지를 쓸 수 있도록 지도할 수 있습니다.

영상을 통한 쓰기 활동 안내	교과서와 연계한 쓰기 활동	실제 편지 쓰기

◉ E-pals 홈페이지 안내

<epals.com>에 들어가서 회원가입을 하면, 세계 여러 선생님들과 연결되어 펜팔 활동 및 프로젝트를 진행할 수 있습니다. 자세한 사항은 QR코드를 참고하세요.

www.epals. com		활용법 안내 영상		편지쓰기 수업안	

● 줌(ZOOM)으로 국제교류하기

<epals.com>에 능숙한 선생님이실 경우 제공하는 프로젝트에 비디오를 교환하기도 하고, 문화 교류 프로젝트를 진행할 수도 있습니다. 대만, 일본과 같은 아시아 국가의 경우, 시차가 차이가 많이 나지 않기 때문에 줌(ZOOM)과 같은 도구를 활용하여 쌍방향 수업이 가능합니다.

줌 수업 진행절차의 예는 다음과 같습니다.

1. 시차를 계산하여 함께 수업할 수 있는 시간을 계획합니다.

   예) 11월 15일

      대만 시간: 오전 8:50~9:30

      한국 시간: 오전 9:50~10:30

2. 실제 수업 전, 장비 테스트를 위해 zoom에서 사전 모임을 갖습니다. 선생님들은 음향, 화면 공유 등의 상태를 점검하고, 구체적인 수업활동을 논의합니다.

3. 활동의 예는 다음과 같습니다.

시간(한국 기준)	활동	주제의 예
9:50-9:52	수업 열기(Opening)	인사(Greeting)
9:52-10:07	한국 학생 발표	1. 한국 소개 2. 한국의 문화 3. 한국 음식 4. 지역 및 학교 소개
10:07-10:22	대만 학생 발표	1. 대만 소개 2. 대만의 문화 3. 대만 음식 4. 지역 및 학교 소개
10:22-10:27	질문 주고받기 (Q & A)	발표 내용에 관해 궁금한 내용 질문하기
10:27-10:30	수업 마무리하기 (Wrap Up) 기념사진 촬영	

모둠별로 발표할 경우, Canva를 활용하면 좋습니다. 학생들이 협동하여 모둠별 주제 내용을 프레젠테이션 자료로 만들 수 있기 때문입니다. 각 모둠별 발표 자료가 완성되면, 파워포인트로 내려 받아 모둠별 자료를 한 파일로 모으는 것을 추천합니다. 줌으로 화면공유를 하고 있기에, 하나의 파워포인트자료를 공유하는 것이 진행이 매끄럽기 때문입니다. 학생들이 영어로 바로 질문을 생각해 내는 것을 어려워할 수 있으므로, 미리 외국 친구들에게 어떤 내용을 질문할지 써 오는 것도 수업의 진행을 도울 수 있습니다.

선생님 컴퓨터로 줌에 접속하는 동시에 휴대폰이나 태블릿으로 접속하여 선생님과 발표자료, 학생들의 모습을 함께 볼 수 있도록 진행하였습니다.

1년 수업을 마무리할 때, 학생들의 의견 중 대만 친구들과 편지 혹은 줌으로 만났던 일을 인상 깊다고 답변한 학생들이 많았습니다. 영어 수업을 하면서 언어만 배우는 것이 아니라 학생들에게 좋은 추억을 쌓아줄 수 있기에 국제교류 활동을 강력히 추천합니다.

---

8. 영어 수업 하면서 좋았던 활동은 무엇인가요? 그 이유는 무엇인가요?
23 responses

대만친구들과 편지를 주고 받은게 내 취향을 이해받고 내가 공감해주는것덕에 가장 재밌었다

모든 활동이 좋았다. 왜냐하면 여러개의 활동을 하면서 나에게 여러가지의 기억이 남고

재미있었고, 친구들과의 관계를 늘릴 수 있기 때문이다.

영어 게임 그 이유는 같이 영어로 게임하다 보니까 재미있었다

타이완(대만인)이랑 줌
재밌고 즐겁고 새로웠습니다

쿠키,친구같이 재밌어서

카훗, 영어실력도 키우고 친구들과 경쟁도 하서 재밌어서

대만친구들과 zoom을 했던것 다른나라와 통화하는게 색달라서 재밌었다

---

1. 편지 뿐만 아니라 동영상 등을 교환하여 서로에 대해 알아갈 수 있습니다.

2. ZOOM뿐만 아니라 메타버스와 같은 다양한 플랫폼에서 만나 활동을 진행할 수도 있습니다.

3. ZOOM에서 소모임 방을 만들어, 학생들이 다른나라 친구들과 대화할 수 있는 시간도 마련할 수 있습니다.

4. 각 지역 교육청에서 추진하는 국제교류 프로그램을 통해 해외에 있는 학교와 펜팔 및 공동수업을 진행할 수 있습니다.(예: 서울특별시의 '국제공동수업')

5. 국제 교류 관련하여 수업지도안을 다운받고 싶을 경우, 다음 사이트를 참고하세요.
   - https://empatico.org/

지구를 지켜요_Save the Earth

"When is Earth Day?"

지구의 날을 아시나요? 지구의 날은 4월 22일로, 환경오염 문제의 심각성을 알리고, 환경보호에 대한 경각심을 일깨우는 날입니다. 점점 기후 변화가 심해지는 시기를 우리는 살아가고 있습니다. 기후 위기로 세계 곳곳에서 어려움을 겪는 뉴스를 접하곤 합니다. 우리가 살아가는 지구를 지키고 보호하는 것은 인류 전체의 과제입니다. 학생들이 단순히 영어만 배우는 것이 아니라, 영어로 소통하며 지구 환경을 보호하고 함께 해결책을 찾도록 도울 필요가 있습니다.

학생들과 지구를 지키기 위해 어떤 활동을 하면 좋을까요? 영어 교과와 연계하여 환경 교육을 하는 방법으로 '프로젝트 기반 학습'을 활용할 수 있습니다. 프로젝트 기반 학습은 일정한 기간동안 실제 문제를 해결하고자 지식과 경험을 활용해 다양한 방법을 모색하고 적용하여 최종 결과물을 산출하는 학습 형태입니다(Blumenfeld et al., 1991). 실제 생활문제인 '환경오염'을 주제로 이를 해결하는 방법을 찾는 프로젝트 기반 학습을 계획해 볼 수 있습니다. 영어 뉴스, 영어 그림책 등을 통해 환경 보호가 필요한 현황을 인식시키고, 이를 해결해 나갈지 의논합니다.

기후변화 관련 그림책을 읽고 토론을 할 수도 있고, 환경보호 관련 포스터나 환경신문을 제작할 수도 있습니다. 다음 표현을 활용해 보세요.

◉ 환경보호 관련 영어 표현

1. Save the earth.	2. One earth, one chance.
3. No earth, no life.	4. Protect the earth.
5. Stop pollution.	6. Recycle.
7. Save marine life.	8. Save water.
9. No plastic.	10. Say no to single use plastic.
11. Do not liter.	12. Pick up trash.
13. Grow more trees.	14. Save trees.
15. Live green.	16. Love your planet.
17. Together we can save the planet.	18. Walk, bike or carpool.
19. Support green businesses.	20. When we heal the earth, we heal ourselves.

◉ 환경보호 수업 활동의 예

1. 환경보호 생각그물(mind map)

'Save the earth'를 주제로 했을 때, 떠오르는 영어 표현들을 모아 생각그물로 표현해 봅니다. 'earth,' 'clean,' 'air,' 'water,' 'planet' 등 다양한 단어를 칠판에 쓰고 함께 이야기합니다. 또한, 환경을 보호할 수 있는 방법을 생각그물로 표현할 수 있습니다.

2. 환경보호 빙고

학생들과 환경보호 영어 표현을 활용한 빙고를 할 수 있습니다. 학생들과 환경보호에 필요한 슬로건이나 영어 표현을 학습한 후, 빙고판에 쓰고 빙고놀이를 통해 표현을 익히는 활동입니다. '3×3'의 표에 영어 표현을 학생들이 직접 쓰고, 한 문장씩 발표하며 빙고놀이를 할 수 있습니다.

Save the earth	One earth, one chance	Stop pollution
No earth, no life	Recycle	Save marine life
Save water	No plastic	Do not liter

3. 환경보호 포스터 만들기

캔바(Canva)에서 '환경보호'나 'save the earth'를 검색하면 다양한 템플릿이 나옵니다. 템플릿을 활용해 학생들과 포스터나 프레젠테이션 자료, 동영상을 만들 수 있습니다. 환경보호에 필요한 영어 표현을 익혀 포스터도 만들고 발표도 하면서 자연을 지키는 방법을 함께 고민해볼 수 있습니다.

4. 환경보호 관련 편지 쓰기

외국인 친구에게 환경 보호에 대한 편지를 쓸 수 있습니다. 학생들이 생성형 AI를 활용하여 편지 내용이나 형식에 대한 아이디어를 얻고, 직접 편지를 써 볼 수 있습니다. 다 쓴 편지는 Quillbot과 같은 교정 프로그램을 통해 문법적 오류를 확인합니다. 다 쓴 편지는 실제 외국인 친구에게 보내 국제교류 활동을 진행할 수도 있습니다. 편지 쓰기가 어려울 경우에는, 환경보호를 주제로 만든 포스터를 공유할 수도 있습니다.

5. 환경보호 캠페인 하기

학생들이 만든 포스터나 동영상을 활용하여 캠페인 활동을 할 수 있습니다. 유명한 노래를 개사하여 캠페인 노래를 만들 수도 있습니다. 캠페인 활동을 통해, 학생들은 교실 밖 세상과 연결되며 소통하는 경험을 쌓을 수 있습니다.

◆ 생각 쉼터

☑ 환경 보호를 주제로 영어 수업을 한다면, 어떤 수업을 하고 싶은가요?

PART
07

영어 수업놀이
백과사전

수업시간에 뭘 할지 고민이라면?

"영어 수업 때, 뭐하지?"

영어 교육을 전공하면서 제2언어 습득과 관련된 여러 이론들을 접했지만, 막상 내일 수업을 준비할 때 막막할 때가 많습니다. 실제로 학교에서 학생들과 부대끼며 영어 수업을 하면서 많은 경험을 쌓았지만, 여전히 내일 수업을 앞두고 두려울 때도 있습니다.

업무에 쫓겨 수업을 제대로 준비할 여유가 없을 때도 있습니다. 그렇다고 교과서 활동을 하기에는 학생들이 지루해 하는 모습이 눈에 선합니다. 학교에 태블릿PC가 있으면 좋겠지만, 인프라가 내 마음 같지 않습니다. 그럴 때, 간편하게 준비할 수 있으면서도 학생들의 호응이 좋은 몇 가지 비장의 무기(놀이 활동)를 갖고 있으면 좋습니다.

이번 장에서는 영어 수업을 디자인할 때에, 유용하게 활용할 수 있는 영어 놀이를 소개하려고 합니다. 어휘 지도, 영어 듣기, 말하기, 읽기, 쓰기, 문법 지도와 관련하여 제가 주로 사용하며, 편하게 사용했던 활동들로 구성하였습니다. 수업을 계획하실 때 도움이 되길 바랍니다.

◆ 생각 쉼터

☑ 선생님께서 영어 수업에 즐겨 사용하시는 활동은 무엇인가요?

영어 놀이(게임)를 수업에 활용할 때!

영어 수업에 놀이(게임)는 필수가 아닙니다

'영어 수업 = 게임'으로 이해하는 학생들이 종종 있습니다. '게임 언제해요?' 하고 묻는 학생들 앞에서 안타까운 마음이 들곤 합니다. 영어 수업이 게임은 아닌데 말이지요. 놀이(게임)는 영어 학습 및 습득의 도구일 뿐, 게임 자체가 목적이 되어서는 안 됩니다. 놀이의 목적을 학생들과 공유해 주세요.

영어 놀이(게임)은 왜 사용할까요?

영어 놀이(게임)은 학생들에게 큰 즐거움을 줍니다. 활동에 몰입해서 영어를 익힐 수 있는 것은 놀이의 큰 장점입니다. 영어 놀이는 의사소통의 실제성(authenticity)을 제공해 주기도 합니다. 자신에게 없는 정보를 친구와 의사소통함으로써 얻게 되는 놀이가 한 예입니다. 또한 결과를 예측하기 어려워 호기심을 일으키기도 하고, 재미있게 반복할 수 있어 연습의 효과도 있습니다.

경쟁보다는 협동하는 놀이로 수업을 구성해요.

처음에 영어 수업을 할 때 학생들이 자주 싸워서 애를 먹었습니다. 재미있게 수업을 하려고 했는데, 게임에서 졌다고 우는 학생이 있거나 화를 내는 학생이 있는 경우 굉장히 난처해집니다. 경쟁형 게임을 할 때, 학생들이 속상해하는 모습을 자주 봤습니다. 어떤 학생은 승부욕에 집착한 나머지, '너 때문에 졌잖아!'라며 다른 친구를 비난하는 모습을 보기도 했습니다. 그런 상황에 부딪히면 너무 속상하고 '내가 왜 이 게임을 했을까?'하며 자괴감이 들었습니다.

여러 시행착오를 거치면서, 경쟁형 놀이보다는 협동하는 놀이가 학생들에게 더 유익하다는 생각이 들었습니다. 이에 수업을 구성할 때에는 협력하는 놀이를 주로 활용하는 편입니다. 수업을 진행할 때에도 경쟁의 요소를 목표 도달 여부로 바꿉니다. 놀이 시작 전 '목표'를 설정하고, 목표에 도달한 모든 학생을 칭찬합니다. 무엇보다 놀이의 목적이 즐거움과 영어 학습에 있음을 다시금 강조합니다.

승부에 집착하지 않는 분위기를 만들어요

게임의 결과로 보상을 주지 않는 편을 선호합니다. 게임에 이긴 학생에게 보상을 줄 경우는 경쟁이 과열되기 쉽습니다. 게임에서 진 학생이 화를 내거나 친구를 비난하는 경우도 있습니다. 그래서 학기 초 놀이를 하기 전에 '서로 배려하고 협동하는 것이 중요하다. 이기는 것이 목적이 아니다. 즐겁게 공부하는 것이 목적이다.'라는 것을 강조합니다.

놀이를 선정할 때에는, 꼭 영어를 잘 하지 않아도 이길 수 있는 '운'의 요소가 있는지를 고려합니다. 영어를 잘하는 학생이 계속 이기면, 영어를 어려워하는 학생들이 흥미를 잃을 수도 있기 때문입니다.

놀이가 끝나면 결과를 강조하지 않습니다. "The winning team is team 1." 하고 간단히 말하면서 게임 결과를 지워서 기억에 강하게 남지 않게 하려는 편입니다. 그렇게 했더니 학생들이 그 결과에 별로 연연하지 않았습니다. 선생님이 게임 결과에 큰 관심이 없다는 것을 학생들도 아는 것이지요.

또한 게임에서 진 친구들도 기분 좋게 참여할 수 있는 장치를 수업에 마련해 둡니다. 예를 들어, '가위바위보'를 할 경우, 이긴 친구보다 진 친구에게 편의를 제공하게 합니다. '짝 활동'을 할 때에 카드 세트가 1세트만 필요한 경우를 생각해 보겠습니다.

"Everyone, please do rock, scissors, paper!"
"Winners, raise your hands. Please prepare the cards!"

학생들이 '가위바위보'를 한 후, 이긴 친구가 카드 세트를 준비하게 합니다. 이긴 친구는 가위바위보에 이겨서 좋고, 진 친구는 카드를 준비하는 수고를 아낄 수 있으니 좋은 것이지요. 놀이 후에도 이긴 친구가 손을 들면, 승리를 축하해 준 후에 카드나 놀이 활동 자료(학습지나 주사위)를 이긴 친구가 가지고 오게 합니다. 그러면 이긴 친구는 즐겁게 봉사를 하는 편입니다. 결국 이기고 지고보다는 놀이 자체를 즐겁게 하고자 돕고자 함입니다.

게임 활동 안내는 친절하게 해요

아무리 재미있는 활동이라도 그 방법을 이해 못해서 제대로 참여하지 못하는 학생이 있으면 안 되겠지요? 활동 안내는 명확하게 하고 중간 중간 학생들이 제대로 이해했는지 확인해 보세요.

"Do you understand?", "Do you have any questions?"와 같은 질문을 할 수 있습니다. 또한 ICQ(Instruction Checking Question)을 활용해서 학생들이 얼마나 이해하고 있는지 확인합니다. 예를 들어, "Meet three friends. How many friends are you going to meet?"과 같이 질문해서, 핵심활동 정보를 학생들이 말하게 합니다.

차근차근 설명하고, 시범을 보여줘요.

말로만 설명하면 학생들은 어떻게 해야 할지 몰라 교실이 혼돈에 빠지기도 합니다. 한창 게임을 진행하고 있는데, 몇몇 학생이 찾아와서 말하는 경우가 있어요. "선생님, 게임 이거 어떻게 해요?"라는 말을 들으면, '아차' 싶습니다. '아, 내가 좀 더 차분히 게임 방법을 설명해야 했는데, 시간에 쫓겨 내 할말만

했구나…'

아무리 바빠도 놀이 설명은 이해하기 쉽고 명쾌해야 학생들이 온전히 게임에 몰입할 수 있습니다. 게임 방법을 이해할 수 있도록 파워포인트의 그림이나 애니메이션 효과를 활용합니다. 규칙이 조금 복잡할 경우, 부득이하게 한글로 함께 활동 방법을 제시함으로써 교사의 TEE(Teaching English in English)를 지속하는 경우도 있습니다. 저는 가능한 한 영어와 비언어적 표현을 함께 활용하여 영어로 놀이를 설명하는 것을 목표로 합니다. 최대한 복잡하지 않고 이해하기 쉬우며, 학생들의 영어 사용을 최대한으로 촉진할 수 있는 활동을 위주로 수업을 구성합니다.

활동을 시작하기 전에 시범을 보여주는 것은 매우 효과적입니다. 짝활동의 경우, 한 명의 지원자를 받아 저와 학생이 모델링합니다. 모둠활동일 경우 한 모둠이 앞으로 나와 시범을 보여줄 수 있습니다. 수업을 준비할 시간이 충분한 경우에는, 몇몇 학생이 놀이하는 모습을 동영상으로 촬영하여 수업자료로 활용하기도 합니다.

◆ 생각 쉼터

☑ 영어 게임을 진행할 때, 선생님의 노하우는 무엇인가요?

어휘 지도와 어휘 활동

해외여행을 갔다고 상상해 보세요. 가끔 급하게 화장실을 가야할 경우가 있습니다. "화장실이 어디에요?"가 영어로 뭐더라? 완벽한 문법의 문장, 또는 온전한 용법의 문장을 만들 시간이 없습니다. 대체로 그저, "Rest room(영국에서는 Toilet)!"만 외쳐도 어느 정도 의사소통이 다 됩니다. 이처럼 의사소통의 중요한 요소가 어휘인 셈입니다.

그래서 영어에서 중요한 것이 어휘이지만 어휘 학습이 생각만큼 쉽지는 않습니다. 영어 수업을 하면서 학생들이 영어 단어를 외우는 것을 많이 어려워합니다. 어휘력이 있어야 한다는데, 어떻게 어휘력을 키우라는 것인지 막막할 때도 있습니다. 저 또한 학창시절, 영어 단어를 외우느라 골머리를 앓았던 기억이 있습니다. 단어를 외우는 것이 때로는 지루하게 느껴졌어요. 아무리 외우고 외워도 뒤돌아서면 그렇게 외웠던 단어가 금방 잊어버리는지 답답하기만 했습니다.

그렇지만 포기할 수 없었던 것이 단어 공부였습니다. 단어를 알아야 문장 해석이 되기 때문입니다. 단어를 모르면, 아무리 문법에 능하고 배경 지식이 풍부해도 텍스트를 온전히 이해하기 힘듭니다. 원어민들이 하는 말을 알아듣기도 어렵습니다. 그렇다면, 포기할 수 없는 어휘 학습, 어떻게 잘 할 수 있을까요? 더 나아가 우리 학생들의 어휘력을 키워주는 재미있는 활동은 무엇일까요?

◉ Bingo Game

▶ 짝/모둠/전체 활동 모두 가능

▶ 준비물 : 빙고판, 필기도구

흰 종이와 연필만 있어도 언제든지 손쉽게 할 수 있는 놀이는 바로 Bingo놀이입니다. 3×3, 4×4, 5×5 …의 표를 그리고 배운 단어를 써서 넣으면 놀이 준비 완료!

■ How to Play

① 학생들에게 3×3, 4×4, 5×5 …의 표를 그리게 한다.(학습지를 미리 준비할 수도 있습니다.)

② 학생들은 단원에서 배운 단어를 임의의 순서로 쓴다.

③ 돌아가면서 단어를 말한다. 단어가 있을 경우 빙고판의 단어에 동그라미를 친다.

④ 가로, 세로, 대각선으로 단어의 선을 완성하는 것을 목표로 한다. 예를 들어 3개의 선을 완성하는 것이 목표라면, 먼저 이를 완성한 학생이 "Bingo!"를 외치고 게임에서 승리한다.

■ Teacher Talk

① Fill in nine boxes with words. (3×3 빙고)

② Your friend will say a word. If you have the word, circle it.

③ When you complete three lines with circled words, shout "Bingo!" to win the game.

■ 활동 Tip

- 뽑기를 통해 발표자를 정할 수 있습니다.

- 전체활동 후에 모둠활동이나 짝 활동을 이어가면, 학생들이 게임 방법은 이미 이해했고, 발화의 기회가 많기 때문에 좋습니다.

■ Q/A

어떤 단어를 외워야 할까요?

영어과 교육과정 부록을 살펴보면 '기본 어휘 목록'을 제공합니다. 2022 개정 영어과 교육과정의 경우 3,000개의 단어를 어휘 목록으로 구성하였습니다. 800개는 초등학교 권장 단어, 1,200개는 중학교와 고등학교 공통과목, 1,000개는 그 외의 과목 권장 단어입니다(교육부, 2022).

학교에서 학생들에게 어휘를 지도할 때에는 교육과정을 바탕으로 하되, 학생들이 쉽게 접할 수 있는 외래어나 실제로 많이 쓰는 단어들을 함께 소개할 수도 있습니다.

○ Popcorn Game

▶ 짝/모둠 활동
▶ 준비물 : 빈 상자, 작은 접착형 용지(sticky note) 혹은 영어 단어를 쓸 수 있는 여러 장의 종이(팝콘 모양이면 더 좋겠지요.)

한 단원에서 새로운 단어를 배웁니다. 학생들이 단어를 배우고 읽을 수 있는지 어떻게 확인하면 좋을까요? 팝콘 게임으로 재미있게 단어를 공부해봐요.

■ How to Play
① 배운 단어를 접착형 용지나 학습지에 쓰게 한다.
② 단어를 쓸 때, 'pop'이라는 단어도 같이 써서 상자에 넣는다.
③ 한 학생당 7개 정도의 단어를(pop 포함) 써서 상자에 모은다.
④ 단어를 돌아가면서 하나씩 읽고, 읽는 데 성공하면 그 단어카드를 가진다.
⑤ 'pop'이 걸리면 단어를 모두 상자에 넣어야 한다.
⑥ 주어진 시간 안에 가장 많은 단어를 가진 학생이 승리한다.

■ Teacher Talk
① List six words on each popcorn card.
② Label one popcorn card with the word 'pop.'
③ Place the cards into the box.
④ Start the game. Take out one popcorn card and read it. If you can read the card, you can have the card.
⑤ However, if you draw the card labeled, 'pop,' you must return all the cards to the box.
⑥ The student with the most cards at the end of the game is the winner.

■ 활동 Tip
- 일견 어휘(sight words) 학습에도 활용할 수 있습니다. 시중에 popcorn game 세트가 있으니 필요할

경우 구매하여 활용할 수 있습니다.

- 활동 시간이 충분하지 않을 경우, 교사가 미리 놀이에 필요한 카드를 준비해 갈 수도 있습니다.

◎ Swamp Game

▶ 개인 활동
▶ 준비물 : PPT

'Swamp Game'은 늪지의 배경 화면에, 빨리 움직이는 단어의 수를 세는 게임입니다. 파워포인트의 애니메이션 효과를 활용한 것으로 단어가 빠른 속도로 지나가는 게임입니다. 학생들은 빨리 지나가는 단어가 몇 개가 있는지 숫자를 셉니다. 빨리 지나가는 단어 중에는, 다른 단어도 섞여 있으니 철자를 꼼꼼히 확인해야 합니다. 최종적으로 자신이 센 숫자에 맞는 영어 표현을 쓰고 정답을 확인합니다.

■ How to Play
① 파워포인트에서 단어를 생성한다.
② 애니메이션 효과를 활용하여 단어가 빨리 움직여 사라지게 한다.
③ 단어의 개수와 영어 표현을 연결한다.
④ 정답을 맞힐 경우, 점수를 준다.

■ Teacher Talk
① Count the word.
② Choose the correct number and write the expression.
③ If your answer is correct, you can get a point.

◎ Flying Swatting Game

▶ 짝/모둠 활동
▶ 준비물 : 파리채, 단어카드

파리채로 파리를 잡아본 적이 있나요? 이 게임은 파리채로 단어를 잡는 게임입니다. 단어를 학습한 후, 학생들끼리 파리채로 단어를 때리며 단어학습을 해 보세요. '누가 누가 단어를 빨리 잡나?' 재미있

게 단어를 익힐 수 있답니다.

■ **How to Play**

① 단어 카드를 보고 읽기 연습을 한다.

② 책상 위에 단어 카드를 여러 개 늘어놓는다.

③ 교사가 말하는 단어를 듣고, 파리채로 그 단어를 잡는다.

④ 먼저 단어를 잡은 학생이 그 단어를 가진다.

⑤ 가장 많은 단어를 가진 학생이 승리한다.

■ **Teacher Talk**

① We're going to play the 'Flying Swatting Game'. Let's check the words for the game.

② Now, put the cards in the middle of your desk.

③ Grab a fly swatter.

④ When I say a word, swat it with your fly swatter.

⑤ The student who swats the word fast can have the card.

⑥ The students with the most cards wins the game.

■ **Q/A**

> **단어 학습, 어떻게 도울 수 좋을까요?**
>
> 단어의 철자와 의미를 알면 그 단어를 충분히 아는 것일까요? 단어를 제대로 알고 사용하기
> 위해서는 단어가 어떻게 구성되었는지, 어떤 소리가 나는지 알 필요가 있습니다. 더 나아가
> 어떤 단어와 연결되어 쓰이는지, 어떤 상황에서 자연스럽게 쓸 수 있는지도 알 때, 진짜 그 단
> 어를 안다고 말할 수 있습니다.
>
> 대체로 학생들이 단어를 외우는 모습을 보면, 소리는 신경 쓰지 않고 단어의 철자와 뜻을 외
> 우는데 급급할 때가 많습니다. 저는 학생들에게 단어의 소리를 알아야 한다고 강조합니다.
> 눈으로만 보고 단어를 외우면 소리와 단어를 연결시키기 어렵습니다. 듣기 자료에서 단어가
> 잘 들리지도 않습니다. 단어를 외울 때에는 소리를 듣고 따라 말하며 외우는 것이 좋습니다.
> 또한 단어 자체만 외우는 것 보다는 문맥 속에서 익히는 것은 중요합니다. 어떠한 상황에서
> 단어가 쓰이는지 익힐 수 있도록 다양한 상황을 제시해 줌으로써, 학생들이 단어가 다양한
> 상황에서 어떻게 쓰이는지 이해하고 어휘의 폭을 넓혀갈 수 있습니다.

듣기 지도

영어 습득을 위해서는 이해 가능한 입력(comprehensible input)이 중요합니다. 학생들이 부담 없이 즐겁게 영어 듣기에 노출될 수 있는 다양한 활동을 제공해 줄 수 있습니다. 영어 수업의 주된 입력자료 중 하나는 전자저작물입니다. 저는 전자저작물의 음성 대화를 대체로 여러 번 다양한 방법으로 들려줍니다. 충분히 목표 표현을 이해하고 대화의 내용을 숙지한 후, 다양한 영어 듣기 활동을 진행합니다.

◉ 영어 듣기 지도(듣기 전·중·후 지도)

<듣기 전 활동>

1. 단원 관련 단어 및 핵심표현 학습

단원을 처음 시작할 때, 새롭게 배우게 되는 단어와 핵심 표현을 학생들에게 소개합니다. 플래시 카드나 파워포인트 자료, 실물 자료 등을 활용하여 학생들에게 목표 표현을 제시합니다. 이는 대화문 속에 있는 표현을 이해할 수 있도록 돕고자 함입니다.

2. 듣기 전 그림 읽기(Visual Literacy)

대화를 듣기 전에 그림을 보고, 대화 내용을 학생들과 추측해 봅니다. 이렇게 그림을 두고 이야기를 나누면 학생들이 좀 더 CD 자료에 귀를 기울여 내용을 듣게 됩니다.

<듣기 중 지도>

3. 내용 이해하며 대화 듣기

처음에는 자연스럽게 내용을 따라가며 듣습니다. 자신이 예측한 대화 내용과 비슷한지 비교하며 대화를 듣거나, 대화에서 핵심 표현이 어떻게 사용되는지도 관찰할 수도 있습니다.

4. 자막 없이 쉐도잉하기(Shadowing)

영어 듣기 쉐도잉(shadowing)은 영어를 듣자마자 바로 따라하는 방법입니다. 학생들은 대화를 듣자마

자 따라서 말합니다. 마치 그림자가 사물을 바로 붙어서 따라다니듯, 소리를 듣자마자 그림자처럼 똑같이 흉내 내며 발화합니다. 쉐도잉은 학생들이 수동적으로 영어를 듣는 데에서 더 나아가, 소리를 귀기울여 듣고 인지한 후, 이를 말하도록 돕습니다. 다른 친구들에게 방해가 되지 않도록 속삭이듯 작은 소리로 빠르게 쉐도잉합니다.

5. 자막을 보며 쉐도잉하기
자막이 없을 때, 이해하지 못한 표현을 자막을 보며 확인합니다. 쉐도잉을 통해 적극적으로 대화를 듣고, 이를 발화로 연결할 수 있습니다.

<듣기 후 활동>
6. 내용 확인하는 질문을 통해 이해도 확인하기
학생들과 들은 내용에 관해 이야기 나눕니다. 이해 확인 질문(CCQ, comprehension check-up question)을 통해 학생들이 얼마나 이해했는지 확인하고, 도움이 필요한 부분에 적절히 도움을 제공합니다. 중심 정보나 세부 정보에 관해 물어볼 수도 있습니다.

듣기 활동

○ TPR 활동

영어 듣기에 효과적인 활동은 바로 TPR(Total Physical Response) 활동입니다. 몸으로 움직이며 핵심 표현을 익힐 수 있기 때문입니다. 앞서 소개한 'Teacher says,' 'Freeze!', 'Turn right! Turn left!'(66쪽~70쪽) 활동 등을 활용할 수 있습니다.

○ Snatch the Card

▶ 짝/모둠 활동
▶ 준비물 : 그림카드

1차시 수업인데 활동을 준비하지 못했나요? 별다른 아이디어가 떠오르지 않으세요? 그러면 더욱 걱정 마세요. 그림카드가 있다면 손쉽게 할 수 있는 활동이 있습니다.

바로 'Snatch the Card' 게임입니다. 선생님이 표현을 말하면 학생들이 해당 표현에 맞는 카드를 먼저 집어 올리는 친구가 점수를 얻는 활동입니다. 서로 빨리 카드를 집어야 하기에 긴장하는 학생부터 손바닥에 불이 나도록 열심히 참여하고 있는 학생을 보게 될 것입니다.

■ How to Play

① 두 명씩 짝을 정해준다. 학생들은 짝과 가위바위보를 한다. 가위바위보에서 이긴 학생은 책상 가운데 카드를 그림이 보이도록 펼친다.

③ 학생들이 모두 준비가 되고 나면 선생님에게 질문을 하고 그에 대답합니다. 학생들은 선생님의 대답을 주의 깊게 듣고 카드를 집는다.

　(예) T : I'm happy.

　　 S : Why are you happy?

　　 T : Because I got a new watch.

　　 Ss : (시계를 새로 받는 그림을 재빨리 집는다.)

④ 올바른 카드를 먼저 집은 학생이 카드를 가집니다.
⑤ 가장 많은 카드를 얻은 학생이 승리한다.

■ Teacher Talk

① Put your hands on your head.

② When I say, "(핵심 표현)", quickly grab the card.

③ If you snatch the card faster, you can have the card.

④ The student with the most cards wins the game.

■ Tip

학생들이 짝 활동에 익숙해지면 모둠에서 같이 활동할 수 있습니다. 선생님이 질문에 답하는 대신 모둠에서 서로 돌아가면서 대답을 하며 놀이를 진행할 수 있습니다.

○ Battleship Game

영어 수업에서 듣기를 연습할 때 많이 활용하는 활동이 'Battle Ship Game'입니다. 이름에서 알 수 있듯이 배를 지키는 활동입니다.

해당 표현을 학습한 뒤, 학습지를 나눠주고 학생들에게 표 안에 7개(숫자는 변경 가능)의 동그라미를 치게 합니다. 배를 가장 많이 지킨 학생이 이기는 놀이입니다.

구분	jump	swim	skate	sing	dance
Can you …?		○			○
I can ….		○	○	○	
I can't ….	○		○		

■ How to Play

① 학생들은 배를 숨기고 싶은 곳에 임의로 7개의 동그라미를 그린다.

② 선생님은 학습지의 표현 중 하나를 골라 말한다(가로/세로 부분을 모두 확인할 수 있는 표현).

③ 학생들은 표현에 해당하는 칸에 배를 숨겼는지를 확인한다. 선생님이 자신이 그린 동그라미에 해당하는 표현을 말하면 칸에 X표를 한다.

④ 배를 가장 많이 보호한 학생이 이기는 게임이다.

■ 활동 Tip

목표 표현을 대화 형식으로 구성하여 놀이를 할 수도 있습니다. 예를 들어 장소를 묻는 표현을 생각해 보세요.

A : How can I get to the (장소)?

B : Take (교통수단).

구분	Library	Park	Bank	Museum	Post office
Bus Number 2	○				○
Bus Number 5			○	○	
Subway Line 1		○	×		
Subway Line 2	○			×	○

듣기를 어려워하는 학생이 있는 경우를 대비하여, 실물화상기로 같이 보면서 확인할 수 있습니다. 또는 파워포인트에 선생님이 고른 표현을 시각적으로 제시할 수 있습니다.

■ How to Play

① Choose seven boxes on the table and draw circles around them.

② When I say a sentence, mark an 'X' in the right box.

③ The student with more 'Os', wins the game.

○ Circle Game

▶ 짝 활동

▶ 준비물 : 학습지, 필기도구

6학년 영어 교과서에는 12달을 영어로 익히는 단원이 나옵니다. 학생들이 영어로 달을 익히는 것을 어려워하는 편인데요. 여러 번 반복하고 노래로 외우면서 학생들이 좀 더 익숙하게 12달을 영어로 외울 수 있도록 돕습니다. 소리가 익숙해지면 그 때 활용하는 놀이가 'Circle Game'입니다.

짝 활동으로 선생님이 불러주는 달(month)을 듣고 빨리 해당 표현에 동그라미 하는 친구가 점수를 얻습니다. 간단한 활동이지만 듣기 훈련에 매우 효과적입니다. 꼭 달이 아니더라도 학생들이 익히기 원하는 표현을 넣어 학습지를 손쉽게 만들 수 있습니다.

■ How to Play

① 짝이 함께 하는 놀이이다. 두 명 당 한 장씩 학습지를 나눠준다. 학습지에는 배운 표현이 숫자, 그림

등으로 나열되어 있다(문자언어도 함께 익히길 원할 경우, 스펠링을 같이 제시할 수 있다.).

② 선생님이 표현을 말하면 학생들은 듣고 해당 표현에 동그라미한다.

③ 더 빨리 동그라미 한 학생이 점수를 얻는다.

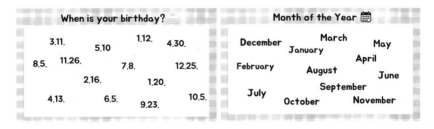

■ How to Play

① Make pairs. Put the worksheet in the middle of your desk.

② When I say a sentence, circle the matching words.

③ If you circle faster, you will get a point.

④ The student with most points wins the game.

◦ 방 탈출, Escape the Room!

▶ 전체활동

▶ 준비물 : PPT

미션이 주어지면 학생들은 좀 더 흥미를 갖고 참여합니다. 영어를 듣고 올바른 표현을 고르는 단순한 활동을 좀 더 재미있게 하기 위해, 미션의 형태로 만든 활동이 바로 '방 탈출 게임'입니다. 해당 표현을 듣고 숫자를 써서 비밀번호를 알아내는 것이 목표입니다. 단순 반복하기 쉬운 듣기 연습을 좀 더 재미있게 할 수 있습니다.

■ How to Play

① 영어 표현을 그림과 함께 익힌다. 그림별로 숫자를 부여한다.

② 비밀번호가 몇 자리 수인지 칠판에 □□□□를 표시하여 힌트를 준다.

③ 선생님이 영어 표현을 말하면 학생들은 그 표현을 듣고 비밀번호를 찾는다.

■ Teacher Talk

① Look at the picture and check the number.

② You should find four numbers(□□□□).

③ Listen carefully and write down the number.

■ 활동 Tip

Level 1, Level 2와 같이 점점 더 어려워지는 미션을 제시하여 도전의식을 불러일으킬 수 있습니다. 선생님의 발화 속도를 조절하거나 여러 번 불러주던 표현을 한 번만 말함으로써 학생들이 집중시킬 수 있습니다.

○ Line Bingo

▶ 전체활동
▶ 준비물 : 그림카드

그림카드만 있으면 별다른 준비 없이 할 수 있는 놀이입니다. 빙고 놀이와 비슷하지만 Line Bingo는 카드를 한 줄로 늘어놓는 것이 특징입니다. 맨 끝의 카드부터 뒤집기 시작해서 모든 카드를 뒤집으면 승리하는 놀이입니다. 핵심표현을 듣고 익히기에 유용합니다.

■ How to Play

① 학생들 모두 각자 한 세트의 카드를 준비한다.

② 카드를 앞면이 보이도록 한 줄로 늘어놓는다. 자신이 원하는 순서로 놓을 수 있다.

③ 모든 학생이 준비가 되면, 선생님은 표현을 하나씩 말한다.

④ 선생님이 불러주는 표현이 줄의 양 끝에 있을 경우 카드를 뒤집을 수 있다(중간에 있는 카드는 해당되지 않는다.).

⑤ 카드를 가장 먼저 모두 뒤집는 학생이 승리한다.

■ Teacher Talk

① Put the cards in the middle of your desk.

② Arrange them in a line.

③ Pay attention to your cards and when I call out a card from either end of your line, you can flip it.

◉ Draw a Monster!

> ▸ 모둠활동
> ▸ 준비물 : A4 용지, 색연필

수업을 하며 외모를 묘사하는 표현을 배울 때, 'Go away big green monster' 그림책을 자주 활용합니다. 그림책 내용도 재미있고 목표 표현을 익히기에도 안성맞춤입니다. 이 책 내용을 들려준 뒤에 몬스터 그리기 활동을 하면 학생들이 상상력을 발휘하여 모둠 몬스터를 완성합니다.

■ How to Play

① 음악에 맞춰 A4 종이를 모둠원에게 순서대로 패스한다.

② 음악이 멈추면, 그 때 종이를 가지고 있는 학생이 선생님의 지시에 따라 그림을 그린다.

  예) T : Draw a big yellow circle.

      Draw a green rectangle.

      Draw two black triangle.

③ 음악이 시작되면 다시 종이를 모둠 친구에게 넘기면서 놀이를 계속한다.

④ 놀이가 끝나면 3분 정도 그림을 완성할 시간을 준다. 학생들은 그림을 완성하고 몬스터의 이름을 붙인다.

⑤ [심화_말하기 연계] 모둠별로 그린 몬스터를 발표한다.

  S : His name is ○○. He has a big green nose.

      He has two yellow eyes. …

■ Teacher Talk

① Pass the paper. When the music stops, the student holding the paper should draw a picture. Listen to my words and draw accordingly.

② When the music starts again, pass the paper again.

③ Continue passing the paper and drawing pictures. When the activity is complete, finish your drawing and give your monster a name.

◆ 생각 쉼터

☑ 듣기 수업에 활용하고 싶은 활동은 무엇인가요? 영어 수업에서, 활동을 어떻게 변형해서 적용해 보고 싶은가요?

영어 말하기 지도와 말하기 활동

말하기는 의사소통을 전제로 합니다. 상대방의 메시지를 이해하고, 내 생각을 언어를 사용하여 표현함으로써 우리는 언어를 매개로 소통합니다.

영어 수업에도 학생들은 영어를 사용하여 타인과 의사소통합니다. 학생들을 살펴보면 의사소통의지가 높아 발표에 적극적입니다. 손을 들고 유창하게 말하지만, 문법적으로 틀린 표현을 사용하기도 합니다. 어떤 학생은 완벽주의 성향이 강해, 실수할까 봐 입을 떼지 않기도 합니다. 이런 다양한 학생들에게 말하기를 어떻게 지도하면 좋을까요?

말하기를 지도할 때에는 보통 3P 모형을 활용하는 경우가 많습니다. 3P 모형은 제시(Presentation) - 연습(Practice) - 발화(Production)의 단계로 구성됩니다. 제시 단계에서는 목표 표현을 소개합니다. 보통 파워포인트나 교과서의 전자 저작물을 활용하기도 합니다. 연습 단계에서는 전자 저작물을 따라서 말하거나, 교사의 말을 따라서 말합니다. 그런 후, 학생들은 선생님 혹은 짝과 대화문을 연습합니다. 발화 단계에서는 의사소통활동을 하며, 배운 표현을 활용하여 말합니다.

3P 모형은 선형적인 절차로 구성되어 있으나, 실제 수업은 순환적으로 이루어지기 때문에 대안적 모델에 등장하기 시작했습니다. Byrne(1986)은 '연습-발화-제시', '발화-제시-연습'와 같이 필요한 단계를 먼저 시작하여 순환적으로 수업을 할 수 있다고 제안합니다. Harmer(2007)는 학생들의 정서적으로 학생들을 수업에 참여시키는 데 주목하여 ESA 모형을 제안합니다. ESA 모형은 참여(Engage) - 학습(Study) - 활성화(Activate)의 단계로 구성됩니다. 참여 단계에

서는 학생들의 동기를 유발하고, 흥미를 가지고 수업에 참여할 수 있도록 끌어들입니다. 학습 단계에서는 단원의 어휘 및 목표 언어, 언어 형식을 학습합니다. 활성화 단계에서는 배운 표현을 의사소통에 사용합니다. 단계는 상황에 따라 E→A→S→A, E→A→S→A→S→E 등 다양한 순서로 진행될 수 있습니다.

현장에서 사용하는 교과서는 3P 모형에 따라 수업을 진행하기 편리하며, 의사소통활동 중심으로 수업이 구성된 경우가 많습니다. 예를 들어 Listen and Say 순서에서 대화문을 통해 목표 언어를 제시합니다. 그런 다음, 노래나 추가 영상을 통해 목표 언어를 따라서 말하는 연습을 합니다. 마지막으로 놀이를 통해 실제적인 의사소통활동을 합니다. 실제적인 의사소통 활동은 다음 장에서 구체적으로 소개하겠습니다.

오랜 기간 영어를 공부해 왔지만, 영어의 4가지 기능(듣기, 말하기, 읽기, 쓰기) 중에서 말하기가 가장 어려웠습니다. 아무래도 영어로 말할 때 실수하면 다른 사람들이 어떻게 생각할지 의식이 되었기 때문인 것 같습니다. 현장 교실에서도 말하기를 유난히 어려워하는 학생들이 있습니다. 큰 소리로 발표하지 못하고 친구들 앞에서 영어로 말하는 것을 부담스러워하는 학생들을 종종 보곤 합니다. 그런 학생들을 도와줄 수 있는 것이 바로 놀이입니다. 영어 말하기 놀이는 학생들의 불안을 줄여주고 즐겁게 영어로 말할 수 있도록 돕습니다. 영어 말하기를 돕는 다양한 활동을 소개합니다.

○ Telepathy Game

▶ 전체활동
▶ 준비물 : 파워포인트

"선생님, 텔레파시 게임 언제해요?"
3학년 학생들은 텔레파시 게임을 무척 좋아합니다. 텔레파시 게임을 처음 도입할 때에, 두 가지 표현을 공책에 쓰는 방식으로 게임을 진행하려고 했습니다. 그 때, 한 학생이 번뜩이는 아이디어를 발표했습니다.

"선생님, 우리 일어나서 놀이해요. 'cat'을 고른 사람은 이쪽(교실 우편), 'dog'를 고른 사람은 이쪽(교실 왼편)으로 가면 되요."
학생의 의견이 좋다는 생각이 들어 활동을 변형하여 진행했습니다. 그 결과는 대성공! 3학년의 움직임 욕구에 딱 맞는 활동이었습니다.

■ How to Play
① 두 가지 표현(단어/어구/문장 등)을 선택할 수 있도록 제시한다.
② 학생들은 둘 중 하나의 표현을 골라 이동한다.(TV 스크린 왼쪽 표현을 고를 경우 교실 왼편으로, TV 스크린의 오른쪽 항목을 고른 경우 교실 오른편으로 이동한다.).
③ 선생님은 영어로 질문하면 학생들은 자신이 있는 곳의 표현을 활용하여 답한다.

(예) T : What's this?
S_A(교실 왼편에 있는 학생들) : It's an eraser.
S_B(교실 우편에 있는 학생들) : It's a pencil.

④ 선생님은 텔레파시를 보내는 척하며, 선생님이 고른 표현을 보여준다. 그 표현을 고른 학생은 점수를 얻는다.
⑤ 가장 많은 점수를 획득한 학생이 승리한다.

■ Teacher Talk
① Everyone, please choose one.
② Please move to the corner.
③ If I choose your expression, you will get a point.

■ Tip
텔레파시 게임은 다양한 버전으로 활용 가능합니다. 쓰기 활동, 말하기 활동 모두 적용이 가능하니 활용해 보세요.

○ Corner Game

▶ 전체활동
▶ 준비물 : 파워포인트, 코너 뽑기 종이

영어 수업에서 제가 즐겨 활용하는 놀이입니다. 3~6학년 모두 즐겁게 참여합니다. 교실을 네 코너(코너 수는 변경 가능)로 나누고 목표 언어를 붙입니다. 학생들은 음악에 맞춰 신나게 움직이며 네 코너 중 한 코너로 갑니다. 어떤 코너로 가는지에 따라 학생들의 운명이 결정됩니다.

■ How to Play
① 단원 관련 노래를 익힌다(코너로 이동할 때 즐겁게 부를 수 있기 위함입니다. 교과서의 노래나 챈트를 활용할 수도 있고, 따로 검색한 영어 노래를 활용할 수도 있습니다.)
② 핵심표현을 소개하며 각 코너에 붙인다
③ 학생들은 영어 노래가 시작되면, 노래를 부르며 자신이 가고 싶은 코너로 간다. 음악이 멈추면 이동할 수 없다.
④ 각 코너에서 학생들은 교사의 질문에 영어로 답한다.

(예) T : Where are you from?
S_A: I'm from Korea.
S_B: I'm from China.
...

⑤ 선생님은 Korea, China, Japan, America, Australia, France, the U.K. 중에서 한 카드를 뽑습니다. 뽑힌 국가의 학생들은 아웃된다.
⑥ 다시 노래가 시작되면 학생들은 다른 코너로 이동하며 놀이를 계속한다.
⑦ 중간에 아웃된 학생들을 위해 뽑기 카드에 '부활(revival)' 카드를 추가합니다. 부활 카드를 뽑을 경우 아웃된 학생들이 모두 살아난다.
⑧ 마지막까지 살아남은 학생이 놀이에서 승리한다.

■ Teacher Talk
① Please listen to the song.
② Choose one corner and move to it, please.
③ When the music stops, I'll ask you a question. Please answer.
④ I'll pick up a card. If the card is about your corner, you will be out.

⑤ The student who remains at the end wins the game.

■ Tip

카드를 뽑을 때, 선생님뿐만 아니라 아웃된 학생들에게도 카드를 뽑을 수 있게 함으로써, 핵심 표현을 소외되는 학생들 없이 연습할 수 있도록 합니다.

■ Tip

숫자 1, 2, 3, 4를 쓴 종이만 있어도 손쉽게 할 수 있습니다. 각 코너에 숫자를 붙이고 4개의 표현 중 하나의 표현을 골라 교실로 가도록 합니다. 음악이 멈추면, 숫자 하나를 뽑고 해당 표현을 고른 학생들에게 점수를 줍니다(아웃되는 대신 점수를 주는 형식으로 놀이를 진행할 수 있습니다.).

○ 정보차 활동(Information Gap Activity)

▶ 전체활동 또는 짝활동
▶ 준비물 : 학습지

정보차 활동(Information Gap Activity)는 정보의 공백(gap)이 있기 때문에, 학생들의 의사소통의지(WTC ; Willing To Communicate)를 높여주는 좋은 활동입니다. 단순히 해당 표현을 반복해서 따라 말하는 것이 아니라 실제 활동에서 배운 표현을 사용해 볼 수 있습니다. 다양한 정보차 활동이 있습니다. 그 중 하나를 예로 소개합니다.

■ How to Play
① 자신이 좋아하는 음식 3개를 골라 ○표 한다.
② 교실을 돌아다니며 친구를 만난다.
③ 목표언어로 대화한다.

S_A : What food do you like?

S_B : I like milk.

S_A : I like milk, too.

<내 카드>

milk	pizza	cake	juice	chicken
	○		○	○

<친구 카드>

milk	pizza	cake	juice	chicken
	○	○		○

④ 좋아하는 음식 3개가 모두 같은 친구를 찾아다닌다.
⑤ 좋아하는 음식 3개가 모두 같은 친구를 찾으면 놀이에서 성공합니다.

■ Teacher Talk
① Please choose three foods you like.
② Walk around the classroom and meet a friend.
③ Ask and answer about your favorite foods.
④ Find the friend who likes the three same foods.
⑤ If you find that friend, please come to me.

● Lucky Card Game

▶ 전체활동

▶ 준비물 : 그림카드

특별한 준비 없이도 카드가 학생 수만큼 있으면 어떤 표현도 적용할 수 있는 활동입니다. 주어진 시간 동안 학생들은 친구를 만나 카드에 어울리는 핵심표현 대화를 한 후, 카드를 바꿉니다. 시간이 다 되면 학생들은 자신의 자리에 돌아오고, 최종적으로 가지고 있는 카드를 확인합니다. 선생님이 행운의 카드를 뽑고, 그 카드가 자신이 가지고 있는 카드와 같으면 점수를 얻습니다. 3~4학년 학생들이 특히 즐겁게 참여하는 놀이입니다.

■ How to Play

① 핵심 표현을 익힌 후, 학생당 카드 1장(예 : 색깔 카드)을 나눠줍니다.

(예) A : What color is it?

　　 B : It's red / orange / yellow / green / blue ….

② 제한시간을 정합니다. 학생들은 자리에서 일어나 자신의 카드를 들고 다니며 친구들을 만납니다.

③ 친구를 만나면 가위바위보를 한 후, 핵심 표현을 대화합니다(색깔을 묻고 답합니다.). 대화가 마치면 서로 카드를 바꿉니다.

④ 주어진 시간 동안 여러 친구를 만나며 활동을 계속하고 카드를 바꿉니다.

⑤ 시간이 다 되면 자리로 돌아옵니다. 그때 가지고 있는 카드가 최종 카드입니다.

⑥ 선생님이 행운의 카드를 뽑습니다. 선생님이 뽑은 행운의 카드와 자신의 카드가 같으면 점수를 얻습니다(선생님이 카드를 뽑을 수도 있고, 학생 중 한 명이 카드를 뽑게 할 수도 있습니다.).

⑦ 다시 놀이를 시작하고, 학생들은 친구를 만나 핵심 표현을 말하며 카드를 바꿉니다.

⑧ 놀이가 끝났을 때, 가장 많은 점수를 얻은 학생이 승리합니다.

■ Teacher Talk

① I'll give each of you a card.

② Walk around the classroom and meet your friend.

③ Play rock, paper, scissors. The winner asks a question, and both answer before exchanging cards.

④ Meet another friend and do the same.

⑤ When the time is up, go back to your seat.

⑥ I'll choose one lucky card. If your card matches my lucky card, you will get a point.

■ Tip

선생님도 교실을 돌아다니며 학생들의 발화를 도울 수 있습니다. 특히 영어를 어려워하는 학생들이 목표 표현에 맞게 말할 수 있도록 도와줄 수 있습니다.

◉ Salad Bowl Game

▶ 전체활동
▶ 준비물 : 그림카드

어린 시절, "당신의 이웃을 사랑합니까?" 놀이를 즐겨 했던 기억이 있습니다. 발표 내용에 자신이 해당할 경우 자리를 바꾸면서 술래에 걸릴까봐 조마조마했습니다. 'Salad Bowl Game'도 학생들이 해당 표현을 듣고 말하며 자리를 바꾸는 놀이입니다. 자리를 바꿀 때의 긴장감, 짝이 자꾸 바뀌면서 여러 친구를 만나는 묘미가 있는 놀이입니다.

학생들은 움직이며 활동하는 것을 좋아하기에, 움직임 욕구가 강한 초등학생들의 특성에 잘 맞는 활동입니다. 수업시간에 발표를 수줍어하는 학생들도 큰 소리로 외치는 모습을 보게 될 것입니다. 더불어, 학생들이 어떤 표현을 할 때 어떤 오류를 범하는지, 어떤 표현을 말하는 것을 어려워하는 지도 자연스레 파악할 수 있습니다. 자연스럽게 피드백을 제시할 수도 있지요.

■ How to Play

① 의자로 원을 만들어 빙 둘러 앉는다. 의자는 인원수보다 하나 적게 놓는다.
② 학생들에게 순서대로 그림카드를 나눠준다(예를 들어, "What's your favorite subject?"를 배우는 단원일 경우 과목 그림카드를 나눠준다.).
③ 학생들이 술래에게 "What's your favorite subject?"라고 물으면, 술래는 과목을 하나 정해 대답한다. "My favorite subject is P.E."
④ 술래가 말한 과목 카드를 가지고 있는 학생들은 자리를 바꿔서 앉는다(자리를 바꿀 때, 바로 전에 앉았던 자리에는 앉을 수 없다.).
⑤ 자리를 찾지 못한 학생은 술래가 되어 놀이를 계속한다.

■ Teacher Talk

① Everyone, please take a seat in a circle.

② Remember your subject(학생들에게 각각 한 과목씩 정해주거나 카드를 한 장씩 나눠주며). "English, Korean, P.E., math, English, Korean, P.E., math…."

③ Now, let's ask, "What's your favorite subject?"

④ Student 1, please share your favorite subject by saying "My favorite subject is …."

⑤ If you have the same card, stand up and switch seats.

⑥ If you can't find your seat, you'll be the next player.

■ Variation

저는 보통 카드를 나눠주는 대신, 빙 둘러앉은 학생들 한 명 한 명을 가리키며 해당 표현을 정해주고 기억하게 합니다. 예를 들어 'P.E., math, Korean, English'일 경우 학생들이 앉은 순서대로 과목을 정해줍니다(교사가 정해줄 때, 학생들은 교사의 발화를 따라서 말합니다.). 그런 후, 자신의 과목이 무엇인지 손을 들게 한 후, 놀이를 시작합니다.

그림카드를 나눠주거나 학생들에게 해당 표현을 지정해 주지 않아도 놀이를 바로 시작해도 되는 때가 있습니다. 바로, 학생들의 옷차림 등을 묘사하는 표현을 배울 때입니다. 예를 들어 색깔을 배우는 단원일 경우 다음과 같이 놀이를 할 수 있습니다.

학생들이 "What color is it?"라고 술래에게 물으면, 술래는 색깔 하나를 선택해 말합니다. 예를 들어 술래가 "It's yellow."라고 말하면, 옷이나 양말 등에 노란색이 있는 학생들이 자리를 바꿉니다. 단원에 따라 목표표현을 "What color do you like? / I like (색깔)."로 바꿔서 놀이를 할 수도 있습니다. 고학년의 경우 "What does he/she look like?" "He/She is wearing ~."와 같은 표현을 활용할 수도 있습니다.

Spy Game

▶ 전체활동
▶ 준비물: 그림 카드, 스파이 카드

두근두근! '내가 스파이인 것을 안 들켜야 할텐데⋯⋯.'

3~6학년 학생들이 모두 좋아하는 놀이가 바로 스파이 게임입니다. 놀이에서 승리하려면 영어로 말하기는 필수입니다. 놀이를 위해서라도 학생들이 표현 익히기에 열심인 모습을 보게 될 거에요.

■ How to Play

① 핵심 표현을 익힌 후, 학생들은 책상에 엎드립니다. 교사는 카드를 비밀리에 나눠준다.

② 카드를 다 나눠주면 "Wake up!"이라고 말한다. 학생들은 모두 일어난다. 카드는 친구들에게 보여줄 수 없다.

③ 학생들은 핵심 표현으로 대화하며 같은 카드를 가진 친구를 찾는다.

> (예) S_A : What club are you in?
>
> S_B : I'm in the eco club. What club are you in?
>
> S_A : I'm in the eco club, too!
>
> (S_B : Wow, we're in the same club!)

④ 4명 이상의 친구를 만나면 교사에게 온다.

⑤ 교사는 학생들에게 영어로 질문하고, 학생들은 다 같이 대답하며 카드를 보여준다.

⑥ 카드가 서로 다 같으면 점수를 얻는다. 그러나 팀에 스파이가 있으면, 스파이만 점수를 얻는다.

■ Teacher Talk

① Everyone, go to sleep. (학생들은 엎드린다.)

② (카드를 나눠주며) I'll give you a card. Keep it a secret.

③ Now, everyone, wake up, please. You should find the person who has the same card. When you meet your friend, play rock, paper scissors. The winner asks first. "What club are you in?" and the friend will say his/her club.

④ If you and your friend are in the same club, you become a team.

⑤ If you find more than three friends, come to me.

⑥ If you have the same card, you will get the point. However, if one of you has a spy card, only the spy gets the point.

○ Whispering

▶ 모둠활동

▶ 준비물 : 그림카드

한 수업시간, 원어민 선생님이 학생들과 'Whispering' 게임을 했습니다. 학생들에게 목표 표현을 알려주고, 팀별로 표현을 전달한 후, 정확한 표현을 맞추는 팀이 승리하는 놀이였습니다. 학생들이 작은 소리로 영어 표현을 전달하며 잘 들으려고 귀를 쫑긋 세우는 모습이 귀여웠습니다. 협력수업을 하므로 학생들의 질서 유지에도 좋았고, 영어 표현을 어려워하는 학생을 돕기에도 좋아서 놀이가 즐겁게 진행되었습니다. 영어 듣기 및 말하기에 유익한 활동이니 수업에 활용해 보세요.

■ How to Play

① 학생들을 두 팀으로 나누어 한 줄로 서게 한다.

② 선생님은 맨 뒤에 서 있는 학생들을 불러, 조용히 해당 표현을 각각 알려준다.

③ 선생님이 "Go!"라고 외치면, 맨 뒤에 서 있는 학생은 자신의 앞 학생에게 표현을 귓속말로 전달한다. 표현을 들은 학생은 다시 자신의 앞 학생에게 표현을 전달한다.

④ 맨 앞에 있는 학생은 표현을 전달받으면, 칠판에 가서 해당 표현을 고른다.

⑤ 맨 앞에 있는 학생은 다시 맨 뒷줄로 오고, 놀이를 계속한다.

■ Teacher Talk

① I'll divide you into two teams(예 : boys vs. girls). Please stand in a line.

② The student at the back, please come to me. I'll whisper an expression to you. Remember it and pass it along to the next student.

③ The student at the very front, choose the correct answer.

■ Tip

놀이를 하다보면 영어를 어려워하는 학생이 실수를 하기도 합니다. 그럴 때, 활동에서 이기지 못하면 그 친구를 비난하는 경우가 생길 수 있습니다. 따라서 경쟁이 과열되지 않도록 지도하고, 선생님이 중간 중간 영어를 어려워하는 학생을 도와주면서 놀이가 잘 진행될 수 있도록 돕습니다.

◉ 몸으로 말해요

▶ 모둠활동
▶ 준비물 : 타이머, 그림카드

어린 시절, 한 TV 프로그램에서 '몸으로 말해요'를 재미있게 보던 기억이 납니다. 특히 프로그램 참여자들이 몸으로 흉내 내다가 중간에 의미가 바뀌면 어찌나 웃음이 나던지 배꼽을 잡고 웃었습니다. 학생들도 '몸으로 말해요' 놀이를 좋아합니다. 몸으로 영어표현을 흉내 내다 보면 교실에 까르르 웃음꽃이 피지요.

■ How to Play

① 해당 표현을 연습한다.(예 : I can skate/swim/sing/dance/jump/run.)

② 모둠별로 구성원 간 순서를 미리 정한다.

③ 한 모둠씩 앞에 나와 놀이를 하고, 다른 모둠 학생들은 앉아서 친구들의 활동을 관람한다.

④ 발표하는 모둠의 모둠원들이 한 줄로 순서대로 선다(예 : S1, S2, S3, S4).

⑤ 선생님은 맨 뒤의 학생에게 그림카드를 보여주면서 귓속말로 표현을 말한다.

⑥ S1학생은 앞을 향해 서 있는 S2 학생의 어깨에 살짝 노크를 한다. S2 학생이 뒤로 돌면, 행동으로 목표 표현을 표현한다(예 : I can skate.).

⑦ S2는 S3에게, S3는 S4에게 전달한다.

⑧ S4는 해당 표현을 영어로 말하고, 맞으면 1점을 획득한다.

⑨ S4학생은 맨 뒤로 와서 새로운 표현을 몸동작으로 전달한다.

⑩ 주어진 시간 안에 가장 많은 표현을 맞춘 모둠이 승리한다.

■ Teacher Talk

① Please decide the order in your group.

② Team ◯, come to the front and line up.

③ I'll show a picture card to the student(S1) at the back.

③ S1, tap S2's shoulder and act out the expression.

④ S2, pass the expression to S3. Continue in this manner.

⑤ The last student in line, say the expression aloud. If your answer is correct, you will get the answer.

● Hot Seat

▶ 모둠 및 전체활동
▶ 준비물 : 그림카드

"선생님, 'hot seat'이 뭐에요? 뜨거운 의자에요? 의자에 불이 붙었나요?"

한 학생이 'hot seat'활동을 한다는 말에 눈이 동그래져 물었습니다. 'hot seat'는 물리적으로 의자가 뜨겁다는 뜻이 아니랍니다. 가슴이 두근두근, 볼이 빨개질 정도로 주목을 받는 주인공이 앉는 의자가 바로 'hot seat'이지요. 'hot seat'에 앉은 학생은 친구들의 설명을 듣고 답을 맞혀야 합니다.

■ How to Play

① 모둠별로 'hot seat'에 앉을 순서를 정한다.

② 첫 번째 학생이 TV 화면을 뒤로하고 'hot seat'에 앉는다.

③ 나머지 친구들은 TV에 등장하는 정답 단어(표현)를 직접 사용하지 않고, 다른 영어 표현을 사용하여 정답을 설명한다(몸동작을 사용 가능하게 할지 교사가 선택한다.).

④ 'hot seat'에 앉은 학생이 정답을 맞추면, 다음 순서의 친구가 'hot seat'에 앉고 놀이를 계속한다.

⑤ 제한 시간 안에 가장 많은 단어(표현)를 맞춘 모둠이 승리한다.

■ Teacher Talk

① You will take turns sitting in the 'hot seat'.

② S1, take a seat in the hot seat. Others, explain the word on the screen.

③ You cannot use the word on the screen, but you can use other words or gestures.

④ When S1 correctly guesses the answer, the next student takes a seat.

⑤ The group with the most correct answers wins

◎ I'm a King!

▶ 전체활동
▶ 준비물 : 그림카드

"선생님, King Game 언제 해요? 하고 싶어요."

복도에서 만난 3학년 학생이 묻습니다. 그러고 보니 저도 어린 시절 왕게임을 좋아했던 기억이 납니다. 제가 6학년 때, 친구들과 가위바위보를 하며 왕게임 놀이를 했던 추억이 있습니다. 친구들을 모두 무찌르고 왕이 되었을 때의 짜릿함! 그래서 학생들도 왕게임을 좋아하나 봅니다.

왕게임은 영어 수업에서 반복 말하기를 연습할 때 제격인 활동입니다. 영어 표현을 정확하게 말하고 가위바위보로 기사 3명을 무찌르고 최종적으로 왕을 이기면 왕이 될 수 있습니다. 치열한 왕위 쟁탈전으로 Go! Go!

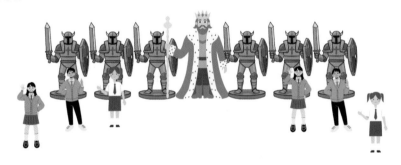

■ How to Play

① 대화로 구성된 핵심 표현을 연습한다.

예) A : What's this?

B : It's a glue stick / pencil / pencil case / book.

② 왕 1명, 기사 6명을 뽑는다. 왕 좌우로 기사 세 명씩 섭니다. 왕은 가운데에 서 있거나 의자에 앉는다(왕을 위한 왕관이나 망토가 있으면 더 좋다.).

③ 학생들은 좌우로 나누어 줄을 선다.

④ 첫 번째 순서의 학생이 끝에 있는 기사에게 도전장을 내민다. 기사를 이기려면 먼저, 기사의 질문에 맞게 대답해야 한다. TV 화면의 그림을 확인하고 기사의 질문에 대답한다.

예) 기사 1 : What's this?

백성(도전자) : (TV 화면의 그림이 책일 경우) It's a book.

⑤ 백성인 학생이 질문에 답하는 데 성공하면, 가위바위보를 할 수 있는 자격이 주어진다. 기사와 가위바위보를 해서 이기면 그 다음 기사(기사 2)에게 가서 동일한 미션을 수행한다.

⑥ 기사 3명을 모두 물리친 학생은 드디어 왕을 만나 핵심표현으로 대화한다. 그런 후, 왕과 가위바위보를 해서 이기면 왕위에 등극하게 된다.

⑦ 기사, 혹은 왕과 겨루어 가위바위보에서 진 학생은 맨 뒤로 가서 자신의 순서를 기다린다.

⑧ 왕이 바뀌면 핵심 문장에 들어가는 단어를 바꾸어 새로운 대화문으로 연습한다.

예) 기사 1 : What's this?

　　백성(도전자) : (TV 화면의 그림이 풀로 바뀜) It's a glue.

■ Teacher Talk

① Let's practice the key expressions.

② I'll choose one student as the king and six students as knights(왕과 기사를 뽑는다. 제비뽑기 등을 활용한다).

③ The knights will stand on either side of the king.

④ The remaining students will stand in a line on either side.

⑤ The first student in line will challenge the knight at the end.

⑥ Answer the question and play rock, paper, scissors.

Knight : What's this?

Peasant (challenger) : (If the picture on the TV screen is a book) It's a book.

⑦ If you win, repeat the process with the next knight.

⑧ If you meet the king, answer the king's question and play rock, paper, scissors. If you win, you become the king.

⑨ If you lose, go to the back of the line.

◆ 생각 쉼터

☑ 선생님은 영어 말하기를 어떻게 공부했나요? 영어 말하기에 도움이 되는 활동은 무엇이었나요?

읽기 지도

읽기 지도는 학생들의 문해력 발달에 중요합니다. 교실에서 영어 학습에 어려움을 겪는 학생들은, 문자 언어를 읽지 못하는 경우가 많습니다. 그럴 경우, 학생들이 음소(phoneme)를 인식하고, 문자와 음성을 연결할 수 있도록 해독(decoding) 능력을 키워주는 것이 필수적입니다. 문해력의 기초를 다지는 3~4학년은 학생들에게 중요한 시기입니다. 학생들이 파닉스 학습을 통해 문자와 소리 사이의 관계를 이해할 수 있는 다양한 활동을 진행할 필요가 있습니다. 수업을 진행하다 보면, 몇몇 학생들은 파닉스의 규칙을 알려줘도 금방 잊어버리기도 합니다. 이런 학생들의 경우에는 텍스트에 자주 등장하는 일견 어휘를 익히게 함으로써 자신감을 심어주고, 파닉스 학습으로 이어갈 수도 있습니다. 5~6학년이 되면, 읽기 차시에 문단을 접함으로써 텍스트를 이해하는 활동이 본격적으로 시작됩니다. 학생들이 텍스트의 내용을 이해(comprehension)할 수 있도록, 배경지식을 활성화하고 질문을 통해 학생들의 이해도를 확인할 수 있습니다. 몇몇 학생들은 아직 문자 언어 해독이 어려울 수도 있습니다. 낭독을 통해 학생들이 문자 언어를 읽을 수 있는지 중간중간 확인하고 도움을 주도록 합니다. 학생들이 문자 언어를 해독하고 이해하는 단계까지 나아갈 수 있도록 교육과정에 기반하여 수업을 체계적으로 진행할 필요가 있습니다.

Williams(1984)는 읽기지도단계를 읽기 전·중·후 단계로 나누어 설명합니다. 저도 영어 수업시간에 읽기 활동을 할 때에 다음과 같이 수업을 진행하는 편입니다.

읽기 전 활동(Before Reading)

읽기 전 단계에서는 학생들의 배경지식을 활성화합니다. 읽기 자료의 주제와 관련된 경험을 연결할 수도 있고, 그림 등을 통해 글의 내용을 예측할 수도 있습니다. 글을 읽는 이유와 목적에 관해서도 생각할 수 있습니다.

특히 교과서의 삽화를 보고 이야기를 많이 나눕니다. 교과서 그림은 복합양식 텍스트(multimodal text)로서 역할을 합니다. 복합양식 텍스트는 독자에게 의미를 전달할 때, 문자와 함께 다양한 양식을 사용하는 텍스트를 뜻합니다 (Serafini, 2011). 문자뿐만 아니라 이미지, 그림 등을 활용해 정보를 표현하기 때문에, 영어를 어려워하는 학생들의 경우 그림을 통해 텍스트를 이해하는 데 많은 도움을 받을 수 있습니다. 문해력 지도를 위해 영어 그림책을 많이 활용하는 것도 이러한 이유입니다. 이미지 속의 의미를 이해하고, 협상하고, 의미를 만들어 내며 의사소통하는 시각문식력(visual literacy)(Nikolajeva, M., & Scott. C., 2013)은 학생들이 문자언어를 이해하는 데 중요한 역할을 할 수 있습니다. 교과서 그림을 보며 다음과 같이 발문함으로써, 텍스트 이해를 도울 수 있습니다.

"What can you see in the picture?"

"Who is she/he?"

"Where are they?"

"What are they doing?"

학생들이 그림에 관련해 묻는 질문에 익숙해지면, 학생에게 대화의 주도권을 줍니다. 모둠 안에서 서로 돌아가며 사회자가 되어 그림에 관해 이야기 나누거나, 짝과 대화하게 합니다. 그러면 주어진 시간 안에 많은 학생들에게 발화의 기회를 줄 수 있습니다.

텍스트에 모르는 단어가 많으면 의미를 이해하는 데 어려움을 겪을 수 있기 때문에, 새로 나온 어휘나 어려운 어휘를 학습하는 것도 중요합니다. 파워포인트로 관련 어휘나 주제의 이미지를 제시하거나 어휘과 경험을 연결지으며 학습하기도 합니다.

배경지식을 활성화하기 위해, 텍스트의 제목이나 주제와 관련하여 생각그물을 만들 수도 있고 관련 경험에 관해 이야기 나눌 수도 있습니다. 배운 표현을 활용하여 학생들의 경험의 실제 경험을 수업 속으로 가지고 오세요.

■ Tip
읽기 전략으로 훑어 읽기(skimming)과 찾아 읽기(scanning)를 활용해 보세요.

훑어 읽기(skimming)
훑어 읽기는 텍스트의 주제나 요지(gist)를 파악하기 위해, 빠른 시간 안에 훑어 보는 방법입니다. "I'll give you one minute."라고 1분을 주며, 글을 대충 읽고 목적이나 주제를 파악하게 합니다. 또는 교과서에 제시된 텍스트를 보고, "What is the title?", "What's the story about?", "What's the main idea?"와 같은 질문을 하며 이야기를 나눌 수 있습니다. 문단의 첫문장을 읽게 함으로써 텍스트의 주요 내용을 추측하게 할 수도 있습니다.

찾아 읽기(scanning)
찾아 읽기는 텍스트를 읽을 때, 특정 정보나 지식에 집중하여 빠른 속도로 읽어가는 방법입니다. 찾아 읽기를 할 때는 미리 질문을 제시하고, 학생들이 질문에 답이 되는 핵심 단어를 찾으며 읽게 합니다. 예를 들어, 텍스트 속 인물이 좋아하는 음식이라든지 오후에 할 일 등의 정보를 묻고 텍스트를 읽게 할 수 있습니다.

읽기 중 활동(While Reading)

읽기 중 단계에서는 학생들이 배경지식과 배운 표현을 활용하여 텍스트의 의미를 이해하는 데 목적이 있습니다. 다양한 읽기 전략을 활용하여 학생들이 텍스트를 읽도록 활동을 구성할 수 있습니다. 읽기는 단순한 정보를 이해하는 데에서 나아가 정보를 종합적이고 비판적으로 이해할 수 있도록 도울 필요가 있습니다. 읽기 중 활동의 예는 다음과 같습니다.

▶ 듣고 따라 읽기

먼저 전자 저작물을 통해 텍스트를 듣습니다. 그런 후, 전자 저작물을 듣고 한 문장씩 따라 읽습니다. 이 때, 단순히 따라 읽기 보다는 리듬, 억양, 강세에 유의하여 따라 읽을 수 있도록 지도합니다. 다음으로는 전자저작물 속도에 맞춰 함께 텍스트를 읽습니다.

▶ 소리내어 읽어주기 활동

소리내어 읽을 때, 읽어줄 대상을 정해주면 좀 더 다양하게 읽기 활동을 할 수 있습니다. 미국 학교를 참관할 때였습니다. 도서관에서 3학년 학생들이 1학년 학생들과 'Reading Buddy'가 되어 책을 읽어주는 활동이 인상깊었습니다. 수업 시간, 멘토 선생님은 학생들이 텍스트를 소리내어 읽게 할 때에, 읽어주는 대상을 정해주는 것도 흥미로웠습니다. '칠판에게 읽어주기', '벽에게 읽어주기', '친구에게 읽어주기', '선생님에게 읽어주기' 등 대상을 바꾸어 가며 소리내어 읽기 연습을 지도했습니다. 저 또한 영어수업 시간에 학생들이 여러 대상에게 텍스트를 읽어주게 하고, 저는 교실을 돌아다니며 학생들의 읽기 정도를 확인하고, 읽기에 어려움을 겪는 학생들 도와줍니다. 이를 통해 학생들은 친구가 텍스트를 어떻게 읽는지 들으면서 배울 수도 있고, 스스로 여러 번 연습을 하기 때문에 나중에 친구들 앞에서 낭독할 때에도 자신감 있게 발표할 수 있습니다.

▶ 텍스트의 단어를 숨기며 읽기

텍스트를 읽을 때, 몇몇 학생은 멍한 상태에서 소리를 흉내내는 데에 그칠 수 있습니다. 학생들이 텍스트의 의미를 생각하며 따라읽을 수 있도록 하기 위해, 텍스트의 단어를 몇 개씩 숨기고 읽도록 하면 학생들의 집중력을 높일 수 있습니다. 또한 단어가 중간에 빌 경우, 단어의 뜻이나 문장 구조에 대해서도 생각하게 되는 장점이 있습니다. 더 나아가 학생들이 직접 텍스트의 단어를 빈칸으로 바꾸고 문제를 낸 후, 짝이나 모둠에서 문제를 같이 풀어볼 수도 있습니다.

▶ 그래픽 조직자(Graphic Organizer) 활용하기

텍스트를 읽은 후, 읽은 내용을 그래픽 조직자를 활용하여 표현할 수 있습니다. 그래픽 오거나이저는 사고를 시각화하는 데 매우 유용합니다. 그래픽 조직자의 종류의 예는 다음과 같습니다.

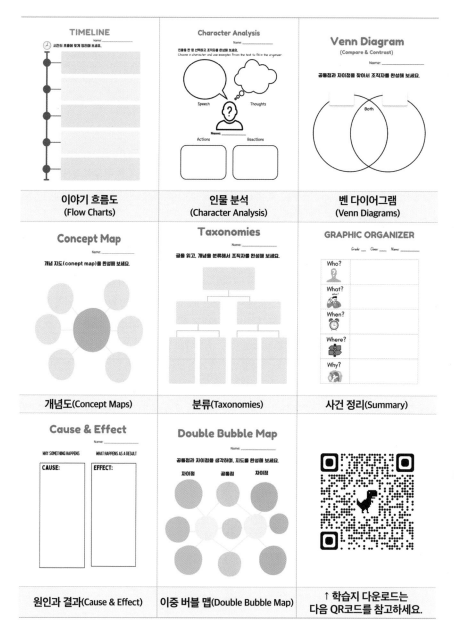

이야기 흐름도
(Flow Charts)

인물 분석
(Character Analysis)

벤 다이어그램
(Venn Diagrams)

개념도(Concept Maps)

분류(Taxonomies)

사건 정리(Summary)

원인과 결과(Cause & Effect)

이중 버블 맵(Double Bubble Map)

↑ 학습지 다운로드는
다음 QR코드를 참고하세요.

읽기 후 활동(Post Reading)

텍스트를 읽은 후에는, 다양한 활동이나 과제를 수행할 수 있습니다.

▶ 다시 말하기(Retelling)

읽은 내용을 기억나는 대로, 생각 그물로 표현합니다. 기억나는 핵심어를 쓸 수도 있습니다. 그런 다음, 배운 표현을 활용해 영어로 말해봅니다. 말을 할 때, 실수가 있더라도 허용적인 분위기 속에서 즐겁게 이야기할 수 있도록 돕습니다.

▶ 한국어를 영어로 번역하기

텍스트를 한국어로 번역한 글을 보고, 다시 한국어 텍스트를 영어로 번역해 봅니다. 그러면, 학생들이 어느 정도 어휘를 이해하고 사용할 수 있는지, 문장 형식은 어느 정도 활용할 수 있는지 확인할 수 있습니다. 번역을 마친 후에는, 교과서의 텍스트와 자신이 쓴 문장을 비교해 보며, 텍스트를 좀 더 꼼꼼히 살필 수 있습니다.

▶ 요약하기(Summarizing)

읽은 내용에서 중요한 내용을 요약하는 활동은 학생들의 이해 정도를 확인하는 데 효과적입니다. 학생들이 텍스트 요약을 어려워할 경우, 그림이나 도표로 나타내게 할 수도 있습니다.

▶ 하브루타 영어질문 만들기

하브루타는 '짝을 지어 질문하고 대화하고 논쟁하는 것'입니다(전성수, 2014). 하브루타에서는 질문을 만드는 활동을 통해, 학생들이 스스로 생각할 수 키워주고자 합니다. 또한 만든 질문으로 짝 또는 모둠에서 대화하고 토론함으로써 자신의 사고를 정교화하고 짝과의 상호작용을 통해 사고를 확장할 수 있습니다. 하브루타를 영어 수업에 적용할 때 필요한 문장의 예는 다음과 같습니다.

내용 질문	- Who is he? / Who is she? - Where are they? - Why are they here? - What are they doing? - What happened? - When did it happen? - What did they do?
상상 질문	- (If you were ○○, what would you do?)
적용 질문	- What can we do?
종합 질문	- What do you think about it? - What did you learn?

(참고: 장소미, 2021)

<그 외>

▶ **문학 서클**(Literature Circle)

2013년, 미국 학교에 실습을 갔을 때, 문학 서클을 적용하여 수업하는 점이 인상 깊었습니다. 문학 서클은 학생들이 텍스트를 읽을 때, 역할을 분담합니다. 역할에 맞게 책을 읽은 후에는 다시 모여 본인이 작업한 내용을 중심으로 토의합니다. 역할의 예는 다음과 같습니다.

사회자 (Discussion Leader)	- 책에서 함께 생각해 볼 질문을 만듦 - 사회자 역할을 맡아 문학 서클을 진행함
단어 마법사 (Word Wizard)	- 책에서 어려운 단어를 중심으로 뜻을 조사함 - 문학 서클에서 학생들에게 단어를 중심으로 퀴즈를 냄
예술가 (Artful Artist)	- 인상 깊은 장면을 그림으로 나타냄 - 문학 서클에서 그림을 보여주며 어떤 장면인지 이야기를 나누는 소재로 제시함
요약자 (Summarizer)	- 책의 중심내용을 요약함
책 구절 인용가 (Passage Picker)	- 책에서 인상 깊은 구절을 정리함
연결자 (Connector)	- 책의 내용과 실제 경험을 연결시킴

음소인식, 파닉스, 일견 어휘 지도부터 낱말, 어구, 문장, 더 나아가 짧은 글 읽기까지 지도하는 데 놀이를 활용할 수 있습니다. 다음에 제시되는 활동들을 참고하여 읽기 수업을 진행해 보세요.

▶ **KWL 활동**(Know - Want to know - Learned Activity)

텍스트가 설명문일 경우, KWL 활동을 유용하게 활용할 수 있습니다. K는 '내가 알게 된 것(what I Know)', W는 '내가 알고 싶은 것(what I Want to)', L은 '내가 배운 것(what I Learned)'를 뜻합니다. 다음과 같은 학습지를 활용해 학생들이 자신이 알게 된 것, 더 알고 싶은 것, 배운 것을 정리함으로써 텍스트를 좀 더 깊이 있게 이해할 수 있습니다.

텍스트를 읽기 전, 'K, W' 단계를 통해 텍스트 이해를 돕는 활동을 합니다. K단계에서는 브레인 스토밍을 통해 자신이 알고 있는 것을 씁니다. 예를 들어, 글의 주제가 'Rainbow Tree'라면 무지개나무와 관련된 지식을 쓸 수도 있고, 인터넷에서 검색하여 관련 정보를 쓸 수도 있습니다. W단계에서는 알고 싶은 것과 관련해 질문을 만듭니다. "Where can I see rainbow trees?", "Why the rainbow trees have colors?" 텍스트를 읽고 난 후, L단계에서는 텍스트를 읽고 알게 된 점, 궁금증에 대한 해답 등을 정리합니다. 텍스트를 다 읽고 난 후, 그래픽 조직자 등을 활용하여 텍스트 내용을 정리하거나(K-W-L+)(Carr & Ogle, 1987), 질문 단계를 추가(KWLQ)(Schmidt, 1999) 할 수도 있고, 정의적인 반응을 이끌어 내는 단계(KWLA)(Mandeville, 1994)를 추가로 수행할 수도 있습니다.

K-W-L Chart		
Topic(글의 제목):		
what I **K**now	what I **W**ant to know	what I **L**earned

◉ 소리를 맞춰봐!

▶ 개별활동
▶ 준비물: b와 p 알파벳 카드

음소(phoneme)은 단어의 뜻을 구별해 주는 최소의 언어 단위입니다(Griffith & Olson, 1992). 음소 인식 (phonemic awareness)는 음성 언어를 들었을 때, 음소를 인식하고 조작할 수 있는 능력입니다(Yopp & Yopp, 2000). 예를 들어, 'pin'을 /p/, /i/, /n/으로 소리를 나눌 수 있고, 이를 다시 조합할 수 있는 능력입니다. 최소대립쌍(minimal pair)은 하나의 음소만 다르고 나머지는 같은 낱말 쌍입니다. 예를 들어 bat, pat는 /b/와 /p/ 소리는 다르지만, 뒷부분의 소리는 같지요. 교사가 단어를 말하면 /b/나 /p/로 시작하는 단어를 들려줍니다(bat, pat / bear, pear / buy, pie). 학생들은 교사가 들려주는 단어를 듣고, 첫소리에 해당하는 알파벳을 고릅니다.

■ How to Play
① 교사는 'bat, pat, bear, pear, buy, pie'중에서 한 단어를 부른다.
② 학생들은 단어를 듣고, 첫소리에 해당하는 카드를 고른다.
③ 소리를 가장 많이 맞힌 학생이 승리한다.

■ Teacher Talk
① Let's play with the sounds of some words.
② Listen, 'bat'. Please choose the beginning sound.
③ Very good. It starts with /b/, /b/, bat. (놀이를 계속 한다.)

■ Tip
개별 활동이 익숙해지면, 짝과 함께 누가 더 빨리 알파벳 카드를 짚는지 경쟁하며 놀이를 할 수도 있습니다.

◉ Match the Alphabet!

> ▶ 전체활동
> ▶ 준비물 : 알파벳 카드

대문자와 소문자가 각각 적힌 카드를 준비합니다. 카드를 섞은 후, 학생들에게 1장씩 나누어줍니다. 학생들은 자신의 알파벳 짝을 찾는 것이 미션입니다.

■ How to Play

① 학생들은 책상에 엎드리고 눈을 감는다. 선생님은 학생들에게 카드를 나눠준다(비밀 유지).

② 학생들은 받은 카드를 확인하고 일어나 돌아다니며 자신의 짝을 찾는다.

> S_A : I have a 'small a'.
>
> S_B : I have a 'big A'.

③ 짝을 찾은 학생들은 선생님에게 온다. 짝을 찾은 학생들은 보너스 점수를 받고, 다시 새로운 카드를 받아 놀이를 계속한다.

■ Variation

예를 들어 Aa부터 Dd까지 배운 경우라면, 학생들이 직접 작은 종이에 알파벳을 쓰고 짝을 찾아다니는 활동을 할 수도 있습니다. 짝을 찾은 학생은 선생님에게 와서 도장을 받은 후, 새로운 종이에 쓰고 싶은 알파벳을 씁니다. 그런 후, 또 다른 짝을 찾아다닙니다. 도장을 가장 많이 받은 친구가 승리합니다.

■ Teacher Talk

① Everyone, go to sleep. I'll give you a card. Keep it secret.

② Everyone, wake up. Meet your friend. Find your friend with the matching card.·For example, if you have the 'small a card,' look for the student with 'big A card.'

③ When you find the friend, come to me.

◎ Bomb Reading

▶ 전체활동
▶ 준비물 : 공(폭탄), PPT

3학년~6학년까지 다들 즐겁게 참여하는 활동입니다. 특히 3학년 학생들의 반응이 아주 뜨거웠습니다. 공(폭탄)을 돌리며 TV 화면에 제시된 핵심 표현을 시간 안에 읽는 활동입니다. 같은 문장을 반복해서 읽기 때문에, 읽기를 어려워하는 학생들도 쉽게 참여할 수 있습니다. 'Bomb Reading' 놀이를 하며 교과서 텍스트 읽기, 정복해요!

■ How to Play
① 폭탄이 이동하는 경로를 안내한다.
② 자기 순서가 되면, 폭탄을 가지고 있는 상태에서 TV 문장을 읽는다.
③ 읽기에 성공하면, 폭탄을 다음 친구에게 건넨다.
④ 읽는 도중 폭탄이 터지면 "I'm sorry!"라고 말하고 게임을 계속한다(서바이벌 버전으로 하는 경우에는, 모든 학생이 다 일어서서 놀이를 시작하고, 폭탄이 터진 경우 자리에 앉는다.).

■ Teacher Talk
① Please pass the bomb this way.
② Read the sentence on the screen and pass the bomb to the next student.
③ When the bomb explodes, please say, "I'm sorry!" (or sit down.)
④ The last student remaining is the winner of the game.

■ Tip
놀이를 할 때에, 탈락자 없이 모두가 계속 활동에 참여하길 원할 경우, 앉아서 폭탄을 전달하며 놀이를 합니다. 놀이에 긴장도를 높이고 싶을 경우, 모두가 일어나서 놀이를 합니다. 폭탄이 터질 경우 자리에 앉습니다. 학급 분위기와 참여도에 따라 놀이 방법을 선택할 수 있습니다.

◎ Speed reading

▸ 전체활동
▸ 문장 카드(칠판 부착용)

'누가 빨리 읽나?' 칠판에 문장카드 8장만 붙여도 손쉽게 할 수 있는 놀이입니다. 3학년에서 6학년까지 모두 좋아하는 활동입니다. 속도도 중요하고, 운도 따르는 놀이이기에 적절한 긴장 속에서 즐겁게 놀이를 할 수 있습니다.

■ How to Play
① 칠판에 문장카드를 붙이며 핵심표현 읽기를 연습한다.
② 학생들을 두 팀으로 나눈다(예 : 남학생 팀 vs. 여학생 팀).
③ 각 팀이 칠판 양 끝에 줄을 선다.
④ 양 팀의 첫 번째 선수(runner)는 칠판에 붙은 문장 카드를 손으로 하나씩 짚고 소리 내어 읽으며 앞으로 전진한다.
⑤ 양 팀의 선수가 문장을 읽다가 중간에서 만나면 가위바위보를 한다. 이긴 학생은 문장을 계속 읽으며 상대방의 출발점을 향하여 간다. 가위바위보에서 진 학생은 자기팀의 줄 맨 뒤에 가서 자신의 순서를 기다린다.
⑥ 칠판의 문장을 끝까지 다 읽으면 1점을 획득한다.
⑦ 점수가 많은 팀이 승리한다.

■ Teacher Talk
① Let's make two teams.
② Each team should stand in a line.
③ First runner, please read the sentence aloud.
④ When you meet your friend, play rock, paper, scissors.
⑤ If you win, move forward and keep reading.
⑥ If you lose, go back to the end of your team's line.
⑦ If you read all the sentences, your team will get a point.

● Flick Game

▶ 짝활동

▶ 준비물 : 놀이판, 클립

땅따먹기를 하면서 재미있게 할 수 있는 놀이입니다. 짝과 함께 지우개나 클립을 튕기며 놀이를 합니다. 클립이 들어간 칸에 있는 문장을 읽으면 땅따먹기 성공!

■ How to Play
① 짝과 가위바위보를 해 순서를 정한다.
② 이긴 학생이 먼저 클립을 튕겨, 클립이 도착한 상자 속 문장을 읽는다. 문장 읽기에 성공하면 그 땅을 갖는다.
③ 진 학생도 같은 방법으로 활동한다.
④ 더 많은 땅을 가진 학생이 이긴다.

<놀이판의 예>

What day is it today?	It's Wednesday.	It's Monday.	It's Friday.
I have cooking class today.	I have soccer class today.	I have basketball class today.	I have violin class today.
It's Tudesday.	Its Thursday.	It's Saturday.	It's Sunday.
Thank you.	That's great.	Sounds good.	Let's play badminton.

Flick
Here

■ Teacher Talk
① Make pairs. Play rock, paper, scissors.
② The winner flicks the clip. Read the sentence on the box where your clip lands. The other student also flicks the clip and follow the same steps.
③ The student with more boxes wins the game.

◎ Connect 4

▶ 짝활동

▶ 준비물 : 학습지

'Connect Four'는 오목과 비슷한 놀이로, 4개의 코인을 연결하면 승리하는 간단하면서도 전략적인 놀이입니다. 가로, 세로, 대각선 방향으로 4개의 코인을 연결할 수 있습니다. 오목과 달리, Connect Four는 위에서 아래로(중력 방향) 코인을 채워갈 수 있어 그 부분을 좀 더 생각하며 놀이를 해야 합니다.

■ How to Play

① 짝과 가위바위보를 해 순서를 정한다.

② 이긴 학생이 먼저 상자를 하나 선택한다. 가장 아래 상자부터 선택할 수 있다. 상자 안에 있는 표현을 읽는다. 진 학생도 동일한 순서로 진행한다.

③ 가로, 세로, 대각선 방향으로 4개의 코인을 연결하면 승리한다.

■ Teacher Talk

① Play rock, paper, scissors to decide who goes first.

② The winner chooses a box from the bottom and reads the expression. If you successfully read it, mark the box. Both players take turns following the same steps.

③ The first player to connect four marked boxes in a row wins the game.

my	sorry	I can't	birthday	March	July
come	concert	graduation	is	June	August
to	take	I'd like to	coming	April	September
like	a	sure	up	May	October
you	picture	movie	when	January	November
Would	go	see	it	February	December

◎ Snatch the sentence!

> ▶ 모둠활동
> ▶ 준비물 : 포스트잇

선생님이 직접 제작한 문장카드를 나눠줄 수도 있지만, 학생들이 직접 쓰는 것은 어떨까요? 학생들이 모둠 안에서 쓴 문장을 가지고 놀이를 하면, 읽기와 쓰기 학습이 동시에 이루어집니다. 학생들이 문장을 쓴 후, 모둠 안에서 누가 빨리 문장을 짚는지 놀이를 해 보세요.

■ How to Play
① 모둠에서 각자 문장 3개씩을 정해 접착식 메모지에 쓴다.
② 총 문장 12개를 책상 가운데 임의로 배열한다.
③ 모두 손머리를 하고 기다리다가, 선생님이 문장을 읽어주면 그 문장을 재빨리 짚는다.
④ 문장을 가장 빨리 짚은 학생이 문장이 적힌 메모지를 가진다.
⑤ 가장 많은 메모지를 가진 학생이 이긴다.

■ How to Talk
① Please write three sentences on the sticky paper.
② Collect the sticky paper and put them in the middle of your desk.
③ Put your hands on your head. When I say a sentence, snatch the right sticky paper.
④ The fastest student to grab the paper can keep it.
⑤ The student with the most papers wins the game.

쓰기 지도와 쓰기 활동

쓰기 지도는 알파벳 쓰기부터 의사소통을 위한 글쓰기, 타자를 활용한 컴퓨터로 글쓰기 지도까지 다양하게 이루어집니다. 쓰기 지도 접근법으로는 결과(형식) 중심 접근법으로 '통제·자유 작문, 자유작문, 단락 문형 중심, 문구·구문·구성 중심, 의사소통 중심' 접근법이 있고, 다른 한 축으로 글을 쓰는 과정에 주목한 과정 중심 접근법(과정 중심 글쓰기)이 있습니다(김혜리, 2019). 본 책에서는 크게 '통제·자유 작문 접근법'과 '과정 중심 글쓰기'를 살펴보겠습니다.

통제·자유 작문 접근법

통제·자유 작문 접근법은 단계적인 쓰기 연습을 통해 자유 작문을 하는 것을 목표로 합니다. 언어 형태의 통제의 정도에 따라 쓰기 지도 단계를 통제작문(controlled writing) → 유도작문(guided writing) → 자유작문(free writing)의 3단계로 나눕니다.

통제작문은 특정한 문법 요소를 정하여 연습함으로써 문법적으로 정확한 글을 쓰는 것을 목적으로 합니다. 예를 들어 빈칸 채우기, 대체하기, 단어 재배열하기, 문시제나 인칭 바꾸어 쓰기, 문장 수정하기, 오류 수정해서 다시 쓰기 등의 활동을 할 수 있습니다. 교과서 단원평가 등에 보면, 통제작문 활동이 많이 제시되어 있습니다.

유도작문은 적절한 통제하에 학생들이 어휘와 내용을 선택해서 글을 쓰도록 하는 활동입니다. 쓰기 모형을 제시하고, 유사한 내용으로 글을 구성하게합니다. 교과서의 5차시 쓰기 활동의 경우, 유도작문 활동으로 많이 구성되어있습니다. 저는 국제교류 활동을 염두에 두고 편지쓰기 활동을 유도작문 활동으로 구성하는 편입니다. 활동지의 예는 다음과 같습니다.

Lesson 3. When Is Earth Day?

April _____

Dear _____

Hi, I'm _____.
How's it going? I hope everything is going well.
What do you usually do on the weekend?
This weekend, I will _____.
I can't wait!
My birthday is _____ _____.
I will _____.
My _____ 's birthday is _____ _____.
I will _____.
When is your birthday?
I'm looking forward to hearing from you.
Take care!
Bye!

From _____

	1월	2월	3월	4월	5월	6월
월	January	February	March	April	May	June
	7월	8월	9월	10월	11월	12월
	July	August	September	October	November	December

Dear. (친구 이름)
Hi, I'm (자신의 영어 이름. 예: Kim Suji)
How's it going? (어떻게 지내?)
I hope everything is going well. (잘 지내길 바라.)
This weekend, I will ~ . (이번 주말엔 나는 ~을 할거야.)
I can't wait! (기대돼!)
My birthday is (월) (일). (내 생일은 ~월 ~일이야.)
I will ~ . (난 ~을 할거야.)
My (사람) birthday is (월). (일). (~의 생일은 ~월 ~일이야.)
[사람 예시] father, mother, sister, brother, friend, cousin, teacher ~
I will ~ . (난 ~을 할거야.)
I'm looking forward to hearing from you. (네 답장 기다릴께.)
Take care! Bye! (잘 지내. 안녕!)

〈참고 표현〉

play (soccer/baseball/basketball)		play the (piano/violin/recorder/flute...)	
축구/야구/농구를 하다		피아노/바이올린/리코더/플룻 을 연주하다	
draw pictures	watch a movie	read books	sing	dance	make robots
그림을 그리다	영화를 보다	책을 읽다	노래하다	춤추다	로봇을 만들다
do my homework	make cookies	make sandwiches	make a birthday cake	make pizza
숙제를 하다	쿠키를 만들다	샌드위치를 만들다	생일 케이크를 만들다	피자를 만들다
buy some chocolates	buy a pen	buy socks	buy a hat	buy some flowers
초콜렛을 사다	펜을 사다	양말을 사다	모자를 사다	꽃을 사다
buy a doll	buy a book	write a card	make coffee	play with friends
인형을 사다	책을 사다	카드를 쓰다	커피를 만들다	친구와 놀다
eat out	go on a picnic	play computer games	go shopping	wash the dishes
외식하다	소풍을 가다	컴퓨터 게임하다	쇼핑을 가다	설거지하다

From (자기 영어 이름)
※ 예시에 나오지 않는 표현이 궁금할 때에는. 선생님과 친구들에게 물어 보세요.

자유작문 단계에서는 글의 내용이나 문장 구조에 구애받지 않고 자유롭게글을 쓰는 단계입니다. 저의 경우에는 학생들이 유도작문을 통해 편지 쓰기가익숙해지면 실제 외국 친구들과 편지를 주고 받을 때, 자유롭게 편지를 쓰도록 합니다. 최근에는 에듀테크를 활용해 글쓰기를 더 풍성하게 할 수 있습니다. 생성형 AI를 활용하여 내용 생성의 아이디어를 얻을 수도 있고, 영어 교정프로그램을 통해 문법의 오류를 점검할 수도 있습니다.

과정 중심 글쓰기(Process-based Writing)

과정 중심 글쓰기는 결과물보다 쓰는 과정에 초점을 맞추는 접근법입니다. 학생들이 글을 쓰는 과정에 적절한 지도와 도움을 제공함으로써, 글쓰기 능력을 향상시키는 것을 목적으로 합니다. 쓰기 과정은 '쓰기 전 → 초고 쓰기 → 수정하기 → 편집하기 → 공유하기'(Tompkins, 2008)의 5단계로 나누어 볼 수 있습니다.

▶ 쓰기 전 활동(pre-writing)
쓰기 전 활동은 주제와 관련된 아이디어를 모으는 단계입니다. 브레인스토밍이나 생각그물을 활용해 생각을 모으거나 확장할 수 있습니다. 개요를 짜는 것도 글을 구조화하는데 유용합니다.

▶ 초고 쓰기(drafting)
초고 쓰기 단계에서는 주제와 관련하여 문법적으로 맞는지 고민하지 않고 편안하게 생각과 아이디어를 글로 쓰는 단계입니다. 혼자서 글을 쓰는 것을 어려워할 경우, 모둠친구들과 함께 글을 쓸 수도 있습니다.

▶ 수정하기(revising)
수정하기 단계에서는 친구들과 교사의 피드백을 받아 글을 고치는 단계입니다. 글의 흐름이 자연스러운지, 생각이 잘 전달되는지 살피며 글을 다듬습니다.

▶ 편집하기(editing)
편집하기 단계에서는 맞춤법이나 문법에 오류가 있는지 확인하고 교정하는 단계입니다. 맞춤법과 함께 대소문자, 문장부호를 올바르게 썼는지도 확인할 필요가 있습니다. 교사나 동료의 도움을 받을 수도 있고, Quillbot이나 Grammarly와 같은 교정 프로그램을 활용할 수 있습니다. Quillbot의 경우, 별도의 로그인 절차 없이 사용할 수 있기 때문에 수업 시간에 활용하기에 유용합니다.

▶ 공유하기
완성한 작품은 다른 사람들과 공유하는 것이 중요합니다. 자신이 쓴 글을 친구들이 읽고 감상을 표현할 때, 글쓰기가 더 의미있고 보람되게 다가올 수 있기 때문입니다. 글을 완성한 후, 모둠 혹은 학급별로 발표하는 시간을 가짐으로써 서로 칭찬하고 노력한 것에 대해 격려하는 시간을 갖습니다. 최종 결과물은 교실에 전시하거나 온라인 상에 공유할 수 있습니다. 교실에 전시할 때에는, 접착식 메모지를

활용하여 친구들의 감상평이나 격려의 글을 쓰게 하는 것도 좋습니다. 온라인 상에 글을 공유할 때에는 패들렛(Padlet)이나 북 크리에이터(Book Creator) 등을 활용할 수 있습니다.

학생들의 쓰기 지도, 어떻게 하면 좋을까요? 영어 쓰기가 재미있어지는 활동을 함께 탐색해 보겠습니다.

○ Guess Who I am

▶ 개인, 전체활동
▶ 준비물 : A4를 정사각형으로 만든 종이

글쓰기 활동의 재미를 높여줄 활동, 'Guess who I am!'입니다. 학생들은 자신에 관한 짧은 글을 씁니다. 단, 자신이 누구인지 밝히지는 않습니다.

I'm in the 6th grade.

M favorite food is _____ .

My favorite subject is _____ .

My favorite sport is _____ .

My favorite color is _____ .

My hobby is to _____ .

선생님은 학생들의 쓴 글을 걷은 후, 그 쓴 내용으로 전체 학급에 퀴즈를 냅니다. 자신이 쓴 글이 걸리면, 얼굴이 빨개지거나 자신이 아닌 척 표정 연기를 하는 학생들의 모습에 절로 미소가 지어집니다.

■ How to Play
① 학생들은 자신이 좋아하는 음식, 운동, 색깔 등에 관해 영어로 문장을 씁니다.
② 선생님은 학생들의 활동지를 걷습니다.
③ 학생들의 활동지로 퀴즈를 내면, 학생들은 누구인지 알아맞힙니다.

■ How to talk
① Write down your favorite food, subject, sport, and color.
② Write your hobby.

③ Once you finish writing, please give it back to me.

④ I'll give you a quiz. Try to guess who he/she is.

● Sleeping Elephant

▶ 모둠활동

▶ 준비물 : 모둠용 화이트보드, 보드마카 및 지우개

학생들이 서로 협동해서 영어 문장을 쓰는 놀이가 있습니다. 바로 'Sleeping Elephant'입니다.
'Sleeping Pocket-monster'과 같이 좋아하는 동물이나 캐릭터를 넣어 놀이를 할 수도 있습니다.
모둠별로 순서를 정한 후, 모두 엎드립니다. 학생들은 자기 순서가 되면 일어나 단어(어구)를 확인한
후, 다시 엎드립니다. 모든 학생이 각자의 단어를 확인하면, 모두가 일어나 협동하여 문장을 만듭니
다. 각자 맡은 단어(어구)가 있기에, 좀 더 집중하여 책임감 있게 역할을 수행하게 됩니다.

■ How to play

① 선생님이 "Go to sleep."이라고 말하면, 학생들은 모두 책상에 엎드린다.

② "Student number one, wake up!"이라고 말하면, 각 모둠 1번 학생이 일어나 단어(어구)를 확인하
고 기억하며 엎드린다.

③ 모둠의 2, 3, 4번 학생들도 자기 순서에 일어나 단어(어구)를 확인하고 엎드린다.

④ "Wake up, everyone."이라고 선생님이 말하면, 학생들은 일어난다. 자신이 본 단어를 말하고, 모
둠원과 의논하여 문장을 완성하여 보드판에 쓴다.

⑤ 정답이 맞을 경우, 모둠별로 점수를 얻는다.

■ How to talk

① Today, we're going to play the 'Sleeping elephant game.' Everyone, go to sleep.

② Student number one, wake up! Please remember the word(phrase) on the screen.

③ Student number two, wake up! Please remember the word(phrase) on the screen(Student
number three, Student number four, do the same.).

● Chatter Box 만들기

▶ 짝, 전체활동
▶ 준비물 : A4를 정사각형으로 만든 종이

어린 시절, '동서남북'을 만들어 본 적이 있나요? 동서남북에 미래를 예측하는 글을 쓰고, 각자 만든 동서남북으로 친구와 놀이를 하던 시절이 어제 같은데 벌써 어른이 되었습니다.

6학년 수업을 계획할 때, 원어민 선생님이 추억의 '동서남북'을 활용한 수업을 제안했습니다. '동서남북' 놀이를 영어로는 'Chatterbox,' 미래를 말해준다고 해서 'Fortune teller' 혹은 시끄럽다고 해서 'Quack Quack'이라고 합니다. 6학년 학생들에게는 너무 쉽게 느껴질까 고민했는데, 실제로 지도해 보니 학생들이 좋아했습니다. 재미있게 만들고, 수업이 끝나고 쉬는 시간인데도 자신들이 만든 내용으로 대화하며 노는 것을 보며 원어민 선생님과 저는 "It works out!"라고 외치며 흐뭇한 미소를 지었습니다.

① 종이접기로 '동서남북'을 완성한다.
② 4개의 색, 8개의 숫자, 8개의 영어 표현을 각각 쓴다. 영어 표현은 "You will …."을 사용해, 미래를 나타내는 표현으로 쓴다.

<문장의 예>
You will go camping.
You will eat pizza.
You will jump three times.
You will say "I love you." to your teacher.
You will dance.

③ 학생들은 자신들이 만든 'Chatter Box'를 가지고 다니며, 친구를 만난다.
④ 친구와 만나면, 친구에게 색깔과 숫자를 고르게 한다.

"What color (do you want to choose)?"
"What number (do you want to choose)?

⑤ 친구의 대답에 따라 'Chatter Box'를 움직인다. 마지막으로 숫자를 한 번 더 고르면, 그 숫자에 해당되는 부분을 열어 문장을 보여주며 읽게 한다.

■ How to talk

① Everyone, let's make a chatterbox.

② Please fold the paper like this(시범을 보이며, chatterbox를 만든다.).

③ Please choose four colors and write here(chatterbox의 윗면을 가리키며).

④ Turn over the paper and write the number from one to eight on the back.

⑤ Write eight sentences about the future. You should use "You will…."

⑥ When you finish making your chatterbox, meet your friend.

⑦ Ask them to choose color and number, then move your chatterbox accordingly.

⑧ Tell your future sentence to your friend.

■ TIP

이 책에서 제시한 활동은 듣기, 말하기, 읽기 및 쓰기로 딱 떨어지지 않습니다. 예를 들어 말하기 활동으로 제시한 '정보차 활동, 스파이 게임 등'의 게임은 듣기와 말하기 활동이 통합적으로 이루어집니다. 또 다른 예로 'Running Dictation,'도 벽에 적힌 문장을 읽고 돌아와 모둠원에게 말해주면, 그 문장을 쓰는 활동이기 때문에 읽기, 말하기, 듣기, 쓰기가 통합된 활동입니다.

'1차시는 듣기, 2차시는 말하기, 3차시는 읽기, 4차시는 쓰기야(1차시는 듣기, 2차시는 말하기, 3차시는 어구 및 문장 읽기, 4차시는 문단 읽기, 5차시는 쓰기, 6차시는 복습).'라고 고정시켜 놓기보다는, 점진적으로 네 언어 기능을 통합할 수 있도록 수업을 진행합니다. 네 가지 기능이 균형적으로 발달될 때, 영어 의사소통 능력이 더욱 향상될 수 있습니다(김혜리, 2019) 학습자의 수준, 교실 상황에 따라 활동을 선택하여 수업을 진행하길 추천합니다.

◎ Running Dictation

▶ 모둠활동 혹은 짝활동
▶ 준비물 : 학습지, 필기도구, 타이머

학생들이 바삐 교실을 다니며 영어를 중얼거리는 보습을 상상해 보세요. 바로 'Running Dictation'을 하는 학생들의 모습입니다. 몸을 움직이며 영어를 익힐 수 있는 좋은 활동입니다. 단, 학생들의 안전을 고려해 교실 안에서는 걸어야 하며 속도보다 정확하게 읽고 쓰는 것이 중요하다는 것을 안내해 주세요. 교실 벽에 문장을 붙이고 미션 문장 쓰기, 시작합니다!

■ How to Play

① 교실 8개 공간에 서로 다른 문장 9개를 붙인다.
② 모둠에 학습지를 나눠준다.
③ 학생들은 모둠 안에서 서기(writer)를 정하고, 나머지 세 명의 학생들은 경주할 순서를 정한다.
④ 첫 번째 주자(runner)가 첫 번째 문장을 보고 돌아와 서기에게 알려준다. 주자는 눈으로만 문장을 보고 잘 기억해야 한다(영어를 어려워하는 학생의 경우에만 메모가 가능하게 할 수 있다).
⑤ 첫 번째 주자가 말하는 문장을 듣고 서기가 문장을 쓰면, 다음 주자가 출발한다. 학습지를 완성할 때까지 주자가 돌아가며 문장을 보고 와서 말해준다.
⑥ 제한 시간 안에 학습지를 완성하고, 문장이 정확하면 미션에 성공한다.

(※ 교실에서는 뛰지 않고 빠른 걸음으로 걸으며 활동한다.)

<학습지>

Running Dictation

Group:

Name: _____ , _____ , _____ , _____

No.	Hint	Sentence	Point
1	How		
2	near		
3	me		
4	?		
5			
6			
7			
8			
9			

■ Teacher Talk

① Everyone, there are nine sentences around the classroom.

② In your team, choose one person to be the writer and three as runners. Runners, decide who goes, first, second, and third.

③ First runner, go to the first corner, read the sentence, remember it, and return to share it with the writer.

④ Writer, listen carefully and write down the sentence.

⑤ Next runner, go to the next corner, do the same.

⑥ If you finish your worksheet, and all your sentences are right, you win the game.

문법 지도

3학년 수업을 할 때였습니다.

> **학생들** : I have a scissors.
> **나** : I have scissors.
> **학생들** : I have a scissors.
> **나** : 얘들아, scissors 앞에는 'a'를 붙이지 않아. I have scissors.
> **학생A** : 선생님, 왜 scissors에는 'a'가 안 붙어요?
> **나** : 가위는 두 개의 날이 있잖아. 그래서 'scissors(s강조)'이고, 단어 앞에는 'a'가 붙지 않아.

초등 수업에서는 문법 지도를 어떻게 해야 할지 막막할 때가 많습니다. 의사소통중심으로 수업을 하려는데, 문법 요소가 등장합니다. 학생들은 영어로 말하면서 실수하거나 틀리기도 합니다. 문법적 구조에 관심을 갖고 질문하는 학생도 있습니다. 문법 지도는 필요한지, 문법 지도를 해야 한다면 어떻게 하면 좋을지 함께 알아봅시다.

초등학교에서 영어 문법 지도가 필요할까요?

단어만 알아도 어느 정도 의사소통이 되는데 문법을 꼭 알아야 할까요? 다음 두 문장을 읽어보세요.

The pen is longer than the pencil.
The pencil is longer than the pen.

펜이 더 길까요? 연필이 더 길까요? 첫 번째 문장은 펜, 두 번째 문장은 연필입니다. 이미 비교급에 익숙해졌기 때문에 두 문장의 차이를 금방 인지합니다. 그러나 문법을 처음 배우는 학생들은 그렇지 않은 경우가 있습니다.

6학년 영어 보충지도를 할 때였습니다. "선생님, 펜이 긴 거에요? 연필이 긴 거에요?" 학생은 'longer'이 더 길다는 뜻인지는 알았지만, 어떤 쪽이 더 긴지는 어려워했습니다. "문장 앞에 오는 단어가 주인공이야. 주인공이 더 길다는 뜻이야."라고 설명했는데, 내가 당연하다고 생각한 것도 학생들은 어려울 수 있겠다는 생각이 들었습니다.

비교급 문장도 비교 대상이 문장의 어떤 쪽에 위치하느냐에 따라 의미가 완전히 달라집니다. 문법을 제대로 이해하지 못하면, 의사소통에 어려움을 겪을 수 있습니다. 성공적인 의사소통을 위해서는 초등 단계에서도 문법을 어느정도 이해할 필요가 있습니다.

무엇을 어떻게 가르칠까요?

3학년에서 좋아하는 음식을 묻고 답하는 표현이 나옵니다. 피자를 말할 때, 관사나 복수 형태 때문에 머리가 아플 때가 있습니다. 'I like a pizza.', 'I like pizzas.', 'I like pizza.', 'I like a piece of pizza.' 이 중에서 어떤 표현을 써야 할지, 문법적으로 틀린 표현인지 궁금합니다. 원어민에게 물어보면, 상황에 따라 다르게 다 쓰인다고 합니다. 그럼 학생들에게는 어떻게 가르쳐야 할지 막막합니다.

문법도 '~게 써야 해.'로 규정해 주는 규범 문법(prescriptive grammar)이 있다면, '사람들이 이렇게 써'라고 설명하는 기술 문법(descriptive grammar)가 있습니다. 영어를 처음 배우는 단계에서는 사람들이 주로 쓰는 규범 문법을 가르쳐 주는 것이 초기 영어 학습자인 학생들에게 혼동을 덜어줄 수 있습니다. '이것도 되고, 저것도 사람들이 쓰기도 해.'라고 하면 학생들이 익혀야 하는 패턴

과 예외 상황이 너무 많으니까요. 그래서, pizza와 관련해서도, 'I like pizza.'로 알려줍니다.

어떤 문법은 수학 규칙처럼 딱 떨어지는데, 어떤 문법은 설명하기에 복잡하기도 합니다. 예를 들어 조동사 'can'이 들어간 평서문은 위치가 정해져 있어 규칙을 굳이 설명해주지 않아도 학생들이 익히기 쉽습니다. 그런데 '동사의 과거형'은 규칙형도 있지만 불규칙형도 있어 어떠한 설명 없이 반복해서 목표 어휘에 노출되는 것만으로는 과거형을 익히기가 쉽지 않습니다. 게다가 영어 수업은 교육과정상 3~4학년은 2시간, 5~6학년은 3시간으로 구성되어 있어, 영어를 습득하기에 충분한 시간은 아닙니다. 그렇기에 부득이하게 말로 설명을 해야 할 때도 있습니다.

따로 문법적 규칙 설명 없이 학생들이 여러 표현에서 규칙을 추론하도록 지도하는 방법은 귀납적(inductive) 방법입니다. 예를 들어 현재진행형을 배울 때에는 다양한 문장을 제시하면 학생들이 귀납적으로 규칙을 익히는 경우가 많습니다. "be동사 다음에 동사원형에 ing를 붙여."라고 문법적 용어를 사용하면서 설명할 필요가 없습니다(초등 단계에서는 문법적 용어를 사용하는 것을 지양합니다. 문법적 용어는 한자어가 많아 이해하기 어렵고 학생들이 정서적으로 거부감을 느낄 수 있기 때문입니다.). 반복을 통해 학생들은 문장에서 현재진행형을 자연스럽게 사용하는 경우가 많습니다. 반면, 시간이 부족하거나 학생들이 규칙을 찾아내기 어려워하면, 문법적인 요소를 먼저 설명하고 연습을 시키기는 연역적 방법(deductive)을 활용하기도 합니다.

문법적 요소를 설명하는 대신, 학생들이 형태를 인지할 수 있도록 돕는 방법을 소개합니다.

① 'I'm cooking.'과 같이 문법적 요소를 교사의 설명 없이도 형태에 주의를 기울일 수 있도록 굵은 글씨나 색깔로 표시합니다. 밑줄을 긋거나 이탤릭체로 표시하기도 합니다(입력 강화, input enhancement).

② 'what / you / are / going / do / to / ?'와 같은 낱말카드를 순서에 맞게 배열하여 문장을 완성하게 합니다. 이를 통해 학생들이 규칙을 고민하고 익히게 합니다.

③ 일부러 틀린 문장을 제시하고 찾게 합니다.
  (예) 'I'm tall than you.'에서 틀린 부분을 찾아 바르게 고쳐서 써 보세요.

생각 쉼터

☑ 선생님은 초등 영어에서 문법을 어떻게 지도하시나요?

학생들이 영어를 사용하다가 틀리는 경우, 어떻게 지도하면 좋을까요?

보통 학생들이 영어를 말하다가 잘못 말하면, 어떻게 대처해야 할지 고민이 될 때가 있습니다. '바로 고쳐줘야 할까? 수정해 주다가 수업의 흐름이 끊기거나, 학생이 민망해하면 어떻게 하지?' 2022 개정 교육과정에서는 의사소통에 지장을 주지 않을 경우, 즉각적인 교정은 피하라고 말합니다.

학습자는 여러 단계의 중간 언어(interlanguage)를 거쳐 영어를 습득하기 때문에 발화 과정에서 나타나는 오류는 자연스러운 현상이다. 따라서 의사소통에 지장을 주는 경우가 아니라면 오류에 대한 즉각적인 교정은 피하는 것이 좋다. 교정적인 피드백은 학습자끼리 주고받을 수도 있고, 오류의 유형과 특성에 따라 개인별 혹은 전체를 대상으로 교사가 제공할 수도 있다(교육부, 2022, p. 13).

다음과 같은 상황을 살펴봅시다.

T : How many apples?

S : Ten apple, please.

T : Ten apple, please? (반복, repetition)

S : Ten apple, please.

T : Ten apples, please. (오류 고쳐 말하기, recast)

대화에서 선생님은 학생이 실수 했을 때, 잘못된 부분을 반복함으로써 학생이 스스로 생각하게 합니다. 그러나 학생이 자신의 오류를 인지하지 못하므로, 오류를 고쳐서 다시 말해줍니다. 이러한 방법은 암시적(implicit)으로 이루어지기 때문에, 학생의 알아차리지 못할 수도 있지만 정서적으로 부담감을 줄 가능성은 낮습니다.

학생이 자신의 오류를 인지하지 못할 경우, 명시적(explicit)으로 설명을 할 때도 있습니다. "얘들아, 사과가 여러 개니까 's'를 붙여야 해. Repeat after me, apples."(혹은 "You should say, ten apples, please.")

보통은 교육과정에서 안내하는 대로, 학생들이 활동할 때, 의사소통이 원활하게 진행되도록 즉각적으로 교정해주지 않습니다. 대신, 수업을 마무리할 때 공통으로 틀리는 부분을 정리해서 알려주고 함께 연습합니다.

문법 활동

학생들이 문법을 자연스럽게 익힐 수 있도록 돕는 활동은 무엇이 있을까요? 몇가지 활동을 안내합니다.

● Dicto Gloss

▶ 모둠활동
▶ 준비물 : 학습지

딕토 글로스(Dicto Gloss)는 Wajnryb(1990)가 제안한 문법 지도 방법으로, 받아쓰기를 변형한 활동입니다. 선생님이 들려주는 문단을 듣고 키워드를 메모한 뒤, 모둠친구들과 원문을 새로 만들어내는 활동입니다. 의미(meaning)에 중심을 두면서 동시에 형태(form)에 집중할 수 있도록 하는 활동으로, 학생들이 학습한 문법을 제대로 사용하는지 확인할 수 있습니다.

■ How to play
① 교사는 배운 표현을 활용한 지문을 준비한다. 학생들과는 배운 표현을 복습한다.
② 학생들에게 지문을 들려준다.
③ 두 번째 들을 때에 학생들은 선생님이 들려주는 지문을 듣고 키워드를 메모한다.
　(필요에 따라 여러 번 들려줄 수 있다.)
④ 기록한 키워드를 보고, 모둠에서 의논하여 다시 지문을 만든다.
⑤ 모둠별로 지문을 완성하면, 다른 모둠의 지문을 함께 확인하며 자기 모둠의 지문을 수정한 시간을 갖는다.

■ How to talk
① I'll read you a story.
② Just listen first.
③ Now, listen once more and write down what you hear.

④ Share the words you wrote with your group and work together to create a text.

⑤ Compare your text with other groups.

⑥ Let's check which parts are different.

◎ Cowboy Speaking

▶ 전체 활동(두 팀 대항전)

▶ 준비물 : PPT 혹은 그림카드

원어민 선생님이 수업을 할 때 소개해 주었습니다. 카우보이처럼 등을 마주대로 섰다가, 신호 소리를 듣고 가장 먼저 TV화면 속 표현을 말하면 승리하는 놀이입니다. "How much is this?", "How much are these?"와 같은 단수와 복수를 구분하는 표현을 익힐 때 효과적이었습니다.

■ How to Play

① 두 팀에서 1명씩 대표로 TV 앞으로 나온다.

② 등을 마주대로 선다.

③ 탕! 소리가 나면 화면을 확인하고 표현을 말한다.

(단수일 경우) How much is this?

(복수일 경우) How much are these?

④ 올바른 표현을 먼저 말한 학생의 팀이 점수를 얻는다.

⑤ 다음 순서의 학생들이 나와 동일하게 활동한다.

■ How to talk

① One student from each team comes to the front.

② Stand facing each other.

③ When you hear the sound, look at the screen and say the correct sentence, "How much is this?" or "How much are these?"

④ The student who says the correct sentence faster gets a point

◎ Making Sentences Game

▶ 모둠활동

▶ 준비물 : 단어 카드

학생들이 문장에서 단어의 구성을 이해할 수 있도록 돕는 활동으로 'Making Sentences Game' 놀이가 있습니다. 영어를 가르치던 첫해, 이 활동을 진행했는데 학생들의 반응도 좋았고 문장의 구성을 익히기에도 좋았습니다. 단어 카드를 만들어 학생들이 직접 모둠원들과 조작하면서 문장 구성을 익힐 수 있도록 다음과 같이 활동을 진행합니다(학습지로 작성할 경우, 인터넷에서 'unscramble the sentences'를 검색하면 학습지 아이디어를 많이 얻을 수 있습니다).

■ How to Play
① 모둠별로 단어 카드 세트를 나누어줍니다.
② 단어 카드의 단어와 뜻을 함께 확인합니다.
③ 모두 손 머리를 하고 선생님이 읽어주는 문장을 기다립니다
④ 선생님이 문장을 읽으면, 모둠원들은 문장을 구성하는 단어 카드를 골라 순서대로 배열합니다.
⑤ 주어진 시간 안에 문장을 완성하면 성공합니다(완성한 문장은 모둠원과 같이 읽게 합니다).

■ How to talk
① I'll give you a set of cards.
② Let's read the word cards together.
③ Everyone, put your hands on your heads. I'll read a sentence to you.
④ Listen carefully and when I say, 'go', make a sentence with your group members.
⑤ If you make a sentence correctly in time, your group will get a point.

■ TIP
단어 카드를 만드는 데에 시간이 소요되기 때문에, 간단한 파워포인트로 활동을 대체할 수 있습니다. 파워포인트로 움직이는 단어나 사라지는 단어를 제작합니다. 빨리 움직이는 단어 세트를 보고 이를 기록하여, 모둠원들과 상의하여 문장을 완성합니다. 교사의 상황과 의도에 따라 활동을 재구성하여 수업을 운영합니다.

◉ Find the Error

▶ 모둠활동
▶ 준비물 : 프리젠테이션 자료 혹은 판서 자료

초임 시절, '어떻게 하면 학생들 앞에서 완벽한 모습을 보여줄까?'가 고민이었습니다. 수업하다가 혹시 내가 실수하기라도 하면 가슴이 두근거리고 민망하기도 했습니다. 시간이 지나면서 내가 완

벽한 사람이 아님을 인정하고, 학생들과 관계를 맺는 법을 터득해 갔습니다. 내 모습 그대로 학생들과 관계를 맺는 법을 조금씩 배워가고 있습니다. '나도 틀릴 수 있고 너도 틀릴 수 있다. 함께 성장해 가는 것이다.'라는 마음으로 서로를 격려하며 수업합니다. 그래서 학생이 실수할 때, "틀리는 건 당연한 거야. 모르니까 학교에 공부하러 왔지. 사람이면 누구나 실수를 해. 열심히 하니까 시행착오도 있는 거야. 도전해 줘서 고마워.(정서적으로 소통이나 격려가 필요한 지점에서는 한국어로 말하기도 합니다)" 라고 말합니다.

수업을 진행하면서, 일부러 틀리게 판서를 하기도 합니다. 그러면 몇몇 학생이 알아차리고 "선생님, 거기 ~아니에요?"하면서 질문합니다. "우와, OO가 집중했구나. Thank you for your attention."하며 틀린 부분을 같이 이야기 나눕니다. 활동 중 일부러 틀린 부분을 써서 같이 고치는 활동을 놀이로 진행하기도 합니다. 프리젠테이션 자료나 판서 내용을 활용해 'Find the Error' 활동을 합니다. 모둠별로 틀린 표현을 주어진 시간 안에 최대한 많이 찾으며 영어 표현을 정확하게 익힙니다.

■ How to Play
① 오류가 있는 4개의 문장을 제시합니다.
② 모둠원은 각자 1개의 문장을 맡아 틀린 부분을 수정해서 고칩니다.
③ 모둠원끼리 서로 문장이 맞는지 확인합니다.
④ 제한 시간 안에 문장을 바르게 고친 모둠이 점수를 얻습니다.

■ How to talk
① Look at the four sentences. Each sentence has a mistake.
② In your group, take one sentence and work together to fix the error.
③ When you finish, check with your group members to make sure it's correct.
④ The group that successfully corrects all the sentences in time gets a point.

◉ Let 's Make a Game!

▶ 모둠활동
▶ 준비물 : 4절지, 주사위, 말

어린 시절 보드게임을 하며 재미있게 놀았던 기억이 있습니다. 보드 게임을 직접 만들어 보는 것은 어떨까요? 모둠별로 영어 표현을 익힐 수 있는 문법 퀴즈를 만듭니다. 보드 게임 칸에 퀴즈를 써서 보드 게임을 완성합니다. 모둠별로 순환하며, 다른 모둠에서 만든 퀴즈를 풉니다. 자신들이 직접 만

든 놀이이기에 학생들이 주도성을 가지고 수업에 참여합니다.

(보드 게임의 예) Find the Error!

Start ⇨	I'm faster Yuna.	Which faster is?	+2	is who faster?	Which is faster, Jinho or Tom?
Which is longer.	Find the Error! (틀린 곳을 찾아보세요!)				Jinho are faster than Yuna.
...					...
The pen is long than pencil.	Who is taller, Emily, Yuna?	Who taller is?	She is tall than Jisu.	-3	Who is stroner?

■ How to Play

① 보드게임 판을 그립니다.

② 모둠원은 각자 4~5개의 퀴즈를 만듭니다.

③ 퀴즈를 보드게임 판에 씁니다.

④ 보드게임 판을 완성합니다. (정답은 뒷면에 쓰거나 답지를 만들 수 있습니다.)

⑤ 한 모둠씩 옮기며 다른 모둠의 퀴즈를 풀며 보드게임을 합니다.

■ How to talk

① Today, you're going to make your own game.

② Think about some questions.

③ Write the questions on the box of the board game in your group.

④ Make an answer sheet.

⑤ Go to another group and play another group's game.

■ TIP

캔바(Canva)에 'board game'을 검색하면 다양한 템플릿이 나옵니다. 템플릿을 활용하여 모둠원이 협업하여 보드게임을 완성할 수 있습니다. 시중에 판매되는 다양한 보드게임의 형식을 착안하여 게임을 만들 수도 있습니다. 게임을 만드는 데 상당한 시간이 소요될 수 있으므로, 학기 말 수업 진도를 다 나갔을 때나, 재량시간을 활용해 활동을 진행할 수 있습니다.

부록

Q/A

대학교 4학년, 교생실습을 갔습니다. 처음으로 학생들과 영어수업을 했던 기억을 떠올리면 얼굴이 붉어집니다. 교사 발문을 열심히 외우며 준비했지만, 수업은 마음 같지 않아 당황스럽고 속상했던 기억이 납니다. 그렇게 어렵기만 하던 영어수업인데, 현장에 나와서 영어 수업을 하니 즐거웠습니다. 조금씩 학생들 발표 내용도 들리기 시작했고, 재미있는 활동들을 준비해서 학생들과 함께 공부하는 것이 좋았습니다. 그래서 공개수업도 영어로 하기 시작했습니다.

영어 수업으로 수업 대회도 몇 차례 참여해보고, 실습학교에서 전 교직원과 교육실습생 전체를 대상으로 수업을 하기도 했습니다. 학회 프로그램의 일환으로 러시아, 일본, 싱가포르 선생님들을 학교에 초대해 수업을 공개하기도 했습니다. 그러면서 다른 사람들에게 보여주는 수업에 필요한 몇 가지 방법을 여러 시행착오를 거치면서 체득했습니다.

1. 단원 및 차시 선정

공개수업을 할 때, 제일 먼저 고민하게 되는 부분이 바로 단원 및 차시 선정입니다. 내가 공개수업에 꼭 하고 싶은 단원이 있다면 단원 순서를 재구성하여 과목 진도를 나갈 수 있습니다. 또는 교과서의 순서대로 진도를 나가면서, 현재 배우는 단원을 선정할 수도 있습니다.

다음으로 고려할 점은 차시 선정입니다. 수석 선생님과 같은 베테랑 선생님들은 단원의 1차시도 공개하기도 합니다. 그러나 학부모 공개수업이나, 학생들의 발표가 많은 수업일 경우 목표 표현이 어느 정도 익숙해 진 단원 후반 차시를 추천합니다. 학생들도 익숙하고, 성공 경험이 쌓여야 자신감 있게 발표할

수 있기 때문입니다.

2. 수업 모형을 활용할 수도 있어요.

영어 수업을 설계할 때, 수업 목표, 가르칠 내용에 따라 적절한 모형을 활용할 수 있습니다. 말하기 중심 수업에서는 PPP(Present-Practice-Product)나 PPP 순환모형, 학생들의 정서를 고려한 ESA(Engage-Study-Activate) 등을 활용할 수 있습니다. 이해 기능을 익힐 때에는 듣기/읽기 전, 중, 후로 나누어 수업을 구성할 수 있습니다. 쓰기 수업에서는 과정 중심 글쓰기 단계를 활용하여 '쓰기 전 활동, 초고 쓰기, 수정하기, 편집하기, 공유하기' 등의 단계로 수업을 계획할 수 있습니다. 수업 차시에 따라 프로젝트 수업이나 과업중심 수업도 할 수 있습니다. 학생들이 배우길 원하는 내용과 함께 하고 싶은 활동을 고려해서 수업 모형을 활용해 보세요.

3. 선생님의 특색, 강점이 드러나게 수업을 구성해 보세요.

저는 예술에 관심이 많아 예술적 요소를 영어 수업에 많이 도입하는 편입니다. 예를 들어 색깔을 공부할 때에도, 주변의 색을 놓고 질문하기도 하지만, 명화 등을 활용하여 학생들의 심미적 감수성도 함께 키워주려고 하는 편입니다.

또한, 제가 좋아하는 노래를 활용하거나, 음악적 요소를 이용하여 목표 언어를 즐겁게 연습하도록 수업을 구성하기도 합니다. 좋아하고 잘하는 것을 활용할 경우, 나도 자신감이 있고, 학생들도 관심을 가지고 같이 재미있게 참여하기 때문입니다.

4. 수업 활동에 너무 욕심내지 않아요.

수업을 잘 하고 싶은 마음에 여러 활동을 욕심껏 집어넣다 보면 시간에 쫓기게 됩니다. "선생님, 왜 수업 시간을 넘어서까지 수업했나요?"란 질문이 가슴

아프게 다가왔던 때가 있었습니다. 주어진 40분 수업이 생각보다 길지 않아요. 선생님이 생각하기에 꼭 필요한 활동만 선별해서 수업해 주세요.

5. 수업 자료 제작

수업 자료 중 프리젠테이션 자료(PPT)는 학생들의 수업 이해를 돕는 좋은 자료입니다. 특히 TEE(Teaching English in English)로 영어 수업을 진행할 경우, PPT는 학생들의 이해를 돕는 좋은 보조 수단이 됩니다. 저는 교실 영어로 활동을 안내할 때, PPT의 애니메이션 효과를 활용해 수업 이해를 돕습니다. 활동의 순서나, 활동의 예시를 움직이는 이미지로 나타낼 수 있어, 학생들이 직관적으로 활동을 이해할 수 있습니다(필요한 경우에는 활동을 하는 모습을 담은 짧은 동영상을 제작할 때도 있어요.). 꼭 필요한 경우에는 영어 밑에 한글로 활동 안내를 하기도 합니다.

PPT를 제작할 때에 캔바(Canva)나 미리캔버스에서 디자인 템플렛을 활용하는 편입니다. 매력적인 디자인과 그림자료, 글씨체를 활용할 수 있는 점이 큰 장점입니다. 시간도 절약할 수 있고, 질 높은 수업 자료를 제작할 수 있습니다. 참고로 제가 즐겨 사용하는 영어 글씨체는 'Comic Sans MS', 'Berlin Sans FB Demi'입니다. 'Comic Sans MS'는 손글씨체의 느낌이 있어 학생들의 보고 따라 쓰기에 용이합니다. 'Berlin Sans FB Demi'는 글씨체가 깔끔하여 수업 안내 자료로 활용하기에 좋습니다.

마지막으로 활동이 전환될 때를 대비해, 검정 화면을 중간에 넣어 두기도 합니다. 선생님께 집중해야 할 때, TV 화면이 방해가 되지 않도록 하려는 의도입니다.

6. 교사 발문

지도안을 활동안으로 작성했더라도, 저는 교사 발문이 들어간 지도안을 따

로 짜거나, 교사 발문만 모아서 스크립트를 제작하는 편입니다. 연기자를 위한 드라마 대본과 유사합니다. 교사 발문뿐만 아니라, 그 발문을 할 때에 필요한 행동, 지도적 평가(칭찬, 격려의 표현, 피드백 등)도 옆에 써 둡니다. 활동에 따라 필요한 자료 투입 및 제거 시점도 꼼꼼히 써 둡니다. 교사의 동선도 미리 계획합니다. 이렇게 준비하면 좀 더 교사의 발문과 동선이 정선되어, 수입이 매끄럽게 흘러가는 데 도움이 됩니다.

7. 학생들 준비

학생들이 공개수업 때, 한 번도 해 보지 않았던 생소한 활동을 할 경우, 어떤 반응을 보일까요? 어떻게 활동할지 몰라 우왕좌왕하는 학생들이 분명 있을 것입니다. 이를 예방하기 위해서는, 비슷한 활동을 다른 목표 표현을 지도할 때 활용해 보길 추천합니다. 학생들도 경험해 본 활동일 경우, 활동에 대한 이해가 있기에 공개수업 때 좀 더 자신감 있게 수업에 참여할 수 있습니다. 비슷한 활동을 하면서 보완할 점도 찾고, 더 나은 활동 방법도 창안할 수 있습니다.

8. 교사의 마음가짐

잘할 수 있다는 자신감이 중요합니다. 자신감이 있으면 수업에도 더 힘이 있습니다. '내가 전문가야'라는 생각으로 자신 있게, 즐겁게 수업하세요. 이미 선생님은 충분히 훌륭합니다. 공개수업 준비, 응원합니다. "We can do it!"

Q. 학생들 수준차, 어떻게 하면 좋을까요?

영어를 지도하는 선생님들과 수업나눔을 한 적이 있습니다. 공통적으로 우리가 고민하는 지점이 바로 학생들의 수준차였습니다. 교실에는 알파벳도 제대로 읽고 쓰는 것을 어려워하는 학생부터, 영어를 유창하게 말하는 학생까지 다양한 수준의 학생이 함께 공부합니다. 잘하는 학생에게 수준을 맞추자니, 영어를 포기하는 학생이 생길까 두렵습니다. 그렇다고 영어 학습이 느린 학생의 수준에 맞추자니, 이미 영어를 아는 학생들이 지루해할까 걱정됩니다.

영어를 가르치던 첫 해, 원어민 선생님이 역할분담을 해서 수준별 수업을 하자고 제안했습니다. 6학년 학생들의 희망을 받아 '심화반'과 '보충반'으로 나누고, 원어민 선생님과 제가 돌아가면서 두 반을 지도했습니다. 처음 20분은 공통으로 교과서 진도를 나간 후, 나머지 20분을 수준별로 활동을 진행했습니다. '보충반'은 문해력 향상을 위한 활동과 교과서 내용을 복습하는 위주의 수업을 했고, '심화반'은 역할극이나 신문 만들기 등 창의력을 발휘할 수 있는 수업을 진행했습니다. 그 과정을 초등영어실행연구회에서 나누며, '계획-실행-관찰-성찰'의 순환적 과정으로 실행연구(action research)를 진행했습니다. 그 과정에서 수준별 수업이 만병통치약처럼 학생들을 모두 만족시켜주는 것이 아니었고, 실행으로 인한 또 다른 문제가 발견되었습니다. 이를 해결하기 위한 새로운 실행 계획을 세우고, 수업 속에서 실행하면서 교사인 나도, 학생들도 성장하는 경험을 했습니다. 수준별 수업을 하면서 가장 조심스러웠던 부분은 학생들의 정서적인 영역이었습니다. '혹시나 보충반을 하는 학생이 불편해하면 어떻게 하나?' 등의 걱정이 있었고, 실제로 학생들 중에는 자신이 보충수업이 필요하다고 말했지만 보충반에서 활동하는 것을 불편해하기도 했습니다. 최근에는 학부모 민

원 등으로 더 예민한 사회 분위기로„ 수준별 수업이 더 어려운 상황입니다. 따라서 수준이 다르다고 수준별 수업을 하는 것이 능사는 아닙니다.

대신, 요즘에는 개별화 수업이 가능하도록 도와주는 여러 에듀테크를 활용할 수 있습니다. AI펭톡, Furwee와 같은 인공지능을 활용하여 수업을 할 수도 있고, cake, 2Dub와 같은 어플리케이션을 활용할 수도 있습니다. 교사가 반 전체 학생을 1:1로 지도하기 어려운 시간적 한계를 보완해 주고, 학생들이 자신의 수준에 맞게 선택하여 학습하도록 도와줍니다. 교사는 수업의 한 부분을 에듀테크를 활용하도록 계획하고 학생들이 자기주도적으로 수업을 하도록 하고, 그 시간동안 특별히 도움이 필요한 학생들을 찾아다니며 도움을 줍니다.

또 다른 방법으로는 또래학습을 활용하는 것입니다. 멘토-멘티 제도를 활용하여 친구와 상호작용하면서 영어를 익히도록 할 수 있습니다. 영어를 잘하고 친구들을 돕는 것을 좋아하는 학생에게 또래 교수자의 역할을 주어, 모둠친구나 반 친구들을 돕도록 할 수 있습니다. 또래와 상호작용하며 효과적으로 공부할 수 있도록, 모둠을 이질적으로 구성하여 수업을 진행하는 방법도 있습니다.

각 학급의 분위기, 학생들의 특성이 다르기 때문에 학생들의 수준과 특성을 잘 파악하여 적절한 도움을 주는 것은 매우 중요합니다. 특히, 영어를 어려워하고 기초를 쌓지 못한 학생들을 포기하지 않고, 문해력부터 차근 차근 익힐 수 있도록 학기 초 진단과 지속적인 관심과 지원이 필요합니다.

◆ **생각 쉼터**

☑ 선생님은 영어 학습 격차를 해결하기 위해 어떤 방법을 활용하나요?

저는 내향적인 성격이라, 영어를 익힐 때 말하기가 어려웠습니다. 자꾸 말하고 연습해야 말이 늘 텐데, 언제 대화에 끼어야 할지, 대화할 때 어떤 말을 해야 할지, 상대방 기분은 어떤지, 내가 실수하지는 않을지 등 여러 가지를 살피느라 영어로 말하는 게 굉장히 부담스러웠습니다. 특히 내가 말을 했을 때, 내 영어 실력을 누군가가 평가할까 봐 두려운 마음이 컸습니다. 그래서 점점 더 입을 꾹 다물게 되었습니다.

영어 발음도 신경이 쓰였습니다. 토종 국내파 한국인으로서, 한국 음운체계에 익숙한 저는 혀를 아무리 굴려도 영어 특유의 소리가 잘 나지 않았습니다. 영어 발음이 좋으면, 영어를 잘 하는 것처럼 들리는데 영어 발음이 자꾸만 마음에 걸렸습니다.

어린시절부터 영어 어학 프로그램을 라디오 방송으로 들으며 공부했지만, 발음과 말하기 능력을 향상시키는데는 별도의 노력이 필요하다는 생각이 들었습니다. 영어 말하기 실력을 향상시키기 위해 제가 활용한 방법은 낭독과 화상영어입니다.

낭독은 영어 텍스트를 이해하는 데 도움이 될 뿐만 아니라 소리내어 읽기 때문에 발음 교정에도 도움이 됩니다. 원어민의 음성을 똑같이 흉내내며 소리내어 텍스트 읽기를 연습합니다. 원어민의 억양이나 엑센트 등에 유의하여 텍스트를 읽습니다. 텍스트로는 영어 뉴스 기사, 대화문, 드라마 대사 등을 활용합니다. 원어민의 소리를 따라하는 데 익숙해 지면, 원어민 녹음소리를 틀어놓고 동시에 텍스트를 읽습니다.(길을 걷거나 청소 등 집안일을 할 때에는 텍스트를 보지 않고 원어민 녹음 소리를 들으며 쉐도잉하며 수시로 연습할 수도 있습니다.) 그런 후,

텍스트를 읽는 자신의 목소리를 녹음하여 발음을 분석합니다. 저 같은 경우는 연음이나 강세, 억양이 어려웠습니다. 특히 강세를 넣을 때, 강세를 받지 않는 부분은 상대적으로 여리게 발음해야 하는데, 강세를 받는 부분만 세게 하려다 보니 모든 모음에 강세가 들어가 어색하기도 했습니다. 발음기호를 제대로 몰라, 제대로 못 듣고 다르게 발음하는 경우도 있었습니다. 제 발음을 분석하며, 좀 더 원어민처럼 발음할 수 있도록 노력했습니다. 발음이 중요한 것은 아니며 의사소통에 방해가 되지 않으면 충분하지만 영어를 가르치는 입장이라, 영어 발음도 잘하고 싶었던 동기였습니다.

영어 말하기 능력은 화상영어로 연습하면서 조금씩 영어가 느는 것을 경험했습니다. 아무래도 화상영어를 하다 보니 말할 수 있는 시간을 규칙적으로 확보할 수 있고, 영어로 말하는 연습을 하다 보니 내가 즐겨 쓰는 문장 형식을 조금씩 늘려갈 수 있었습니다. 그렇게 조금씩 영어의 소리에 익숙해지고, 말하는 데 자신감이 붙기 시작하면서 영어 수업에 대한 부담도 줄어들기 시작했습니다.

그러나 영어 발음이나 말하기에 투자할 시간이 없더라도 걱정하지 마세요. 영어 수업에 필요한 영어는 복잡한 영어가 아니라 쉽고 간단한 표현입니다. 교과서 영어 내용을 학생들이 익힐 수 있는 교실 영어, 활동을 간단하게 소개할 수 있는 교실 영어로도 충분합니다.

원어민 선생님과 같이 수업을 할 때였습니다. 저는 "Can you guess who she is?"와 같은 간접 의문문을 쓸 때도 있는데, 원어민의 영어는 쉽고 간단했습니다. "Everyone, look here. Who is she?" 생각해보니, 아직 간접 의문문을 배우지 않은 학생들에게 굳이 어려운 표현을 쓸 필요가 없었습니다. 원어민의 표현을 관찰하면서, 나도 어떻게 쉽고 간단한 영어로 수업을 진행할 수 있을지 고민하게 되었습니다. 원어민 선생님의 양해를 구하고, 원어민 선생님의 교실 영어를 녹음하고 분석해 보기도 했습니다.

원어민 선생님들도 수업할 때에는 평소 자신들이 실생활에서 쓰는 표현을 그대로 수업에서 쓰지는 않습니다. 학생들이 이해할 수 있도록 더 쉽고 간단하게 표현합니다. "Look!", "What's this?", "Who are they?"와 같은 쉬운 표현부터 시작해서, 교실 영어를 학생들과 함께 조금씩 늘려가 보세요. 수업에 성공 경험이 쌓이면서 어느덧 어려웠던 영어도 할 수 있다는 자신감이 생길 겁니다.

◆ 생각 쉼터

☑ 선생님이 영어 수업에서 즐겨 쓰는 교실 영어는 무엇인가요?

학교에 원어민 선생님이 있다면 협력하여 수업을 진행하는 것이 좋습니다. 함께 수업을 준비하면, 수업 부담도 적고 서로 아이디어를 공유하며 의논할 수 있기 때문입니다. 수업을 진행할 때에도 역할분담을 해서 수업을 하면 수업 진행이 훨씬 용이합니다. 그렇지만 원어민 교사 관리가 부담이 될 때도 있고, 수업을 같이 준비하는 과정이 생각만큼 쉽지 않을 때도 있습니다. 어떻게 하면 원어민 선생님과 함께 협력하며 즐거운 영어 수업을 만들어갈 수 있을까요?

1. 원어민 선생님과 열린 마음으로 소통하세요.

저는 경력이 있는 원어민 선생님부터 한국에 처음 와서 적응하는 원어민 선생님까지, 다양한 원어민 선생님들과 협력수업을 해 보았습니다. 원어민 선생님과 함께 일하고 수업하면서 즐겁고 신날 때도 있지만, 소통이 되지 않거나 관리가 어려워 힘들었던 기억도 있습니다. 복무를 제대로 지키지 않거나 수업에 소극적인 원어민 선생님을 관리하는 것은 쉽지 않았습니다. 그렇지만, 인내심을 가지고 기다려주고 협조하면서 차츰 원어민 선생님도 한국 생활에 적응하고 마음의 문을 여는 것을 경험했습니다. 수업과 관련해서도 같이 이야기하는 시간을 많이 가졌습니다. 그러면서 조금씩 서로의 스타일을 알아가고, 협력할 수 있는 부분들을 찾을 수 있었습니다.

좋은 원어민 선생님을 만나면 수업이 매우 즐겁습니다. 열정 가득한 선생님, 아이디어가 풍부한 선생님, 학생들을 사랑하는 선생님일 경우 수업을 하다 보면 나도 힘이 나고 원어민 선생님의 수업을 보며 많이 배웁니다. '아, 이럴 땐, 이렇게 말하네. 나도 이렇게 해 볼까?', '내가 이 활동을 할 때와 달리, 원어민

선생님은 이런 방식으로 운영하는구나.'와 같이 나와 다른 사람의 문화와 철학, 관심사가 담긴 수업을 관찰하며 함께 수업을 진행하는 것은 신나는 일입니다. 함께 이야기하면서 더 좋은 아이디어를 발견하기도 합니다.

영어가 서툴더라도 걱정하지 마세요. 요즘은 번역기가 많이 발달해서, 의사소통이 잘되지 않을 때 도움을 받을 수 있습니다. 그리고 원어민 선생님과 대화하면서 수업을 주제로 한 영어 표현들을 연습할 수 있습니다. 문화가 달라 오해가 생기는 경우가 있는데, 그럴 때에는 솔직하게 이야기하면서 서로의 문화를 배워갈 수 있습니다. 열린 마음으로 소통하며 사람에 대해 알아가고, 그 문화에 대해 알아가며 삶도, 수업도 더욱 풍요로워지면 좋겠습니다. 원어민 선생님과의 소통, 응원합니다!

2. 서로의 장점으로 시너지를 내요.

수업을 할 때에 역할분담을 하는 것도 필요합니다. 한국인 선생님과 원어민 선생님이 각자의 전문성과 장점이 잘 드러나도록 협력하는 것이 중요합니다. 제가 첫 번째 학교에서 만났던 원어민 선생님은 교사 경력이 있고 수업을 주도하는 것을 좋아했습니다. 그래서 수업의 주요 표현을 원어민 교사가 안내하고 제가 교과서 전자저작물의 내용을 확인하는 역할을 했습니다. 활동은 수준별로 역할분담하여 준비하기도 하고, 같은 활동을 함께 진행하기도 했습니다. 원어민 선생님은 차시별 수업의 지도안과 활동지를 매 차시별로 작성했기 때문에 수업을 촘촘하게 논의해서 역할분담을 할 수 있었습니다.

두 번째 학교에서는 한국에 학교에 처음 근무하는 원어민 선생님을 만났고, 영어 수업을 좀 더 해 본 제가 주도하고 싶은 마음이 있었습니다. 수업을 같이 계획하고, 활동별로 역할분담을 했는데, 제가 더 많은 역할을 하는 편이었습니다. 그러던 중, 원어민 협력수업을 공개하게 되었습니다.

"박 선생님이 욕심이 많아서 수업을 자꾸 주도하려고 하네. 원어민 선생님에

게 더 맡겨도 돼."

교장선생님의 말을 듣고, 제가 좀 더 힘을 빼고, 원어민 선생님이 수업에서 주도성을 발휘할 수 있도록 돕는 쪽으로 수업을 해야겠다고 생각이 바뀌었습니다. 그러면서 좀 더 조화롭게 협력하는 법을 배워갔습니다.

세 번째 학교에서는, 매 단원 전에 원어민 선생님을 만나 교과서를 보며 어떻게 활동을 분배할지 이야기를 나눴습니다. 실제로 수업에서는 활동의 주도권을 넘길 때의 신호를 정해 수업이 매끄럽게 흘러가도록 했습니다. 예를 들어, 원어민 선생님과 제가 사용한 신호는 "Thank you, ~teacher."이었습니다. 원어민 선생님의 설명이나 활동 전개가 끝나면, 원어민 선생님이 "Thank you, Seonyoung teacher."이라고 말했고, 저는 그 신호 다음으로 다시 말을 이어갔습니다. 원어민 선생님이 활동을 주도할 때에 저는 도움이 필요한 학생들을 찾아가 도움을 주었습니다. 반대로 제가 수업을 주도할 때에는, 원어민 선생님이 교실을 순회하며 학생들이 잘 따라오고 있는지, 도움이 필요한 학생은 누구인지 확인하며 수업을 지원했습니다.

지금은 원어민 선생님을 새롭게 만나면, 원어민 선생님의 수업 경력, 특성, 수업에 대한 생각 등을 물어보고 이에 맞게 지원하는 편입니다. 무엇보다 한 팀이 되어 서로의 강점을 살려 수업할 수 있는 방법을 고민하며 수업을 합니다. 원어민 선생님은 모국어로 영어를 할 수 있는 장점이 있기 때문에, 학생들의 의사소통활동을 촉진할 수 있는 역할을 맡깁니다. 저는 학급 관리를 하는 부분과 수업을 구조화하여 진행하는 것에 강점이 있기에, 이 부분의 장점을 살립니다. 함께 수업을 하다 보면, 서로에게 힘이 되며 시너지를 낼 수 있는 것이 협력수업의 매력이라는 생각이 듭니다.

3. 수업을 함께 계획하고 실행하며, 성찰해 보세요.

원어민 선생님과 함께 수업하면서, 원어민 선생님이 좋은 수업친구임을 느꼈

습니다. 수업친구는 좋은 수업을 위해 함께 고민하고 계획하며, 실행한 내용을 나누고 수업을 성찰합니다. 원어민 선생님과 수업에 관해 대화하는 것은 나의 수업 성장, 아니 우리의 수업 성장에 큰 밑거름이 됩니다.

원어민 선생님과 학기 초에는, 전체 1년의 교육과정을 함께 계획합니다. 학생들의 영어 의사소통역량을 어떻게 키워줄 수 있을지 함께 고민하며 수업은 루틴은 어떻게 할 것이며, 역할 분담은 어떻게 할지 논의합니다. 원어민 선생님과 함께 교사 교육과정을 만들어가는 것입니다.

새로운 단원을 시작할 때에는, 원어민 선생님과 단원 전체를 살펴보며 이 단원에서 중요한 표현은 무엇인지, 실제 생활에서는 어떻게 쓰이는지, 문화적으로 고려해야 할 요소는 무엇인지 등 단원의 주제와 표현에 대한 배경지식을 공유합니다.

수업을 할 때에는, 역할분담을 하여 수업을 진행합니다. 예를 들어, Greeting 을 원어민 선생님이 진행하면, 저는 전자저작물을 실행하고 PPT 등 수업 자료를 세팅해 둡니다. 그런 후 자연스럽게 제가 맡은 부분을 진행합니다. 다시 원어민 선생님이 수업을 진행하면 저는 영어 학습에 어려움을 겪는 학생을 찾아가 도와줍니다. 이렇게 수업에 필요한 부분을 서로 지원해 가며 수업을 진행하면 혼자서 진행할 때보다 훨씬 더 매끄럽게 수업을 진행하며, 수준차로 인해 도움이 필요한 학생들에게 더 많은 시간을 쓸 수 있습니다.

"How can we improve our lesson?"

수업 후에는 교실을 나오며 이야기를 나눕니다. 첫 번째 활동은 이런 부분이 좋았고, 두 번째 활동은 이런 부분이 보충이 필요하다는 등의 이야기를 나누면, 다음 학급에서 동일한 수업을 할 때, 훨씬 더 발전된 수업을 하게 됩니다. 서로 수업을 성찰하다 보면, 상대방의 수업 철학이나 신념을 나눌 수 있고 좋은 수업 전략을 공유할 수 있으며 함께 성장할 수 있습니다.

원어민들이 수업 자료를 찾을 때, 활용하는 사이트들을 참고로 안내합니다.

https://korshare.jcink.net/
https://www.taysteachingtoolkit.com/
https://www.eslintherok.com/

4. 학생 평가를 함께 협력해서 진행해 보세요.

학생을 평가할 때 원어민 선생님과 협력할 경우, 좀 더 입체적으로 학생을 평가하며 적절한 피드백을 줄 수 있습니다. 말하기, 듣기, 읽기, 쓰기의 네가지 기능을 어떻게 원어민 선생님과 함께 협력하여 평가할 수 있을까요?

먼저 말하기나 읽기(낭독과 이해도 점검) 평가를 원어민 선생님과 함께 할 경우, 학생들을 1:1로 꼼꼼히 평가할 수 있는 장점이 있습니다. 학생들은 1:1로 원어민 선생님과 대화할 기회를 통해 성장할 수 있으며, 원어민 선생님은 학생 개개인을 만날 수 있으므로 구체적인 평가 및 피드백을 제공할 수 있습니다.

시험장과 같은 별도의 공간을 마련하여 평가를 진행할 수도 있습니다. 복도에 책상과 의자 2개를 준비하여 시험장을 만듭니다. 원어민 선생님은 복도에서, 한국인 선생님은 교실에서 학생들을 만납니다. 원어민 선생님이 복도에서 1:1로 학생들의 말하기 혹은 읽기 평가를 할 동안 한국인 선생님은 교실에서 학생들이 집중해서 해결할 수 있는 과업을 제공합니다. 학생들이 중간에 시험을 보느라 흐름이 끊기더라도 스스로 공부를 이어갈 수 있도록 개별학습을 진행합니다.

■ 개별학습의 예
- 영어 학습 앱(App) 활용: 펭톡, CAKE, 2Dub 등
- 영어 그림책 활용: 다양한 그림책을 가져와 학생들이 마음에 드는 그림책을 골라 읽을 수 있게 함.
- 단원 관련 워크시트: 단원에서 배운 내용을 퀴즈로 만든 워크시트 등

"OO야, 얼른 나가야지!"라고 교사가 일일이 지시하지 않고 학생들이 스스로 순서를 지켜 시험을 볼 수 있도록 다음과 같이 안내합니다.

예를 들어 1번 학생이 시험을 볼 때에, 원어민 선생님께 가는 문을 똑똑 노크를 합니다. 원어민 선생님이 "Yes."라고 대답하면 1번 학생은 복도에서 시험을 봅니다. 2번 학생은 1번 학생이 시험을 볼 동안 앞문 의자에서 대기합니다. 1번 학생이 시험이 마치면 뒷문으로 들어오고, 2번 학생이 노크를 하고 복도로 나갑니다.(원어민 선생님이 평가 내용을 쓰는 시간이 필요하기 때문에, 노크를 해서 원어민 선생님이 준비가 되었을 때 다음 학생이 들어오도록 하기 위함입니다.) 1번 학생은 뒷문으로 교실에 들어와 3번 학생에게 "It's your turn."이라고 순서를 알려줍니다. 2번 학생이 복도에서 시험을 볼 동안, 3번 학생은 대기합니다. 이러한 순서로 1:1 시험이 진행이 됩니다.

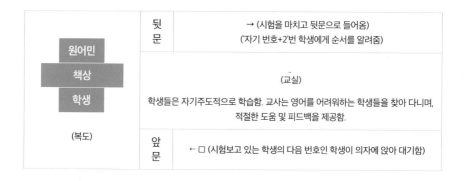

	뒷문	→ (시험을 마치고 뒷문으로 들어옴) ('자기 번호+2'번 학생에게 순서를 알려줌)
원어민 책상 학생		(교실) 학생들은 자기주도적으로 학습함. 교사는 영어를 어려워하는 학생들을 찾아 다니며, 적절한 도움 및 피드백을 제공함.
(복도)	앞문	← □ (시험보고 있는 학생의 다음 번호인 학생이 의자에 앉아 대기함)

위의 제시된 절차는 하나의 예시이니, 선생님들이 편한 방법을 활용하면 됩니다.

쓰기의 경우, 과제물을 함께 확인하며 피드백을 줄 수 있습니다. 학생들의 쓰기 과제의 내용에 관해 피드백을 줄 수도 있고, 학생이 원한다면 문법적인 요소나 자연스러운 사용 등에 대해서도 의견을 써 줄 수 있습니다.

또한 쓰기 결과물 뿐만 아니라, 학생들이 쓰기 활동 전 과정을 함께 살피며 평가하고 격려할 수도 있습니다. 학생이 과제를 할 때, 궁금한 표현 등을 알려

주고, 더 좋은 표현을 소개하기도 합니다. 또한 원어민 선생님이 "Excellent. You did an excellent job!"과 같이 한 두 줄의 칭찬 표현을 학습지에 써 주기만 해도 학생들에게는 큰 보상이 됩니다.

　듣기 평가의 경우, 원어민 선생님과 함께 듣기 자료를 제작할 수도 있고, 수업시간 대화문을 읽으며 평가를 진행할 수도 있습니다. 듣기와 말하기, 듣기와 쓰기 등 통합적 기능을 평가할 때에도 원어민 선생님과 함께 평가 활동을 계획하여 진행할 수 있습니다.

6학년 교과전담으로 영어를 가르치는 것은 부담스러운 것이 사실입니다.

'이미 학원에서 다 배워서 지겨워하면 어쩌지?'

'교과서 영어 수준이 너무 어려워 뒤처지는 학생들이 있으면 어떻게 하지?'

'사춘기 학생들을 감당할 수 있을까?'

6학년 영어 수업을 앞두고 잠을 설쳤던 기억이 납니다. 다행히 실제로 6학년 영어를 가르쳐보니, 내가 두려워했던 것만큼 힘들지는 않았습니다. 6학년도 수업을 하다보면 루틴이 생겨서 안정감을 느끼게 되고, 다양한 영어 활동들을 하며 래포(rapport)를 쌓을 수 있었습니다. 6학년은 자기주도적 학습능력을 갖춘 학생들이 많기 때문에 프로젝트 수업이나 과업(task) 중심으로 수업을 할 수 있는 장점이 있습니다.

학생들이 공부한 내용을 활용해서 프리젠테이션 자료를 만들어 발표하거나, 영상 프로젝트를 통해 영상을 만드는 활동 등 학생들이 주도권을 가지고 실력을 발휘할 수 있는 활동을 계획해 보세요.

또한 요즘은 다양한 에듀테크를 활용해서 영어 수업을 진행할 수 있기 때문에 개별화 수업이 가능하여, 6학년 영어수업의 고질적인 문제인 학습 격차로 인한 수업 진행의 어려움을 어느 정도 해소할 수 있습니다. 학생들이 자기주도적으로 학습할 수 있는 환경을 만들어 주고, 영어에 어려움을 겪는 학생들을 도와주면서 모두가 함께 성장하는 영어 수업을 진행해 보세요.

◉ 영어과 교수·학습 과정안 예시 : Myself

단원 (학습주제)	Lesson 1. I'm From Brazil (나를 찾아 떠나는 여행)		
통합 단원	[실과] 1. 나의 성장과 가족	**차시**	Orientation
학습 목표	● 이름의 철자를 묻고 답하는 표현을 이해할 수 있다. ● 이름의 철자를 묻고 답할 수 있다. ● '명함 만들기'활동에 적극적으로 참여한다.	그 림 책	

Steps	Contents	Teaching · Learning Activities		Time	Materials(□) Remarks(○)
		Teacher	**Student**		
Warm Up	Greeting	■인사하기 - Good morning, class. - How are you? - How's the weather?	- Good morning, teacher. - I'm happy, sad, thirsty…. - It's sunny / clear….	6'	□ PPT(교사에 대한 소개)
	Motivation	■학습 동기 유발하기 ○ 교사에 대한 소개 - Can you guess what this number means? - My English name is 'OOO' and my mentor teacher made a poem for me.	- Your age. / Your sons…. - (이름 앞 글자를 딴 시를 읽어본다.)		○ 학생들이 영어로 자신의 이름을 쓸 수 있는 학생이 얼마정도 되는지 파악하고, 쓸 수 없는 학생들을 미리 눈여겨보고 수업시간에 더 많은 도움을 제공한다.
	Setting up objective	■공부할 문제 - Do you know how to write your name in English? - Today, you're going to learn how to write your name in English and make a poem about your name.	- Yes, I do. / No, I don't. ♧ 공부할 문제를 확인한다.		
		♣ Let's write our name in English and make a poem.			

Steps	Contents	Teaching · Learning Activities		Time	Materials(□) Remarks(○)
		Teacher	Student		
Development	Story Time	■ 영어 동화책 읽기 ○ "I Like Me!"책을 읽어주고 자기 자신의 장점에 대해서 생각하게 한다. - Do you like yourself? - Can you tell me your good strength? ○ 짝의 장점 찾아주기 - This time, please find your partner's good point and tell her/him.	Yes, I do. / No, I don't. I'm tall. / I'm health···. ♥ Example - I study hard. - I'm kind. - I'm diligent. - I have a beautiful smile. - I can run fast. - I can play the piano. ♧ 짝에게 서로의 좋은 점을 말해준다.	15'	□ PPT("I Like Me" 동화책) (○ "I believe I can fly"노래의 일부분을 들려주면서 교사의 이야기를 할 수 있다.) ○ 학생들이 한글로 말하면 교사가 영어로 번역해서 말해준다.
	Let's Find	■ 자신의 이름 영어로 알아보기 - Now, I'll give you the worksheet to help you to find out your English name. (이미 자신의 영어이름을 알고 있는 학생의 경우 모둠의 친구를 도울 수 있도록 안내한다.)	♧ 학습지의 '한글-영어 표기법'을 참고하여 자신의 영어이름을 찾아낸다. 〈한글 → 영어 표기법〉		□ 학습지 (한글→영어 표기법), 영어이름 라벨지
	Let's make	■ Let's make ○ 영어이름 이니셜로 3행시 짓기 - This time, when you look at the back side of your worksheet, you can find many expressions to describe your personality. You can choose one which you think it's appropriate to express yourself and make your own poem.	♧ 학습지 뒷면의 형용사를 활용하여 자신을 표현하는 3행시를 짓는다.	15'	○ 학생들이 자신들을 잘 표현할 수 있는 형용사를 찾을 수 있도록 그 과정을 통해 학생의 성격을 파악하고 이야기할 수 있는 시간을 갖는다.

	Let's Share	▣ Let's make ○ 모둠별로 3행시를 바꿔서 읽어보며 묻고 답하기	♧모둠별로 3행시를 바꿔서 읽어보며 묻고 답한다. - How do you spell your name? - Please read your poem for us.		○ '형용사 모음' 학습지에는 긍정적인 형용사들을 모아 3행시가 긍정적 표현으로 나올 수 있도록 한다.
Wrap Up	**Review**	▣ 배운 내용 확인 ○ 자신이 만든 이름표를 발표한다. - What's your name? - How do you spell your name? - Can you introduce your poem to us ?	- My name is OOO. - K, I, M, ···. - K is for kind, ···.	4'	○ 발표하기 어려운 발음은 교사가 옆에서 도와주고, 칭찬과 격려를 통해 학생들이 자신감을 가지고 발표할 수 있도록 돕는다.
	Guiding of Next Lesson	▣ 차시 예고 ○ 평가예고			
	Closing	▣ 끝인사 - It's nice to see all you guys. You did such a great job today. I'm proud of you. Good bye, everyone.	- Good bye.		

Epilogue

영어를 가르쳤던 첫해를 떠올립니다. '참 영어가 두려웠지.' '교실 영어를 어떻게 해야 하는지 막막했는데.' 등 불안에 떨던 제 모습이 그려집니다. 동시에 학생들과 즐겁게 수업하는 모습, 원어민 선생님과 수업하며 수업이 성공적으로 이루어져 환희를 느끼던 순간도 생각납니다.

그 이후 시간이 많이 흘렀지만, 영어 수업은 여전히 매력적으로 다가옵니다. 세계인과 소통할 수 있는 좋은 통로인 영어를 가르치는 일은 참 멋지다는 생각이 듭니다. 학생들이 배운 표현으로 원어민 선생님이나 외국 친구들과 소통하는 것을 보면 참 뿌듯합니다. 또한 영어를 가르칠 때, 학생들과 할 수 있는 재미있는 활동들이 많습니다. 최근에는 다양한 에듀테크가 등장하여 수업의 지평을 넓혀 주었습니다.

무엇보다 학생들과 함께 몰입하며 수업을 하면서 학생들이 성장할 때 느끼는 기쁨이 있습니다. 영어를 어려워하던 학생이 좌절감을 딛고 작은 성공 속에서 기뻐하는 모습을 보면 저도 뭉클합니다. 교사로 살아가는 것이 쉽지 않지만, 누군가의 성장을 돕는 이 일이 가치 있고 소중하다는 것은 변함없는 사실입니다. 이 귀한 일에 헌신하시는 선생님들께 깊은 존경과 감사의 마음을 전합니다.

선생님들께 영어 수업의 부담을 덜어드리고자 밤잠 줄이며 책을 썼습니다. 제가 대학원에서 배운 지식, 여러 선생님들께 배운 노하우, 실제로 부딪히면서 얻은 경험을 담았으나 부족한 부분도 많습니다. 독자분들의 고견을 듣고 수용하며 저 또한 현재의 모습에서 더 성장하고자 합니다.

이 책이 나오기까지 많은 분들이 도움을 주셨습니다. 대학원에서 열정적으로 지도해주셨던 교수님들, 현장에서 수업을 멘토링해 주신 김동군 수석님, 손준호 수석님, 이을순 선생님을 비롯한 존경하는 선생님들의 가르침 덕분에 책을 쓸 수 있었습니다. 특히 교사로서의 내면을 든든히 세워주신 수업코칭연구소 이규철 교장선생님, 통찰력 있는 조언으로 글쓰기의 세계에 초대해 주신 김태현 작가님과 수업코칭연구소, 소소한 책방 선생님들의 격려와 사랑 덕분에 제 수업 속의 신념을 찾아가며 글을 쓸 수 있었습니다. 예비작가모임 2기를 통해 작가의 꿈을 심어주신 김성효 교감선생님, 책 집필부터 투고까지 자세히 알려주신 김진수 선생님, 책을 읽고 귀한 의견 주신 유혜진, 이유진, 박미미, 박경진, 전유소미 선생님, 영어 표현을 다듬어 주신 Christopher John De Grazia 원어민 선생님께도 감사의 마음을 전합니다. 원고가 책으로 나올 수 있도록 긴 시간 동안 힘써주신 미래와경영 출판사에 감사합니다. 마지막으로 늘 따뜻한 사랑으로 힘이 되어 주는 소중한 가족에게 감사합니다. 부디 선생님의 수업에 조금이라도 힘이 되길 바라며 글을 맺습니다.

참고문헌

<참고문헌>

교육부. (2022). 영어과 교육과정 (제2022-33호 별책 14). 교육부. (2022).

김동군. (2022). 디지털 매체와 인공 지능 기반 앱을 활용하면 6학년 학생은 어떻게 공부할까?: 2nd 유비쿼터스. (2022 하반기 수석교사 영어 공개 수업). 광주: 초등영어실행연구회.

김혜리. (2019). 초등영어 지도의 실제. 파주: 교육과학사.

김혜리, 임희정. (2023). 미래형 초등영어 교육론. 파주: 교육과학사.

노경희. (2023). 초등영어교육의 이해. 서울: 한국문화사.

박선영, 이을순. (2022). 영어 의사소통 능력 향상을 위한 비폭력대화 활용 초등 영어 프로그램 개발. 학습자중심교과연구, 22(22), 1119-1139.

박숙영. (2014). 회복적 생활교육을 만나다. 서울: 좋은교사.

오미라. (2018). 영어음운론. 서울: 신아사

이재근 외 18인. (2018). *Elementary school English 6 teacher's Guide*. 서울: 대교출판사.

장소미. (2021). 하루 10분 하브루타 엄마표 영어. 서울: 서사원.

전성수. (2014). 최고의 공부법, 유대인 하브루타의 비밀. 서울: 경향BP.

Blumenfeld, P. C., Soloway, E., Marx, R. W., Krajcik, J. S., Guzdial, M., & Palincsar, A. (1991). Motivating project-based learning: Sustaining the doing supporting the learning. *Educational Psychologist, 26*(3), 369-398.

Byrne, D. (1986). *Teaching oral English*. Harlow, UK: Person Education.

Carr, E. & Ogle, D., M. (1987). K-W-L Plus: A strategy for comprehension and summarization. *Journal of Reading, 30*(7), 626-631.

Dixon, C., & Nessel. D. (1983). Language experience approach to reading(and writing). New York: The Alemany Press.

Fisher, D., Frey, N. & Lapp, D. (2008). Shared reading: Modeling comprehension vocabulary, text structures, and text features for older readers. *The Reading Teacher, 61*(7), 548-556.

Griffith, P. L., & Olson, M. W. (1992). Phonemic awareness helps beginning readers break the code. *The Reading Teacher, 45*(7), 516-523.

Harmer, J. (2007). *The practice of English language teaching* (4th ed.). New York: Pearson/ Longman.

Johnson, D. D., & Pearson, P. D. (1984). *Teaching reading vocabulary*. New York: Holt, Rinehart & Wilston.

Kirtley, C., Bryant, P., MacLean, M., & Bradley, L. (1989). Rhyme, rime , and the onset of reading. *Journal of Experimental Child Psychology, 48,* 224-245.

Mandeville, T. F. (1994). KWLA: Liking the affective and cognitive domains. *The Reading Teacher, 47,* 679-680.

Nikolajeva, M., & Scott, C. (2013). *How picture books work*. Routledge.

Ogle, D. M. (1986). K-W-L: A teaching model that develops active reading of expository text. *The Reading Teacher, 39,* 564-570.

Ray, B., & Seely, C. (2008). *Fluency through TPR storytelling:Achieving real language acquisition in school*. Blaine Ray Workshops & Command Performance Language Institute.

Rosenberg, M. B. (2005). *Nonviolent communication: A language of life*. Encinitas, CA: PuddleDancer.

Schmidt, P. R. (1999). KWLQ: Inquity and literacy learning in science. *The Reading Teacher, 52*(7), 789-792.

Schmidt, R. (1994). Implicit learning and the cognitive unconsciousness. In N. Ellis (Ed.), *Implicit and explicit learning of language* (pp. 165-209). New York: Academic Press.

Serafini, F. (2011). Expanding perspectives for comprehending visual images in multimodal texts. *Journal of Adolescent & Adult Literacy, 54*(5), 342-350.

Tompkins, G. E. (2008). *Literacy for the 21st century: A balanced approach*. (3rd ed.). Upper Saddle River, NJ: Person.

Vaughn, S., & Linan-Thompson, S. (2004). *Based methods of reading insturction, grades K-3*. Association for Supervision and Curriculum Development.

Wajnryb, R. (1990). *Grammar dictation*. Oxford: Oxford University Press.

Williams, E. (1984). *Reading in the Language Classroom*. London: Macmillan.

Yopp, H. K., & Yopp, R. H. (2000). Supporting phonemic awareness development in the classroom. *The Reading Teacher, 54*(2), 130-143.

<인터넷자료>

https://dolchword.net

https://www.personalcreations.com/blog/positive-affirmations-for-moms